EVELYN GLENSK : RITA BAKE : OLIVER VON WROCHEM
DIE FLÜCHTLINGE KOMMEN

EVELYN GLENSK : RITA BAKE : OLIVER VON WROCHEM

DIE FLÜCHTLINGE KOMMEN

Ankunft und Aufnahme in Hamburg nach Kriegsende

LANDESZENTRALE FÜR POLITISCHE BILDUNG : HAMBURG

DIE LANDESZENTRALE FÜR POLITISCHE BILDUNG
ist ein Amt der Senatskanzlei der Freien und Hansestadt Hamburg. Sie arbeitet auf überparteilicher Grundlage und mit verschiedenen Bildungsgesellschaften zusammen. Die Veranstaltungen dieser Bildungsgesellschaften stehen grundsätzlich allen offen.
Jede Hamburger Bürgerin und jeder Hamburger Bürger kann sich bei der Landeszentrale kostenlos Informationen holen, seien es Veröffentlichungen der Bundeszentrale – z. B. zur Parteiendemokratie, zu Frieden und Sicherheit, Gesellschaft/Wirtschaft und Umwelt, zur Geschichte der Bundesrepublik Deutschland – oder auch die mehr wissenschaftlichen Beiträge in der „Beilage zum Parlament"; man kann aber auch Eigenveröffentlichungen der Landeszentrale bekommen. Eigenveröffentlichungen der letzten Jahre sind z. B. erschienen zu Fragen der Hamburger Geschichte; es gibt auch Material beispielsweise zur EU und zu weiteren Themen.

Die Geschäftsstelle der Landeszentrale befindet sich in der Straße
Große Bleichen 23, 20354 Hamburg
III. Stock
Tel.: 040/36 81 - 21 43
Die Öffnungszeiten sind:
montags bis mittwochs 11.00 bis 13.00 Uhr / 15.00 bis 16.00 Uhr
donnerstags und freitags 11.00 bis 13.00 Uhr / 14.30 bis 15.30 Uhr

Die Deutsche Bibliothek – CIP-Einheitsaufnahme

Die Flüchtlinge kommen : Ankunft und Aufnahme in Hamburg nach Kriegsende / Landeszentrale für politische Bildung, Hamburg. Evelyn Glensk ; Rita Bake ; Oliver von Wrochem. - 1. Aufl. - Hamburg: Ergebnisse-Verl., 1998
ISBN 3-87916-053-8

© Copyright 1998 Landeszentrale für politische Bildung
© Copyright 1998 Ergebnisse Verlag GmbH,
Abendrothsweg 58, 20251 Hamburg
Umschlag, Satz und Typographie:
Michael Herold, Itzehoe
Schrift: Garamond
Druck: Druckerei Runge, Cloppenburg
1. Auflage
ISBN 3-87916-053-8

INHALT

9 VORWORT

10 EINLEITUNG

13 EVELYN GLENSK: DIE FLÜCHTLINGE KOMMEN
 Marianne Meißner „Chronologie einer Flucht" – *13*
 Richard Tüngel „Ohne Heimat" – *16*
 „Heere elender Heimatloser ..." – *19*
 Flüchtlingsstau zwischen den Ruinen – *21*
 Die Zuwanderung hält an – *22*

24 DIE DOPPELTE NOT
 Nur Brot und heißen Kaffee – *24*
 Erste Unterbringung – *25*
 Große Verzweiflung – *27*

29 EIN GEREGELTER ZUZUG?
 Wer darf kommen? – *29*
 „Der Bürgermeister der Hansestadt Hamburg informiert: Arbeitsvermittlung und Unterkunft in Hamburg" – *29*
 Im Wohnungsamt – *31*
 Josef Müller-Marein „Sturm auf die gesperrte Stadt" – *31*
 Getrennte Familien – *34*
 Arbeitskräftemangel – *35*
 Die Crux mit dem „Mangelberuf" – *36*
 „Zwangsarbeitsverhältnisse" – *36*
 Ausweisung „arbeitsunlustiger" Personen – *37*

39 WIE DIE FLÜCHTLINGE WIEDER LOSWERDEN?
 Erste Bemühungen – *39*
 Rückführung von Flüchtlingen – *39*
 Aktion „Doppeleiche": Abschiebung nach Schleswig-Holstein – *39*
 „Soweit als möglich menschenwürdig" – *41*
 Not und Elend in den Aufnahmegebieten – *42*

Der Mißerfolg — *43*
Positive Effekte — *45*
Aktion Heimat: zurück in die Herkunftsorte — *46*
Organisation der Aktion „Heimat" in Hamburg — *46*
Das Durchgangslager Stadtpark — *51*
„Für eine Nacht ausreichend …" — *53*
Lagerleben unter ziviler Verwaltung: „Hackenknallen und Schwarzmarktgeschäfte. — *54*
„Konzentration unkontrollierter Müßiggänger" — *56*

57 „FLÜCHTLINGSWOHNUNGEN"
Die Wohnungsnot — *57*
Untermietsverhältnisse — *58*
Nissenhütten — *60*
Wohnlager — *60*
Im Bunker — *61*
Josef Müller-Marein „Bunkermenschen" — *63*
Lagerbewohnerinnen und -bewohner begehren auf — *66*
Übernachtungsstätten — *66*

69 HILFEN
„Deutsche Hilfsgemeinschaft" (DHG) und andere karitative Initiativen — *69*
Staatliche Fürsorge — *71*

74 DIE STAATLICHE VERWALTUNG:
ZWISCHEN KONTINUITÄT UND WANDEL
Ämter und Ausschüsse — *74*
Experten und Expertinnen scheinen unerläßlich — *75*
Neuanfänge? — *77*
Nationalsozialistisches Gedankengut bleibt erhalten. — *78*
Arbeitspflicht: ein weiteres Erbe — *79*

81 VERTRETUNG DER FLÜCHTLINGSINTERESSEN?
Koalitionsverbot und landsmannschaftliche Organisationen — *81*
Die Parteien — *83*

86 ERSTE ETAPPEN ZU EINEM LASTENAUSGLEICH
„Flüchtlingsausweise" — *86*
Ein Gesetz für die „Heimatvertriebenen" — *87*

94 DIE KONKURRENZ:
FLÜCHTLINGE UND „BUTENHAMBORGER"
Gespräch mit Senator Heitgres: „Jeder Zweite heimatlos, elend und hungrig" — *96*

98 AUSBLICK
„Wertvolle Zuwanderung" – *98*
Eingliederung – *100*
Hanseatische Weltoffenheit? – *101*

103 RITA BAKE: BILDER DES ERINNERNS
Einmal Flüchtling – immer Flüchtling? – *103*
Hermann Rockmann: Flüchtlingsgespräche 1943-1963 – *107*
Margarete Weber: „Wir waren unseren Verwandten, bei denen wir untergekommen waren, etwas zu viel. Heute kann ich das verstehen." – *114*
Karin Schröter: „Bist Du katholisch – bis Du Flüchtling?" – *117*
Käthe Kuhlmann: „Ich habe mich anpassen können, und somit habe ich keine Schwierigkeiten gehabt." – *118*
Eva-Maria Duhnkrack: „Der soziale Status ging zuerst einmal verloren, bis die anderen dann merkten: auch, das ist ja die Tochter von dem ..." – *119*
Helga Z.: „Kontakt zu anderen hat sie nie geschlossen. Sie bekam aber auch keinen Kontakt." – *120*
Christine Rehder (Waldow): „Ich denke, daß ich mich in der Erziehung meiner Kinder sehr viel schwerer getan habe, als die jungen Frauen, die keine Vertreibung und Flucht mitmachen mußten." – *121*

124 ALS FREMDE ZUHAUSE IN HAMBURG

128 OLIVER VON WROCHEM: IM ZWIESPALT DER BINDUNGEN: ERFAHRUNGSEBENEN DER INTEGRATION
Annäherung an die Gruppe der Befragten – *129*
„Die jungen hatten es leichter"?
Alters- und geschlechtspezifische Aspekte der Integration: – *130*
Mit der Arbeit und Selbständigkeit vertraut: Die bis 1923 geborenen Flüchtlinge – *131*
„Die durch die Flucht erlebte Selbständigkeit ist Freiheit und Last zugleich"
– Frauen der Jahrgänge 1923-1925 – *134*
Ohnmacht und frühe Verantwortung. Jahrgänge ab 1927 – *137*
Zwischen den Welten: Bente Hagen, Jahrgang 1937 – *139*
„Ich war doch nie von zu Hause weg." Herkunft und Integration – *140*
„Jede Nacht bin ich verfolgt worden, bin gelaufen, gelaufen, gelaufen und kam nicht weg". Vertreibungserfahrungen und Integration – *141*
„Wir waren ja die Flüchtlinge".
Das Verhältnis zu den Einheimischen in der Nachkriegszeit – *142*
Alte und Neue Heimat im Selbstverständnis der ehemaligen Flüchtlinge heute – *144*
Ursachen von Krieg, Flucht und Vertreibung aus der Sicht der Flüchtlinge – *146*
Im Zeichen der Ambivalenz: Die Integration in der Erinnerung der Flüchtlinge – *149*

153 ANHANG
    Personenindex – *153*
    Auswahlbibliograhie – *158*
    An diesem Buch wirkten mit – *160*

VORWORT

Es gibt Bücher, bei denen es kaum möglich ist, ein sachlich-distanziertes Vorwort zu schreiben – dieses ist ein solches Buch. Als ich es las, kamen die Erinnerungen hoch: an die Mutter, die mich, die Fünfjährige, im Aufbruch während des Luftangriffs auf Königsberg im August 1944 fragte: „Fahren wir zur Oma (in die Innenstadt) oder gleich nach Heilsberg?" Ich wollte weg, ganz schnell, und so konnten wir Stunden später von einem Bahnsteig auf dem Lande den blutroten Himmel sehen, mit dem das brennende Königsberg die Nacht erhellte.

Auch die Übungen mit meinem kleinen Bruder blieben mir im Gedächtnis: Unter Tränen mußte der Dreijährige *Namen und Adresse* lernen, für den Fall, daß er verloren ging, während er der Meinung war, er sei unser „lieber Bibi«. Ganz zu schweigen von den Konflikten, als die Fünfjährige den Dreijährigen tagsüber betreuen mußte, weil Mutter beim Gutsherrn auf dem Feld arbeitete, um nicht zu verhungern.

Nur an den Emotionen, die beim Lesen hochkommen, merke ich, wie sehr diese Odyssee in der Kindheit, Krankheit, Hunger, Läuse, Heimatlosigkeit, auch das Kind dauerhaft geprägt haben, nicht nur die damals Heranwachsenden und Erwachsenen. Blickt man auf die prägenden Erlebnisse eines „Flüchtlingskindes" zurück, so versteht man – und kann vielleicht auch damit besser umgehen – was es heißt, mühsam Wurzeln zu schlagen, und auch, wie sehr die Erfahrungen der Mütter – „Lerne so viel Du kannst, das ist das einzige, was Dir niemand nehmen kann" – die Kinder geprägt haben.

Ich wünsche dem Buch viele Leserinnen und Leser, die es mit Anteilnahme und ohne den „Blick zurück im Zorn" lesen.

Dr. Helga Kutz-Bauer
Leiterin der Landeszentrale für politische Bildung

EINLEITUNG

„Es ist still geworden um die deutschen Vertriebenen. Das ist auf den ersten Blick nicht verwunderlich. Die mehr als zwölf Millionen Deutschen, die am Ende des Zweiten Weltkriegs und danach aus den Ostgebieten des Reiches und aus anderen Staaten vertrieben wurden, sind seit Jahrzehnten in die bundesdeutsche Gesellschaft eingegliedert. Die Vertriebenen-Partei ‚Bund der Heimatvertriebenen und Entrechteten', die von 1953 bis 1957 im Bundestag vertreten war, besteht schon lange nicht mehr. Die Grenzfrage ist mit dem Zwei-plus-vier-Vertrag und dem deutsch-polnischen Grenzvertrag geklärt. Der zwei Millionen, die bei Flucht und Vertreibung umkamen, wird alljährlich am Volkstrauertag gedacht," hieß es am 20. April 1998 in einem Artikel in der Frankfurter Allgemeinen Zeitung (Autor: Reinhard Müller).

Die Integration gilt also als gelungen. Abgesehen von den jährlich stattfindenden anachronistisch anmutenden Großveranstaltungen der Landsmannschaften sind Vertriebene kein Thema mehr von öffentlicher Relevanz.

Wenn von Intergration gesprochen wird, ist in erster Linie die wirtschaftliche Integration gemeint. Diese ist tatsächlich seit den 60er Jahren abgeschlossen. Aber bei dem Thema Integration sollte es nicht nur darum gehen, ob jemand selbständig „sein Brot" verdient und von staatlicher Fürsorge unabhängig ist, sondern es gilt auch zu fragen, unter welchen Bedingungen dies geschieht, z. B. danach, ob damit ein „sozialer Abstieg" vielleicht vom selbständigen Bauern zum lohnabhängig Beschäftigten verknüpft war oder ob der gelernte Beruf nicht mehr ausgeübt werden konnte. Nicht zuletzt gilt es Antworten darauf zu finden, wie diese erzwungenen Wandlungen, der Verlust des heimatlichen sozialen Umfeldes und damit einhergehende Fremdheitserfahrungen psychisch verarbeitet worden sind.

Der Mensch läßt sich nicht nur auf seine pekuniären Bedürfnisse und seine Produktivität reduzieren, sondern bei der Frage nach einer gelungenen Integration müssen auch die psycho-sozialen Aspekte mit einfließen. Diese sind von Bedeutung, da sie sowohl das Leben der Vertriebenen und Flüchtlinge selber, als auch das ihrer Kinder und Kindeskinder prägen und daher noch heute unser Denken und Fühlen und damit auch unser politisches Handeln beeinflussen. So schreibt denn auch Albrecht Lehmann in seinem Buch „Im Fremden ungewollt zuhaus": „So gravierende Einschnitte in das Leben, wie diese oft unter erschreckenden Begleitumständen erzwungenen Umsiedlungen lassen sich nur selten ‚endgültig' von Menschen bewältigen. Sie beeinflussen überdies das Denken und Handeln nicht nur derer, die unmittelbar davon betroffen sind, sondern auch das in den Familien und in den sozialen Kreisen, in denen sie ihr Leben führen. Als Ängste, Abneigungen, Vorurteile, als Stolz auf eigene Leistungen und als Gefühl der Dankbarkeit gegen hilfsbereite Menschen sind Erfahrungen des Jahres 1945, ihre Geschichte bis in unsere Gegenwart hinein präsent."

Daher werden in dieser Publikation Flüchtlinge und Vertriebene nach ihrer psychosozialen Eingliederung befragt. So zeigen Interviews mit Vertriebenen unterschiedlicher Jahrgangsgruppen, daß neben der sozialen und regionalen Herkunft auch deren jeweilige Lebensphase zum Zeitpunkt der Flucht sehr prägend für die Art und Weise der Eingliederung war.

Deutschland ist heute eines der Zufluchtsländer für Menschen, die vor Kriegen und Konflikten in dieser Welt flüchten müssen. Die Frage, ob wir für ihre Aufnahme aus der Eingliederung der Vertriebenen und Flüchtlinge lernen können, ist ein zweiter Aspekt, auf den diese Publikation ihr Augenmerk lenkt. So setzte Albrecht Lehmann die Eingewöhnungsphase der italienischen Gastarbeiter der 1960er Jahre mit der der Flüchtlinge und Vertriebenen in der Nachkriegszeit in Beziehung zueinander und kam zu dem Schluß: „Die Menschen aus beiden Einwandererkategorien teilen viele Erfahrungen des Einlebens trotz der erheblichen Unterschiede bei ihrer Ankunft. Die Flüchtlinge entsprachen beruflich und sozial recht genau der Zusammensetzung der altangesessenen Bevölkerung. Die ‚Gastarbeiter' waren tatsächlich fast ausschließlich Arbeiter und zunächst kamen überwiegend Männer. Die Flüchtlinge sprachen in ihrer Mehrheit dieselbe Sprache wie die Einheimischen. Doch bereits bei Zuwanderern aus Oberschlesien konnten die sprachlichen Auffälligkeiten im Alltag durchaus zu ähnlichen Ergebnissen führen, wie bei den Zuwandern aus Italien. Die Geschichte des Einlebens dieser beiden Einwanderungsgruppen – der Heimatvertriebenen und der ‚Gastarbeiter' – kann trotz aller bestehenden Differenzen zum Modell für die Prozesse werden, die sich nun mit anderen Zuzüglern in unserem Lande anbahnen, bzw. fortsetzen."

Die heute auf politischer Ebene geführten Diskussionen, inwieweit Flüchtlinge und Zuwanderer und Zuwanderinnen in der Bundesrepublik Aufnahme finden sollen und wie dies geschehen kann, eröffnet die Frage, ob wir aus unserer Geschichte lernen können oder ob die Ausgangsbedingungen 1945 und heute so grundverschieden sind, daß sie sich einer Vergleichbarkeit entziehen.

In diesem Buch wird der Aufnahme und den Aufnahmebedingungen für Flüchtlinge und Vertriebene in der Großstadt Hamburg in den Jahren 1945/46 der größte Raum gewidmet. Im stark zerstörten Hamburg konnten die Flüchtlinge nur beschränkt untergebracht werden, da sowohl die notwendigen Unterkünfte fehlten, als auch die Versorgung nicht sichergestellt werden konnte. Deshalb werden bis 1946 auch nur ca. 53.000 Vertriebene aufgenommen. Sie umfaßten damit 3,7 % der hamburgischen Bevölkerung; Schleswig-Holstein zählte zum selben Zeitpunkt 31,6 % zur Gruppe der Vertriebenen.

Hamburg gelang es, von der ersten Flüchtlingswanderung in den letzten Kriegswirren über die Gewährung des Zuzugs nur für Flüchtlinge in Mangelberufen die für den Wiederaufbau besonders wichtigen Arbeitskräfte herauszufiltern. Trotzdem waren Flüchtlinge auch in Hamburg von sozialen Ungleichheiten betroffen: Ungleich waren die allgemeinen Lebensbedingungen, wie die Position auf dem Arbeitsmarkt; und ebenso waren Flüchtlinge gegenüber Einheimischen als „Befürsorgte" eines von personellen und inhaltlichen Kontinuitäten zum Nationalsozialismus geprägten Apparats der Sozialverwaltung benachteiligt.

In der alliierten Deutschlandpolitik trat das Schicksal der Vertriebenen hinter die Greuel und das Elend zurück, das Nazi-Deutschland anderen Völkern, insbesondere dem jüdischen Volk angetan hatte. So waren die Siegermächte wenig geneigt, sich den vertriebenen Deutschen mit herausgehobener Anteilnahme oder gar Sensibilität zu widmen; mit der Folge, daß sie sowohl den humanitären Gesichtspunkten der erzwungenen Aussiedlung als auch den demographischen Auswirkungen kaum Beachtung schenkten. Eine Konsequenz war auch, daß die Vertriebenen mit ihren Schreckenserfahrungen insbesondere international wenig Gehör fanden und dies sich auch in mancher unsäglichen Aufrechnungsdebatte über erlittenes Leid niederschlug.

Beenden möchten wir unsere Einleitung mit den Worten des damaligen Hohen Kommissars für Menschenrechte bei den Vereinten Nationen, Lasso, der 1995 sagte: „ … die demographischen Katastrophen von heute, insbesondere jene, die als ‚ethnische Säuberungen' bezeichnet werden, [wären] wahrscheinlich nicht in dem Ausmaße geschehen, wenn die Staaten nach dem Zweiten Weltkrieg der erzwungenen Flucht und Vertreibung der Deutschen mehr Aufmerksamkeit gewidmet hätten."

Dr. Evelyn Glensk und Dr. Rita Bake

Wer ist Flüchtling, wer Vertriebener?

Marion Frantzioch-Immenkeppel schreibt dazu:
FLÜCHTLING ist: „eine Person, die aufgrund einer eigenen Entscheidung infolge von Gefahr für Leib und Leben ihren Wohnsitz verläßt, um sich in Sicherheit zu bringen".
VERTRIEBENE(R) ist: dem die „Entscheidungsfreiheit genommen [wurde]; er wird mittels Zwang dazu veranlaßt, seinen Wohnsitz zu verlassen".
In den Jahren 1945/46 wurde fast ausschließlich von Flüchtlingen gesprochen. Damit waren derjenigen Personen gemeint, die seit Ende 1944 durch militärische und politische Ereignisse ihre Heimat verlassen mußten. Soweit aufgrund der historischen Quellen keine Differenzierung möglich ist, geschieht dies auch in dieser Darstellung. Sofern es die Quellenlage erlaubt, wird im Text zwischen „Vertriebenen", die aus den Gebieten östlich von Oder/Neiße oder von außerhalb des Deutschen Reiches kamen und „Flüchtlingen", die aus der SBZ bzw. späteren DDR kamen, unterschieden.
1953 gab das Bundesvertriebenengesetz (BVFG) eine neue Definition und unterschied nun zwei Gruppen: „Diejenigen unter ihnen, die bereits am 31.12.1937 oder schon einmal vorher in den Vertreibungsgebieten ansässig waren, werden als *Heimatvertriebener* angesprochen und erhalten auf Antrag einen Bundesvertriebenenausweis A, während für die *Vertriebenen*, die nach diesem Stichtag erstmalig in den Vertreibungsgebieten wohnten, der Ausweis B vorgesehen ist. Die *anerkannten Sowjetzonenflüchtlinge* können einen Ausweis C erhalten."

EVELYN GLENSK

DIE FLÜCHTLINGE KOMMEN

Amtlicher Aufruf
(undatiert: wahrscheinlich vom 29.8.1944)

Für Königsberg besteht höchste Gefahr! Am 29.8. geht ein Transport in die Gegend von Heiligenbeil, Rössel, Mohrungen, Gerdauen.

Wer nicht Verwandte oder Bekannte in Ostpreußen oder im Reich hat, muß sich sofort bei der Ortsgruppe der NSV melden (möglichst noch heute Abend). Es dürfen höchstens zwei Koffer als Handgepäck mitgenommen werden, auch wenn Säuglinge da sind. Eventuell *zusammenklappbares Kinderbett ...*) Bei Inanspruchnahme von Transporten (es geht wahrscheinlich noch am Freitag ein Transport heraus) befördert die Ortsgruppe Gepäck, aber nur Notwendiges, keine Bettgestelle und Möbel.

Wer Verwandte in Ostpreußen hat, bekommt im Haus der Arbeit-Vorderrossgarten die Berechtigungsscheine. Bis 20.00 Uhr ist geöffnet.

Wer Verwandte im Reich hat, bekommt diese Berechtigungsscheine in der Löbenichtschen Oberschule, Münchenhofplatz. Es gibt freie Fahrt.

Wer im Arbeitseinsatz ist und Kinder hat, muß sich sofort an die Arbeitsfront wenden, die die Entscheidung darüber trifft, ob sie Königsberg verlassen können.

Es muß jeder, der sein und seiner Kinder Leben erhalten will, diese Gelegenheit wahrnehmen.

(Der Aufruf wurde uns freundlicherweise von Maegarethe Timmermann zur Verfügung gestellt.)

Marianne Meißner
Chronologie einer Flucht

23.1.45 – Erster Versuch, aus Königsberg herauszukommen: Nachmittags Fahrt mit dem LKW bis Elbing. 5 km vor Elbing umgekehrt. Panzerspitzen der Russen verhinderten das Weiterfahren. Wir sahen sie in der Ferne. Umkehr auf vereister Landstraße. Pionierarbeit! Aber es gelingt. Um 2 Uhr wieder daheim. Mein Vater durfte nicht mit, er sollte noch zum Volkssturm, wurde dann aber später, seiner Zuckerkrankheit wegen, freigestellt. Wie war er froh, uns wiederzusehen.

26.1.45 – Artillerietreffer in unser Haus. Wir ziehen alle in den Keller, dort wird in der Waschküche für alle Hausbewohner gekocht. Geschlafen wird in Feldbetten – doppelstöckig. Mein Vater mußte oft nachts im Stadthaus Wache schieben. Meine Mutter und ich schliefen im oberen Bett zusammen, und wir krachten nachts durch. Eine Nachbarin, die unter uns schlief, dachte, eine Bombe hätte eingeschlagen, sie schrie fürchterlich, aber es verlief Gott sei Dank alles glimpflich.

27.1.45 – Königsberg ist eingeschlossen! Beim Bäcker und Kaufmann gibt es alles umsonst – ohne Lebensmittelkarten – ohne Geld – solange der Vorrat reicht.
31.1.45 – Zweiter Versuch: Mit dem LKW nach Pillau. Hinter Metgethen erste Feuertaufe – 4 Treffer – einer vor und drei hinter dem LKW. Ein Verwundeter – er ist am Arm getroffen – wird notdürftig verbunden. Ein Koffer geht über Bord – das Geschrei ist groß, aber wir können ihn nicht mehr einsammeln, das Leben ist wichtiger.
Im Eiltempo geht es zurück nach Königsberg. Nachts wieder daheim. Es soll wohl nicht sein. Die Parteibonzen sind schon viele Tage vorher, bei Nacht und Nebel in bereitgestellten Zügen nach Westen gefahren. Den Rest beißen die Hunde, da ist keiner mehr verantwortlich. Nun muß die Wehrmacht ran.
Wir haben schon abgeschlossen mit dem Leben und warten darauf, daß die Russen einmarschieren.
18.2.45 – Panzertruppen fahren durch unsere Straßen, und wir bekommen in unserem Haus Einquartierung. Die leerstehenden Wohnungen werden von den Soldaten besetzt.
19.2.45 – Angriff unserer Truppen auf Aethethen (Strecke nach Pillau) um 4 Uhr morgens.
20.2.45 – Bedenkliche Schießerei von beiden Seiten. Bei uns schlägt eine Granate ein, ebenfalls in den Nachbarhäusern. Ab und an halten wir uns tagsüber wieder in der Wohnung auf, aber wir ziehen bald wieder in den Keller.
21.2.45 – Wir bekommen noch mehr Einquartierung, die Soldaten müssen nachts vor dem Haus Wache schieben.
23.2.45 – Granate – kleineres Kaliber – schlägt in unser Haus ein.
26.2.45 – Um 11 Uhr antreten mit Gepäck an der Hammerschmiede bei den Zwillingsteichen. Aber mein Vater ist im Stadthaus. Was nun?
Ich muß ihn holen. Es fährt keine Straßenbahn mehr, Panzersperren überall auf der Hufenallee.
Am Nordbahnhof hat man Kriegsdienstverweigerer aufgehängt zur Abschreckung. Ein furchtbares Bild. Ab und zu krachen Granaten, Angst darf man keine haben.
Nachdem mein Vater sich im Dienst verabschiedet hat, machen wir uns schnell auf den Heimweg.
Meine Mutter hatte derweil schon alles in Koffer und Taschen verpackt und Bettzeug verschnürt. Ich greife nach Fotoalben und verstaue noch andere Dinge in meine Büchertasche. Nur die Zeugnisse kommen nicht mit – aber man denkt in Panik nicht an alles. Wir wollen nach einiger Zeit ja sowieso wieder zurückkommen.
Unsere Wohnungstür dürfen wir nicht abschließen, Soldaten müssen Zugang haben. Ein nicht gerade schönes Gefühl. Wie wird es sein, wenn man wiederkommt?
Mit dem Gepäck ziehen wir los, ein ganz schönes Stück bis zur Hammerschmiede. Von hier geht es mit LKWs zum Hafenbecken 3 – Abfahrt um 15 Uhr 30. Einschiffung in einen Prahm, wo die Luken dann dichtgemacht werden. Durch den Pillauer Seekanal werden wir durchgeschleust. Die Artillerie schießt den Seeweg bei Peine frei, wo die Russen stehen. Andauernd diese Knallerei, wir eingepfercht im Prahm – und man kann nichts sehen.
Wir kommen dann heil in Pillau um 19.00 Uhr an. Mit der Fähre geht es nach Pillau-Neutief, wo wir nachts um 3.00 Uhr ins Quartier kommen und auf dem Dachboden schlafen müssen.

27.2.45 – Umzug in Pillau-Neutief mit einem Fuhrwerk von der I nach der C Straße. Weiterkommen unbestimmt.

1.3.45 – Nachmittags in Pillau an Bord des Tankers Saßnitz. Da er aber nicht ausläuft, müssen wir in einer Turnhalle, auf Bänken sitzend, übernachten. Lausig kalt!

2.3.45 – Morgens an Bord des Tankers – 10.00 Uhr. Mit Mühe und Not Gepäck verfrachtet. An Bord sehr schön – und – gute Verpflegung.

4.3.45 – Wir sollten auslaufen, aber daraus wurde nichts.

5.3.45 – Abfahrt von Pillau um 17.00 Uhr nach Gotenhafen. Zum Abschied spielt die Bordkapelle „Muß i denn", was sehr makaber war. Uns war allen zum Heulen zumute.

6.3.45 – In Gotenhafen rumgeschlendert und eingekauft.

7.3.45 – Abfahrt im Geleitzug von Gotenhafen nach Swinemünde. Bis Rixhöft – wegen Sturm und Torpedos umgekehrt. Um 24.00 Uhr wieder in Gotenhafen.

9.3.45 – Zweiter Anlauf zum Auslaufen nach Swinemünde um 17.00 Uhr. Bombenhagel auf Gotenhafen, wir sehen es aus der Ferne – alles brennt, und es sind noch so viele Flüchtlinge dort, die auf eine Weiterfahrt hoffen, man darf gar nicht nachdenken.
Wir sind froh, noch vor dem Bombenhagel aus Gotenhafen rausgekommen zu sein.

10.3.45 – Tag und Nacht gefahren – furchtbare Schaukelei.

11.3.45 – Nachts um 1.00 Uhr Ankunft in Swinemünde. Bis 10.00 Uhr durften wir noch auf dem Schiff bleiben.
Mit einem Pferdefuhrwerk zum Verladebahnhof, wo auch zwei Lazarettzüge mit Verwundeten auf den Weitertransport warteten.
Hier sitzen wir nun und harren der Dinge. Die ganze Nacht übernachtet im Güterwagen. Furchtbar kalt!

12.3.45 – Nach 7.00 Uhr soll es losgehen nach Rostock, aber es ist keine Lok da, die uns abschleppt.
Um 11.30 Uhr gibt es Fliegeralarm. Zwei starke Kampfverbände mit Ostkurs auf Swinemünde sind gemeldet. Große Aufregung, denn Swinemünde ist voll von Flüchtlingen. Drei Röhrenbunker stehen zur Verfügung, der rechte und linke Bunker ist total mit Kot verschmutzt. Also in den mittleren Bunker, der auch nicht viel besser ist.
Eine Bekannte hat einen Talisman von ihrem gefallenen Sohn bei sich, sie meint, uns könnte nichts passieren.
Da kommt auch schon die Ladung von oben. Eine Welle nach der anderen kommt über uns rüber. Ich habe furchtbare Angst. Mein Vater hält mich fest im Arm und redet beruhigend auf mich ein. Man könnte sterben vor Angst. Nach 70 Minuten ist alles vorüber. Entwarnung! Die Bunker rechts und links sind eingestürzt, nur unser ist heil geblieben. Die vorderen Wagen unseres Güterzuges sind völlig zerstört. Überall Bombentrichter – tote Kinder und Erwachsene. Ein fürchterlicher Anblick. Viele Schiffe (Tanker) in Brand, es kracht fürchterlich und überall Explosionen. Der Lazarettzug mit den Verwundeten total getroffen, etliche Wagen stehen senkrecht mit stöhnenden Schwerverletzten. Ein grausamer Anblick. Ein großes Flüchtlingsschiff mit 2.000 Flüchtlingen an Bord abgesenkt, die Gangway durchgebrochen. Jeder wollte schnell runter vom Schiff, nun wurde es zum Sarg.

Um 14.30 Uhr unser Gepäck aufgeladen auf einen LKW – und Fahrt zu einem Park. Von hier soll es weitergehen nach Heringsdorf.
Auch hier liegen viele sterbende Soldaten auf Pritschen an der Straße vor einer Schule. Diesen Anblick werde ich lange nicht vergessen können. Diese Blicke um Hilfe – und man kann nichts tun.
Weiterfahrt auf LKWs nach Heringsdorf. Unser Gepäck wird in der Nähe des Bahnhofs untergestellt. Essen in Haus „Wilhelm" und schlafen in der Pension „Neptun". Wunderbare Unterkunft. Nach langer Zeit mal wieder in einem Bett geschlafen.
13.3.45 – Um 20.30 Uhr Abfahrt von Heringsdorf nach Wolgast mit LKWs. In Wolgast über die Brücke, die kein Ende nehmen wollte. Und dann mit schwerem Gepäck. Wir waren alle ganz schön fertig.
Übernachtet im Güterzug, in der Hoffnung, am nächsten Tag weiterzukommen. Wir müssen auf eine Lok warten.
14.3.45 – Endlich ist eine Lok in Sicht, wie froh wir sind, das kann man gar nicht beschreiben. Von Wolgast fahren wir bis Damgarten, von hier mit einem Personenzug nach Rostock. Auf dem Bahnsteig lief mir meine Schulfreundin in die Arme. Leider mußten wir uns schnell wieder trennen, denn jeder fuhr in eine andere Richtung. Einen Ansturm gab es auf den Zug nach Lübeck. Ihn mußten wir nehmen, wollten wir doch nach Hamburg. 6 Stunden Fahrt bis Lübeck, dann noch einmal umsteigen in den Personenzug nach Hamburg.
Hier kamen wir nachts an und wurden im Wartesaal verpflegt. Um 6.30 Uhr mit der Vorortsbahn bis Ohlsdorf, umsteigen in die U-Bahn nach Ochsenzoll. Unsere Verwandten staunten nicht schlecht, als wir von der Tür standen. Sie hatten an ein Rauskommen aus Königsberg nicht mehr geglaubt.
Nachdem wir einige Zeit bei ihnen gewohnt hatten, bekamen wir ein Zimmer von 10 qm zugewiesen. Mit 3 Personen wurde darin gekocht, gewohnt und geschlafen. Meine Mutter und ich schliefen in einem Bett zusammen. Dieser Zustand dauerte 5 Jahre, ehe wir eine kleine Wohnung bekamen.
Es war wie ein Geschenk!

„Die Welt" vom 5.9.1946
Richard Tüngel „Ohne Heimat"

Dies nämlich ist es: keine Heimat haben – verjagt sein von Haus und Hof, die vertrauten Wälder nicht mehr sehen, die Seen und Hügel, den Kirchturm über den Dächern des Dorfes, die Straßen und Märkte in den Städten, den Pflug nicht mehr führen können über den eigenen Acker und in der Fremde im Elend leben. Heimweh im Herzen.
Als der Bombenkrieg über Deutschland begann, die Städte durch Phosphorregen in Flammen aufgingen, zog ein Strom von Menschen vom Westen nach dem Osten, um dem Tod zu entgehen, der wahllos aus der Luft seine Opfer suchte. Auch sie wurden mit in die Flucht gerissen, als russische Truppen die deutschen Grenzen überfluteten, aber sie flüchteten zurück in die Heimat. Wohl war die Wohnung zerstört, die Habe vernichtet, aber sie fanden doch vertraute Stätten und Menschen, zu de-

nen sie gehörten, die Freunde, mit denen sie aufgewachsen waren, und die Gräber der Eltern. Die aber, die bisher ihre Gastgeber gewesen waren, standen fremd zwischen ihnen. Ihre Heimat war ihnen genommen. In unerreichbarer Ferne lag für sie, was so nah gewesen und ihnen so vertraut.

Wie war es doch damals? Wir wollen es nicht vergessen. Hart und streng war der Winter. Zu Abertausenden starben die Menschen auf den Landstraßen und in den Zügen.

Mütter hielten krampfhaft die erfrorenen Säuglinge im Arm, sie weigerten sich, die kleinen Leichen herzugeben. Kinder wurden im Gedränge auf den Bahnsteigen zu Tode gequetscht. Wer stolperte, war verloren; er geriet unter hastende Füße und wurde zerstampft. Jagdflieger schossen im Tiefflug auf die wandernden Trecks, Bomben fielen auf die Züge. In offenen Wagen, bei zwanzig Grad Kälte, langsam, entsetzlich langsam, tage- und wochenlang, zogen sie so dem Westen entgegen. In den Städten waren Kommandos aufgestellt von Soldaten, die auf den Bahnhöfen warteten, um die Unseligen auszuladen. „Gefrierfleischkommandos" wurden sie genannt mit dem entsetzlichen Realismus des Soldatenjargons der Nazizeit. Oft genug waren es nur steifgefrorene Leichen, die sie aus den offenen Güterwagen herausheben konnten. Nur die braunen Herren und ihre Familien waren nicht dabei: die hatten sich mit bequemen Autos als erste davongemacht. Sie hatten auch alle Befehle zum Abmarsch zu spät gegeben, um stolz nach oben melden zu können, daß in ihren Kreisen, Städten und Dörfern die Menschen bis zum letzten Augenblick tapfer ausgehalten hätten. Nach dieser ruchlosen Schuld wurde in Nürnberg nicht gefragt.

Als die Waffen ruhten, kam ein neuer Strom von Menschen audem Osten. Die ihre Heimat nicht hatten verlassen wollen, die alle Schrecken der Eroberung auf sich genommen und oft Entsetzliches hatten erleben müssen – nur gehalten von der Hoffnung, in der Heimat bleiben zu können –, wurden nun mit Gewalt gezwungen, fortzugehen.

Es war heißer Sommer. Wieder waren viele Tote und Sterbende in den Wagen. Hunger, Krankheit und Mißhandlungen hatten die letzte Widerstandskraft gebrochen. Der „Todesbahnsteig" hieß Bahnsteig 3 auf dem Schlesischen Bahnhof in Berlin. Hier wurden auf Bahren die Toten zusammengetragen, und zwischen ihnen lagen andere, die fortzubringen nicht mehr lohnte, den brechenden Blick zur Sonne gerichtet, die durch die verbogenen Träger der Halle mitleidlos auf sie herunterbrannte. Freiwillige aus der Berliner Bevölkerung geleiteten die völlig Erschöpften in die trostlosen Lager, die mit unzureichenden Mitteln hastig eingerichtet worden waren. Dreißig waren es an der Zahl, und bald mußten sie alle bis auf zwei geschlossen werden, da Seuchen ausbrachen, die die Städte gefährdeten. Ohnmächtig standen die deutschen Hilfskomitees, ohnmächtig auch die eifrig bemühten Offiziere der Besatzungsmächte diesem entsetzlichen Elend gegenüber. Langsam wurden die riesigen Menschenzüge weitergeleitet und über ganz Deutschland verteilt. Elende Gestalten kamen so überall an, selbst jener geringen Habe beraubt, die sie hatten mitnehmen dürfen und die ihnen auf dem Transport von fanatisch verhetzten Banden entrissen worden war. Und auch heute noch ist der Strom nicht zu Ende. Sie kommen aus Rumänien, Ungarn, der Tschechoslowakei und jenen deutschen Gebieten, die immer noch dem Namen nach deutsch sind, die nur unter polnischer Verwaltung stehen und wo die Deutschen noch rechtloser sind als das Wild in den Wäldern, das doch wenigstens eine Schonzeit hat.

So leben sie jetzt zwischen uns, alle, die aus dem Osten vertrieben sind. Sie haben ihre Heimat verloren, sie haben Entsetzliches erlitten, schwer ist die seelische Last, die auf ihnen ruht, und welches auch immer ihr Anteil gewesen sein mag an der gemeinsamen Schuld, die wir alle tragen, sie haben mehr gebüßt als wir. Niemals dürfen wir es vergessen, und wenn die Bürde den einen oder andern zu schwer dünkt, wenn das enge Zusammenleben Reibungen hervorruft, die unerträglich scheinen, dann müssen wir uns vor Augen halten, daß die Lose uns besser gefallen sind als jenen, die keine Heimat mehr haben.

„Flüchtlinge" heißen sie in Deutschland, aber das Wort ist falsch. Es klingt, als seien diese Menschen freiwillig fortgezogen, um einem Druck zu entgehen, wie die „Refugiés", die im 17. Jahrhundert, nach der Aufhebung des Ediktes von Nantes, aus Frankreich auswanderten, um in andern Ländern frei ihrem Glauben anhängen zu können, oder wie die Emigranten zu Zeiten der Französischen Revolution oder unter der Naziherrschaft in Deutschland, die ihr Vaterland verließen, um im Ausland auf den Wandel der politischen Zustände zu warten. Es sind keine Flüchtlinge, sondern Vertriebene. Menschen, die der Krieg aus ihren Wohnungen scheuchte und die nicht zurückkehren dürfen in ihre Heimat, und andere, die nach dem Kriege zwangsweise ausgewiesen wurden aus Gegenden, in denen ihre Vorfahren seit vielen Jahrhunderten ansässig gewesen waren. „Displaced Persons" nennen die Angelsachsen die Unglücklichen, die unter dem Naziterror nach Deutschland verschleppt worden sind. Ihnen gilt der besondere Schutz der Besatzungsmächte, der UNO und der UNRRA. Displaced Persons sind auch diese Unglücklichen, Vertriebenen und Entwurzelten, die auf fremdem Boden nicht gedeihen können.

Langsam und zögernd nur beginnt die Welt Kenntnis zu nehmen von ihrem Elend. Wohl haben vorurteilsfreie Berichterstatter, vor allem in England, sehr bald die Zustände scharf gegeißelt, die in den Lagern in Polen und der Tschechoslowakei und auf den ungeregelten Transporten herrschten. Dem Eingreifen der Besatzungsmacht ist es zu danken, daß hier Wandel geschaffen wurde. Erst jetzt aber regen sich Stimmen im Auslande, die darauf hinweisen, daß es nötig sei, nicht die äußeren Anzeichen, sondern die Krankheit selber zu kurieren, daß es unmöglich sei, diese Millionen Vertriebener in den vier Zonen unterzubringen, deren Städte und Dörfer vom Krieg verwüstet sind, unmöglich, sie dort zu ernähren und nutzbringend zu beschäftigen, daß man vielmehr den Raum vergrößern und die provisorischen Grenzen im Osten zurechtrücken müsse.

Bis dies beschlossen ist – und wir wollen hoffen, daß der Tag nicht allzu fern sein möge –, haben wir die Pflicht, unseren deutschen Brüdern in ihrem Unglück in jeder Weise zu helfen, wenn wir auch wissen, daß wirkliche Hilfe nicht in unserer Macht steht. Die Jahre der Nazizeit, der grausame Krieg, Terror und Gegenterror haben viel Böses und Schlechtes nach oben gespült. Neid, Haß, Brutalität und Eigensucht sind nicht nur bei uns, sondern vielerorts in der Welt zur Herrschaft gelangt. Wir waren es, die damit begonnen haben, so sei es denn auch an uns, daß wir beginnen, dem Edelsten zum Siege zu helfen, was das Christentum uns gelehrt: der Nächstenliebe. Achtung vor unserem Mitmenschen, die Erkenntnis, daß er nicht ein „lästiger Flüchtling" sei, sondern ein Mensch, der ein Recht hat, sein eigenes Leben zu führen, dessen Eigenart zu verstehen wir versuchen müssen.

Wir müssen uns endlich frei machen von jener tragischen Vermassung des Denkens, die schon lange vor dem ersten Weltkrieg begann und die in der Hitlerzeit ein entsetzliches Ausmaß angenommen hat. Es ist, als könnten heute die Gedanken der Menschen sich nur noch in Riesenzahlen ergehen. Millionen Vertriebene – das klingt in unseren Ohren genau so wie Millionen Tote des Krieges, Millionen vergaster Juden, Millionen Kriegsgefangene, als ob es sich um Scheffel Erbsen handle, die man zu statistischen Zwecken auszählt.

Disraeli, der große englische Staatsmann, hat dieses falsche Denken mit dem treffenden Wort abgetan: There are lies, damned lies – and statistics. Denn es handelt sich ja nicht um eine Gattung Vertriebene, von denen einer dem andern gleicht. In allen Fällen, wo es um Menschen geht – und mögen es noch so viele sein –, geht es immer um einzelne. Männer, Frauen und Kinder, jeder für sich ein Wunder des Lebens, ein von Gott geschaffenes Wesen, das ein Recht hat, sein eigenes persönliches Dasein zu führen.

Nur, wenn wir lernen, so zu denken, können wir überhaupt darangehen, das Unsere zu versuchen, um diesen Unglücklichen zu helfen. Sie sind jetzt heimatlose Brüder, schematisch wie Herdenvieh über Deutschland verteilt worden. Je nach den Bezirken, aus denen sie kamen, sind die Transporte Provinzen und Orten zugewiesen worden, die sie aufnehmen mußten. Es soll die Leistung, die hier vollbracht wurde, gewiß nicht verkleinert werden; es war ja nicht möglich, angesichts der riesigen Zahl der Vertriebenen und angesichts der Zerstörungen in Deutschland, anders zu verfahren. Aber nachdem nun eine gewisse Ruhe eingetreten ist, dürfte die Zeit gekommen sein, die notwendigen Fehler einer solchen schematischen Unterbringung zu korrigieren.

Dies kann nur geschehen, indem wir uns um das Schicksal des einzelnen bekümmern, indem wir versuchen, herauszufinden, wieweit wir seinen Fähigkeiten und seinen Wünschen gerecht werden können. Keineswegs können wir dabei die staatlichen Stellen entbehren. Doch ist es nötig, auch hier gerade auf das Besondere des Einzelfalls zu verweisen, auf dessen Behandlung allein vernünftige Hilfe geschaffen werden kann. Gewiß bemühen sich beamtete und freiwillige Kräfte, die in diesen Fragen tätig und zuständig sind, dem einzelnen zuzuhören und einen Weg zu finden, wie ihm zu helfen sei. Was aber alle Wege sperrt und alle Gräben verbreitet, statt Brücken zu schlagen, ist jener Geist der Vermassung, der notwendig in einer Verwaltung auftauchen muß, deren oberstes Ziel eine möglichst durchgreifende Planung und Lenkung auf allen Gebieten ist. Gesucht und verlangt werden nicht Menschen mit individuellen Fähigkeiten, sondern Arbeitskräfte. Auf die Dörfer verteilt werden nicht Familien, die sich voneinander weitgehend unterscheiden, sondern Wohnungsberechtigte und Kalorienempfänger. Man wende nicht ein, daß in einem Staate, dessen Hilfsmittel so beschränkt sind, nun einmal nicht anders verfahren werden kann, wenn man so viele Vertriebene unterbringen und ernähren wolle. Gerade die Tatsache, daß wir so arm und so entsetzlich übervölkert sind, zwingt uns, nicht ein großes Schema anzuwenden, sondern das allerfeinste, was sich finden läßt.

Es muß also den Vertriebenen die Freiheit geschaffen werden, sich gleichberechtigt mit den Einheimischen darum zu bemühen, eine Arbeit zu finden, die ihren eigenen Fähigkeiten angepaßt ist, und ihre Unterkunft, sobald sie einen Weg dazu wissen, zu verbessern. Ihnen hierbei entgegenzukommen, sollte die Pflicht aller Verwaltungsstellen sein. Nur so können wir bei unseren heimatlosen Brüdern Hoffnung erwecken und helfen, die Last zu vermindern, die auf ihrer Seele liegt. Diese Aufgabe zu lösen, ist aber nur möglich, wenn jeder von uns an ihr mitarbeitet. Sie haben ein Recht darauf, daß wir uns um sie bemühen, daß wir in jedem von ihnen die menschliche Würde achten und sie nicht als eine besondere Klasse, als „Flüchtlinge", abstempeln und sie damit von vornherein als einen Fremdkörper innerhalb Deutschlands kennzeichnen.

Gewiß, unsere Kräfte werden ausreichen, ihr Los wirklich erträglich zu gestalten. Der Raum, der uns zur Verfügung steht, ist zu eng. Unsere ernsthaften Bemühungen aber werden zweierlei erreichen: wir werden in uns selber jenes Denken in Bahnen der Vermassung überwinden und damit die Grundlage zerstören, die zum Nationalsozialismus und seinen abscheulichen Prinzipien führte, indem wir wieder jene Selbstverständlichkeit der Nächstenliebe erwecken, die auch der wahre Geist der Demokratie ist. Und damit wird uns ferner gelingen, die Welt zu der Einsicht zu bringen, daß nur durch gerechte Grenzen ein Herd des Elends und der Unruhe beseitigt werden kann, der in der Mitte Europas sonst schwere zukünftige Gefahren hervorrufen muß.

„Heere elender Heimatloser"

Nachdem die Rote Armee im Oktober 1944 in Ostpreußen Deutsches Reichsgebiet erreicht hatte, gelangte die erste große Flüchtlingsbewegung nach Hamburg. Sie setzte sich vor allem aus sogenannten Butenhamborgern – evakuierten Hamburgerinnen und Hamburgern, die vor den Bombenangriffen in Hamburg geflohen waren und im „Osten" eine vorübergehende Bleibe gefunden hatten – und aus den im Osten Beheimateten zusammen. Gemeinsam flüchteten sie Richtung Westen. Je weiter die Ostfront nach Westen rückte, desto größer wurde die Zahl der Flüchtlinge, die nach Hamburg kamen.

> Im November 1943 war Hamburg zum „Brennpunkt des Wohnungsbedarfs" erklärt worden. Das hieß Zuzugsbeschränkungen und Wohnraumzwangsbewirtschaftung. Nur Personen, die einen Mangelberuf ausübten – d.h. Personen, die zu einer Berufsgruppe gehörten, in der es in Hamburg nicht genügend Arbeitskräfte gab – erhielten eine Aufenthalts- oder Zuzugsgenehmigung für Hamburg. Eine entsprechende Verordnung blieb in mehr oder minder enger Auslegung bis 1950 in Kraft. Dieser Beschränkung des Zuzugs war der Hamburger Feuersturm im Juli 1943, die Bombardierung Hamburgs durch den Großangriff britischer und amerikanischer Kampfflugzeuge, vorausgegangen, der über 40.000 Menschen das Leben gekostet hatte. Die Einwohnerzahl sank nach diesen Julitagen 1943 von ca. 1,7 Mio. auf ca. 800.000. Denn neben den zu beklagenden 40.000 Toten hatten 900.000 Menschen die zerstörte Stadt freiwillig verlassen oder sie wurden evakuiert; 61 % des Wohnraumes war zerstört oder beschädigt worden.

Aufgrund der Zerstörung des größten Teils des Wohnraum hatte die nationalsozialistische Reichsregierung ab Januar 1945 der Hansestadt erlaubt, keine Flüchtlinge mehr aufzunehmen und sie von der Aufnahme von Flüchtlingszügen befreit. Trotzdem beantragten z.B. Mitte Februar manchmal täglich 5-6.000 Menschen eine Zuzugsgenehmigung. Die Stadt wurde zum Brennpunkt einer Flüchtlings und Rückwanderungsbewegung.

> „Seit den Tagen der Völkerwanderung waren nicht solche Heere elender Heimatloser gesehen worden.", berichtete Rudolf Schulz-Bischof (Leiter des Wohnungsamtes) in „Neues Hamburg 1949 (hrsg. von Erich Lüth)" und der Senator für Jugend und Gesundheit, Heinrich Eisenbarth, äußerte sich 1948 in der gleichen Zeitung: „Die Not dieser Menschen überstieg bisher alles Dagewesene und Erlebte."

Nach Kriegsende standen nun die britischen Besatzer und der eingesetzte Hamburger Senat vor der Aufgabe, für diese Flüchtlinge und für viele andere heimatloser Gruppen Unterkünfte und Verpflegung zu organisieren.

Zu den anderen „heimatlosen Gruppen" gehörten z.B. auch KZ-Entlassene, die, kategorisiert nach Kriminellen, Asozialen, politischen Tätern und rassisch Verfolgten, nach der Befreiung in den Notunterkünften eine fürsorgerische Betreuung erhielten. Viele von ihnen starben auch jetzt noch als Folge der Entkräftung und der Mißhandlungen. Ehemalige Zwangsarbeiterinnen und Zwangsarbeiter, gemäß dem alliierten Sprachgebrauch „Displaced Persons (DPs)" genannt, wollten nicht mehr in ihre Heimat zurückkehren, oder sie warteten in Hamburg auf eine Fahrtmöglichkeit dorthin. Zu ihnen kamen noch die DPs aus anderen norddeutschen Gegenden, die sich in Hamburg für geschlossene

Transporte in die Heimat sammelten. Zu diesen heimatlosen Gruppen zählten noch die bereits ab 18. Mai 1945 entlassenen älteren deutschen Kriegsgefangenen aus westalliierter Gefangenschaft und diejenigen ehemaligen Wehrmachtsangehörigen, die aufgrund ihrer Pflegebedürftigkeit, Krankheiten und Verwundungen in Reservelazaretten und Wehrmachtseinrichtungen untergebracht waren. Zu all diesen Menschen reihten sich noch die vielen Flüchtlinge aus den sowjetisch besetzten Gebieten, für die die Sozialverwaltung Unterkünfte bereitstellen mußte. Viele der Flüchtlinge kamen nur als Durchreisende auf der Suche nach ihren Angehörigen nach Hamburg, darunter häufig alleinreisende Jugendliche und Kinder.

Für Jugendliche gab es in Hamburg eine Ausnahmeregelung. Sie wurden generell in Hamburg aufgenommen. Jugendliche, häufig nach abgebrochener Lehre und Schulausbildung, für die auch in der unmittelbaren Nachkriegszeit die Hafenstadt Hamburg als Tor zur Welt, einen besonderen Reiz ausübte, fanden hier vergleichsweise schnell Arbeit und Unterkunft. Falls eine Unterbringung bei Verwandten nicht möglich war, wies das Jugendamt sie in Heime ein.

Nicht zuletzt lockten Gerüchte Flüchtlinge in die Stadt. Bürgermeister, die in ihren Gemeinden Flüchtlinge aufgenommen hatten, verbreiteten vielfach im Mai 1945 die Information, daß von Hamburg aus der Eisenbahnverkehr nach Süden und Westen wieder funktioniere, vermutlich um die unliebsamen Zuwanderer und Zuwanderinnen möglichst schnell wieder loszuwerden. Es kam sogar vor, daß aus Gemeinden im Hamburger Umland Flüchtlinge, die weiterziehen wollten, mit Lastwagen oder Autobussen in die Innenstadt oder nach Hamburg-Harburg gebracht und dort mit der Hoffnung auf eine Zugverbindung ihrem Schicksal überlassen wurden. All diese Heimatlosen ließen sich in zwei Gruppen unterscheiden: In jene, die Hamburg aufgrund gesperrter Straßen und fehlender Transportmöglichkeiten nicht verlassen konnten, und in andere, die dauerhaft in der Stadt, die damals aus der Sicht ihres Bürgermeisters, Rudolf Petersen, als „Eldorado, das Industrielle, Künstler, Gelehrte und Ostflüchtlinge magisch anzog" galt, eine neue Existenz aufbauen wollten.

Flüchtlingsstau zwischen den Ruinen

Maßnahmen gegen die ungewollten Zuwanderer und Zuwanderinnen, die aufgrund des akuten Mangels an Nahrungsmitteln, Energie und Wohnraum in Hamburg keine Aufnahme finden konnten, widersprachen sich oft im Ergebnis. Die regelmäßigen Gespräche der britischen Besatzungsmacht mit Bürgermeister Petersen spiegelten die vorherrschende Ratlosigkeit wieder.

So herrschte über die Ausmaße von Aussiedlungen und Vertreibungen aus den deutschen Ostgebieten noch Unkenntnis. Erst im November 1945 erfuhren die Flüchtlingsverwaltungen, wieviel Menschen sie in Kürze zu erwarten hätten.

Mit dem Ziel, den – wie es damals hieß – „Zustrom" zu stoppen, hatte die britische Besatzungsmacht den Zu-und Abgang über die Elbbrücken, die Verbindung nach Süden für den normalen Verkehr gesperrt. Die Elbbrücken waren die einzigen strategisch wichtigen Brücken der britischen Zone, die von der deutschen Wehrmacht nicht zerstört worden waren. Sie konnten nur noch mit besonderer Genehmigung passiert werden. Dadurch kam es nördlich und südlich der Elbe zu einem Flüchtlingsstau, da die Zuwanderung aus Osten und Norden meist möglich gewesen war. Südlich der Elbe in Hamburg-Harburg, lagerten große Trecks, mit zeitweise wohl mehr als 200.000 Menschen. Es waren vor allem die vor den Bombenangriffen evakuierten Hamburgerinnen und Hamburger, die „Butenhamborger", die auf eine Genehmigung warteten, die Elbe überqueren zu dürfen, um wieder nach Hamburg zu gelangen.

Im Juni 1945 hatte der „Flüchtlingsstau" in Hamburg seinen Höhepunkt erreicht. Fortwährend mußten neue Unterbringungsmöglichkeiten geschaffen werden. Ein Lager mit 2.000 bis 3.000 Plätzen war häufig bereits innerhalb eines Tages überfüllt. Mehr als tausend Menschen kampierten auf den Korridoren im Hamburger Bieberhaus am Hauptbahnhof, dem damaligen Sitz der Hamburger Sozialverwaltung.

Die sofortige Öffnung der Elbbrücken schien unabdingbar. Bürgermeister Petersen versuchte bei der Militärregierung Wege für einen „Abzug" der Flüchtlinge zu erwirken. Er schlug im Juni 1945 ein ‚Kopf-um-Kopf-Verfahren' vor: Nichthamburgerinnen und -hamburger, die die Stadt verlassen wollten, sollten vor allem gegen „Butenhamborger", die vor den Toren der Stadt auf Einlaß warteten, ausgetauscht werden. Dies Verfahren stieß bei der britischen Militärregierung, vermutlich aus Angst vor einer Bevölkerungsbewegung, die ihrer Kontrolle entgleiten könnte, auf Ablehnung. Schließlich war sie jedoch damit einverstanden, täglich 1.000 Personen das Verlassen der Stadt zu ermöglichen, vorausgesetzt sie hatten Visa für verschiedene Orte in der britischen Zone erhalten. Insgesamt wurden von Ende Juni bis Mitte Juli 1945 8.000 abwandernde Flüchtlinge über die Elbbrücken geschleust.

Um die Abreise zu erleichtern, sollten in den Kraftfahrzeugen, die in beschränkter Zahl aus Hamburg herausfahren durften, Flüchtlinge mitgenommen werden. Bis zum August 1945 gab es offiziell lediglich einen öffentlichen Notreiseverkehr, der nur mit Sondergenehmigung auf Güterzügen erfolgte. So nahmen am Hamburger Dammtorbahnhof die meist in südwestlicher Richtung leer ins Ruhrgebiet zurückkehrenden Kohlezüge vor allem entlassene Wehrmachtsangehörige auf, die in ihrer Heimatorte zurückkehren wollten. Die Bahnhofshalle war zum großen Wartesaal geworden, in dem die Reisenden manchmal tagelang auf einen Zug warteten und deshalb ihr Nachtlager dort aufschlagen mußten.

Die Zuwanderung hält an

Die Elbbrückensperrung wurde schließlich nach und nach gelockert. Gegen Ende Juli 1945 versprach sich schließlich die britische Besatzungsmacht von einer Öffnung der Elbbrücken eine schnellere Unterbringung in den ländlichen Aufnahmegebieten und eine bessere statistische Erfassung der Flüchtlinge. Es wurden Passierscheine ausgegeben. Trotz eigentlich gegenteiliger Bestrebungen überstieg in der Praxis zunehmend die Zahl derjenigen, die nach Hamburg gelangten die Zahl der Abwandernden. So passierten im September 373.741 Menschen die Elbbrücken in nördliche und 338.971 Menschen in südliche Richtung. Einen Monat später, im Oktober waren es Richtung Norden 606.835 und Richtung Süden 543.019 Menschen.

Ein – wenn auch nicht ausschlaggebender – Grund dürften dafür auch gewesen sein, daß die Elbbrücken mit Schmuck, Kaffee, Alkohol oder Zigaretten für die Kontrolleure zu öffnen waren und sich damit so mancher den Zugang nach Hamburg verschaffen konnte.

Parallel zu den Diskussionen des Bürgermeisters, Rudolf Petersen, mit der Militärregierung um die Elbbrücken liefen die Bemühungen, Zuzug und Aufenthalt nach individuellen Kriterien zu gestalten. Nur Personen, die einen Mangelberuf ausübten, sollten in die Stadt ziehen dürfen. Jene, die unerlaubt nach Hamburg kämen, sollten weder Lebensmittel noch Unterkunft erhalten. Diese Maßnahme galt nicht für diejenigen, die nur auf der Durchreise waren. Schnell wurde jedoch deutlich, daß die Durchführung eines geordneten Zuzugsverfahrens aufgrund fehlender übergeordneter Regularien noch nicht möglich war.

Schließlich verhängte am 26.10.45 die britische Militärregierung eine Verordnung, nach der Hamburg als ‚black area' deklariert wurde: Das bedeutete, daß über Hamburg eine strenge Zuzugssperre verhängt wurde, die im März 1946 durch das Kontrollratsgesetz Nr. 18 Gesetzeskraft erhalten sollte. Mehr und mehr gelang es nun, den Flüchtlingszuzug amtlich zu erfassen und einzuschränken. Laut Meldelisten der Polizei waren im November 77.000 Flüchtlinge in Hamburg.

Herkunft der Vertriebenen in Hamburg (Stand 1950)

SCHLESIEN	18 %	|||||||||||||||||
POMMERN	22 %	||||||||||||||||||||||
OSTPREUSSEN	31 %	|||||||||||||||||||||||||||||||
MEMELAND	7 %	|||||||
ANDERE	22 %	||||||||||||||||||||||

DIE DOPPELTE NOT

Nur Brot und heißen Kaffee

Ab Kriegsende wurden alle Flüchtlingsangelegenheiten in der ‚Sozialen Arbeitsgemeinschaft' besprochen. Sie bestand unter teilweise anderer Zusammensetzung bereits im nationalsozialistischen Hamburg und hatte vor allem in den ersten Nachkriegsmonaten eine zentrale koordinierende Funktion. Die ‚Soziale Arbeitsgemeinschaft' setzte sich unter Vorsitz des Sozialsenators aus Vertretern des Arbeitsamtes, der Polizei, des Deutschen Roten Kreuzes (DRK), des Komitees ehemaliger politischer Gefangener, des Hauptwirtschaftsamtes, des Haupternährungsamtes, der Gesundheitsverwaltung, des Landesjugendamtes, des Wohnungsamtes, der Lagerbetreuung und der Sozialverwaltung zusammen.

Mit der Schaffung spezieller Institutionen nur für Flüchtlinge war Hamburg generell sehr zögerlich. Die Einrichtung eines Flüchtlingsausschusses erfolgte erst, nachdem das ‚Oberste Hauptquartier der Kontrollkommission für Deutschland britischer Teil' mit der Anweisung Nr. 10 vom 23.11.1945 deutsche Behörden verpflichtete, beratende Flüchtlingsausschüsse auf allen Verwaltungsebenen einzusetzen.

Um Flüchtlingsangelegenheiten gab es zwischen der deutschen Regierung und Verwaltung und der britischen Besatzungsmacht keine wesentlichen Kontroversen. Im allgemeinen zeichneten sich die Anweisungen der Militärregierung als Siegermacht jedoch durch eine größere Härte gegenüber den Flüchtlingen aus, als sie deutsche Stellen an den Tag legten. Mit der Erklärung Hamburgs zur ‚black area' im Oktober 1945 verfügte die Militärregierung zum Beispiel zunächst, daß ankommenden Flüchtlingen in Hamburg weder Unterkunft noch Verpflegung, nicht einmal Marschverpflegung für zwei Tage gegeben werden durften. Auf Initiative von Senatsvertretern erhielten sie schließlich jedoch Verpflegung für drei Tage.

In der Sozialverwaltung gab es eine heftige Diskussion über das Pro und Contra einer guten Betreuung der Flüchtlinge. Es bestand einerseits die Befürchtung, daß eine unkontrollierte besitz- und heimatlose „Menschenmasse" sich zu einer Gefahr für die innere Sicherheit entwickeln und ein politisches Radikalisierungspotential bilden könnte – eine Gefahr, die durch eine Befriedung mit guter Betreuung gemildert werden konnte. So hatte die Senatsrätin in der Sozialverwaltung, Dr. Käthe Petersen im August 1945 darauf hingewiesen, daß sich die Massenanballungen vor der schlecht organisierten Einweisungsstelle in der Jahnhalle zu einer Gefahr entwickeln könnten. Andererseits sah sie aber auch die Sogwirkung, die eine gute Betreuung zur Folge hatte. Käthe Petersen glaubte, daß eine tägliche Ausgabe von gestrichenem Brot (200 gr. Brot, 50 gr. Wurst, 10 gr. Fett) viele Menschen dazu veranlassen würde, sich abends obdachlos zu melden. Aus diesem Grund schlug sie vor, die Nahrungsmittelausgabe ganz einzustellen. Dieser Vorschlag stieß aber auf Widerspruch: Sozialsenator Oskar Martini, der bereits dem nationalsozialistischen Senat angehört hatte und von der britischen Besatzungsmacht noch bis zum Oktober 1945 im Amt belassen war, argumentierte, daß die Menschen unter sehr erschwerten Bedingungen reisen müßten und ihnen dieses nicht zuzumuten sei. Zudem befürchtete er, daß die Gefahr einer Störung der öffentlichen Ordnung vergrößert werde, wenn die Verpflegung verweigert würde. Eine Kompromißlösung wurde schließlich gefunden. Ab Ende August gab es nur noch trockenes Brot und heißen Kaffee.

Erste Unterbringung

Alle vorhandenen Möglichkeiten mußten für die notdürftige Unterbringung der Flüchtlinge genutzt werden. Dazu gehörten die freiwerdenden Zwangsarbeiterlager, Bunker, Schulen, Kasernen und Wohn- und Motorschiffe. Neben den Unterbringungslagern wurden für Durchreisende und Aufnahmen zu später Stunde Auffanglager geschaffen. In Billstedt gab es eines für den Flüchtlingszustrom aus dem Osten. Es war jedoch sehr schnell überfüllt. Zum gleichen Zweck hatte die Polizei ein Auffanglager in der Elbgaustraße für die Zuwanderung aus dem Norden und für die Abwanderer und Abwanderinnen in den Norden eingerichtet.

Für die am Hauptbahnhof vor allem zur späten Stunde ankommenden Durchreisenden mußte dringend eine neue Unterkunft gefunden werden, da der Nähe des Hauptbahnhofes gelegene Bunker „Hachmannplatz" nur eingeschränkt nutzbar war. In ihrer Not übernachteten die Menschen im Bieberhaus. Sozialsenator Oskar Martini berichtet am 22.7.1945 über die Zustände im Bieberhaus: „ ... *in der letzten Woche nächtlicherweile im Bieberhaus 500-700 Personen aufhältlich gewesen, die auf Treppenstufen, in Büroräumen u.s.w. herumlagen, erhebliche Unordnung in das Gebäude gebracht, Eigentum der Angestellten und der Behörden u.a. sogar Dienstsiegel, entwendet haben, so daß ich Einschreiten und die Verwendung des Bieberhauses für diese Zwecke untersagen mußte.*"

Die ‚Rückkehrerstelle-Leitstelle-Ost', die, wie der Name es bereits ausdrückte, zunächst für nach Hamburg zurückkehrender „Butenhamborger" vorgesehen war, verlagerte ihre Arbeit zunehmend auf alle in Hamburg ankommenden Flüchtlinge. Sie war eine Abteilung des „Amtes für Raumbewirtschaftung", das 1946 dem Wohnungsamt angegliedert wurde. In ihrem Verantwortungsbereich lag die Betreuung und Weiterleitung Durchreisender und damit vor allem die Einweisung in Übernachtungsstätten (siehe Seite 66). Die nächtliche Flüchtlingsbetreuung und Einweisungen übernahm der Anfang 1945 eingerichtete ‚Bahnhofsdienst', der ebenso wie die ‚Rückkehrer-Leitstelle-Ost' im Bieberhaus beim Hauptbahnhof seinen Sitz hatte.

Das Bieberhaus konnte erst nach der Eröffnung der Jahnhalle, des großen Durchgangslagers gelegen auf dem Gelände des heutigen ZOB (Zentraler Omnibus Bahnhof), weitgehend von seinen ungebetenen Übernachtungsgästen befreit werden. Die Jahnhalle wurde zum zentralen Anlaufpunkt für alle Durchreisenden, die sich in der unmittelbaren Nähe des Hamburger Hauptbahnhofes befanden. Die mit britischer Unterstützung bei der Beschaffung von Baumaterialien instandgesetzte ehemalige Turnhalle wurde in der Nacht vom 19./20.7.1945, noch vor ihrer endgültigen Fertigstellung, erstmals belegt. Damit aus Durchreisenden keine Dauergäste wurden, erhielten sie in der Jahnhalle weder Melde- noch Lebensmittelkarten, sondern lediglich Verpflegung vom Deutschen Roten Kreuz. Die im Erdgeschoß befindlichen zwei Hallen dienten jeweils zur Unterbringung allein reisender Männer und von Familien mit Kindern. Im ersten Stock befanden sich Unterkunftsräume für Kriegsbeschädigte, Mütter mit kleinen Kindern und je einer für männliche und weibliche Jugendliche. Die Räume für Kriegsbeschädigte, für Mütter mit kleinen Kindern und für Jugendliche waren mit Bettgestellen ausgestattet, in den übrigen befanden sich nur Sitzgelegenheiten. Doch auch der Platz in der Jahnhalle war sehr bald zu knapp, so daß der Luftschutzraum des daneben liegenden ‚Museums für Kunst und Gewerbe' zur zusätzlichen Unterbringung herangezogen wurde. Statt mit den vorgesehenen 400 Personen je Nacht war die Jahnhalle sehr schnell mit 1.000 bis 1.500 belegt. Da die sanitären Einrichtungen nicht ausreichten – es gab nur 50 Wasserhähne, und die Toilettenspülungen funktionierten nicht hinreichend – drohten Epidemien.

Nachdem im August 1945 der Bunker Hachmannplatz wieder geöffnet worden war, war es nun laut eines Berichtes des Amtes für Wohlfahrtsanstalten möglich, 1.200 bis 1.500, der nächtlich anfallenden Personen' eine nach damaligen Maßstäben ‚ordnungsgemäße Unterkunft' bereitzustellen. Schließlich kamen in der Zeit vom 1.8.45 - 3.9.45 noch sechs Bunker als Übernachtungsstätten der Sozialverwaltung hinzu.

    1.8.1945   Hochbunker am Steintorplatz – 500 Plätze
    3.9.1945   Tiefbunker am Hachmannplatz – 800 Plätze
                      (für Aufnahmen eine Stunde vor Beginn des Ausgehverbots)
  20.8.1945   Hochbunker Baustraße – heute Hinrichsenstraße – 500 Plätze
                      (für alleinreisende Männer)
  22.8.1945   Hochbunker am Berliner Tor – 400 Plätze
                      (für Mädchen und Frauen)
  22.8.1945   Tiefbunker am Berliner Tor – 400 Plätze
                      (für Ehepaare ohne Kinder)
  22.8.1945   Hochbunker Bismarckstraße Altona – heute Ottenser Hauptstraße
                      – 500 Plätze
                      (für Obdachlose jeglicher Art)

Mitte Oktober 1945 standen der Lagerverwaltung 27 Wohnläger und Heime für Flüchtlinge zur sofortigen Unterbringung zur Verfügung.

Große Verzweiflung

Die Verhältnisse in den einzelnen Unterkünften waren sehr unterschiedlich. Relativ gute Bedingungen herrschten z. B. in den Lagern Telemannstraße, Bahrenfelder Straße, Lutterothstraße, in denen Flüchtlinge gemeinsam mit entlassenen KZ-Häftlingen untergebracht waren. In der Schule Lämmermarkt dagegen wurde das Auftreten von Seuchen befürchtet, so daß es verboten war, Mütter mit kleinen Kindern dorthin zu schicken.

Der Leiter des Amtes für Wohlfahrtsanstalten, Georg Steigertahl an die Kriminalpolizei am 28.9.1945: *„In den Übernachtungsstätten der Sozialverwaltung werden allnächtlich 2500-4200 Personen untergebracht. Der größte Teil von ihnen setzt sich aus geordnet lebenden Flüchtlingen, Rückkehrern und Durchreisenden zusammen, ein kleiner Teil gehört aber höchstwahrscheinlich asozialen und antisozialen Personenkreisen an. In den Übernachtungsstätten Bunker Baustr. am Bahnhof Landwehr, Tiefbunker und Hochbunker Berliner Tor, Bunker Bismarckstr. am Hauptbahnhof Altona und Jahnturnhalle, die sich im allgemeinen zeitig füllen, herrscht eine solche Ordnung, daß angenommen werden kann, daß in diesen Einrichtungen verhältnismäßig selten ungeordnet lebende Personen Einlaß begehren. Hingegen werden die Übernachtungsstätten Bunker Hachmannplatz und Rundturm Steintor erst kurz vor Beginn der Sperrstunden gefüllt, so daß es dann nicht mehr möglich ist, jede einzelne Person vor ihrer Zulassung zu kontrollieren, diesen Umstand scheinen sich lichtscheue Elemente zunutze zu machen, so daß eine häufige Razzia dringend notwendig erscheint."*

Die Bewohnerinnen und -bewohner erhielten zunächst Fernverpflegung, die sich aber nicht bewährte, so daß sukzessive in den Unterkünften Kochmöglichkeiten geschaffen wurden. Fehlende Kleidung; unzureichende Ernährung, die lagermäßige Unterbringung, eine schlechte gesundheitliche Verfassung, aber vor allem nicht zu wissen, ‚wohin', wenn der dauerhafte Zuzug verweigert wurde, führten häufig zu großer Verzweiflung.

Vor allem Haut- und Geschlechtskrankheiten waren unter den Lagerbewohnerinnen und -bewohnern weit verbreitet. Durch Vergewaltigungen waren vor allem Frauen und Mädchen aus den Ostgebieten mit Geschlechtskrankheiten infiziert. Die unzureichende Hygiene, fehlende Waschmöglichkeiten und Waschmittel, ließen die Ungezieferplage in den Lagern wachsen und förderten Hautekzeme. Mitte Oktober 1945 brach zudem noch Typhus aus.

Mütter mit Kindern, für die es oft sehr schwer war, eine angemessene Unterkunft zu finden, hatten keine Milch für ihre Kleinkinder und Säuglinge. Vielen Flüchtlingen war die mitgeführte Habe gestohlen worden, so daß sie nur noch das Notwendigste am Leib trugen. Vor allem Frauen und Kinder benötigten dringend Kleidung – ein Mangel, der sich im Herbst 1945 besonders stark bemerkbar zu machen begann. Von 1.300 Kindern eines Flüchtlingslagers konnten deshalb 50% das Bett nicht verlassen. Ebenso erging es vielen ehemaligen Soldaten und Flüchtlingen in Krankenhäusern: Mangels Kleidung konnten sie nicht entlassen werden. Die von den britischen Besatzungsbehörden in Hamburg im Sommer 1945 initiierte Kleidersammlung war für ehemalige Zwangsarbeiter und Zwangsarbeiterinnen vorgesehen, deren Bedürfnisse als vorrangig galten. Hin und wieder konnte den Flüchtlingen allerdings doch geholfen werden. So lieferte die britische Besatzungsmacht 2.000 Wolldecken aus ihren Beständen; das Landwirtschaftsamt stellte Männerkleidung und 240 Kopfkissen für Säuglinge zur Verfügung, oder Flüchtlingskinder erhielten Holzschuhe aus Luftschutzbeständen.

Letztlich gelang des dem ‚Amt für Wohlfahrtsanstalten' in der Hamburger Sozialverwaltung eine – wenn auch in der Regel extrem notdürftige – Unterkunft auf hamburgischem Gebiet nördlich der Elbe für die Unterkunftslosen bereitzustellen.

EIN GEREGELTER ZUZUG?

Wer darf kommen?

Zunehmend gelang es in den ersten Nachkriegsmonaten den Zuzug zu regeln. Es wurde zwischen Aufenthaltsgenehmigungen, in der Regel mit dreimonatiger Befristung, und endgültigen Zuzugsgenehmigungen unterschieden. „Butenhamborger", Verfolgte des Naziregimes, Personen, die sich in Hamburg selbst Wohnraum beschafft hatten und eine berufliche Tätigkeit nachwiesen, und Menschen, die in Hamburg mit einer Aufenthaltsgenehmigung zwei Jahre ohne Unterbrechung gearbeitet hatten oder die aufgrund ‚außergewöhnlicher Umstände' nach Hamburg kamen, konnten eine Zuzugsgenehmigung erhalten. Die widerrufbaren und befristeten Aufenthaltsgenehmigungen sollten erteilt werden, wenn sie im öffentlichen – das hieß in der Regel wirtschaftlichem – Interesse lagen oder aus persönlichen Gründen der Antragsteller erforderlich war. Dies galt für Flüchtlinge und „Butenhamborger" gleichermaßen. Eine Zusammenführung von Familien war nur möglich, wenn dies zur Versorgung von Angehörigen, z.B. Kindern und Jugendlichen, zwingend erforderlich war. Die gesetzlichen Vorgaben bewirkten, daß das Arbeitsamt letztlich ‚die' Instanz in Hamburg wurde, die über die Gewährung einer Aufenthaltserlaubnis entschied.

Hamburger Nachrichten vom 26.11.1945
Der Bürgermeister der Hansestadt Hamburg informiert:
Arbeitsvermittlung und Unterkunft in Hamburg

1. Alle in Hamburg neu ankommenden Personen, ausgenommen zurückkehrende Wehrmachtsangehörige, für die eine besondere Regelung getroffen ist, haben sich beim Wohnungsamt im Bieberhaus zu melden.
Bei der Zuweisung von Unterkunft und der Erteilung der Zuzugsgenehmigung für Hamburg wird von dem Wohnungsamt unterschieden zwischen

> a) Einwohnern von Hamburg, die nach Hamburg zurückkehren,
> b) Personen, die nicht in Hamburg wohnen und zur Beschäftigung benötigt werden, die Zuzugserlaubnis erhalten,
> c) Personen, die nicht in Hamburg wohnen und eine Durchreiseerlaubnis für eine befristete Zeit erhalten.

1. Personen der Gruppe a) und b) haben sich beim Wohnungsamt zu melden und erhalten dort auf ihre Meldeformulare folgenden Stempel gesetzt:

Gruppe a) „Rückkehr unbedenklich"
Gruppe b) „Zuzug genehmigt". Die so gestempelten Meldeformulare sind für die polizeiliche Anmeldung zu benutzen. Personen der Gruppe c) erhalten beim Wohnungsamt ein Formular, das gleichzeitig bei der Polizei als Unterlage für die vorübergehende Anmeldung gilt.

2. Nicht-Hamburger, die um Aufenthaltsgenehmigung nachsuchen, sind nach ihrer Berufsgruppe zu befragen, und ihr Antrag ist nicht zurückzuweisen ohne Rücksprache mit dem Arbeitsamt, sofern sie unter eine der vom Arbeitsamt bezeichneten Berufsgruppen fallen; es sei denn, daß sie von mehr als zwei Angehörigen begleitet sind.

Das Arbeitsamt wird das Wohnungsamt jeden zweiten Monat über die Berufsgruppen von Arbeitern unterrichten, die in Hamburg dringend benötigt werden.

3. Alle Männer zwischen dem 16. und 65. Lebensjahr, denen vom Wohnungsamt eine Aufenthaltsgenehmigung erteilt worden ist, haben sich unverzüglich zur Einschreibung beim Arbeitsamt zu melden. Alle Frauen, die normalerweise im Besitz eines Arbeitsbuches sein müssen, haben sich ebenfalls beim Arbeitsamt zur Einschreibung zu melden.

4. Personen, die beim Arbeitsamt eingeschrieben sind, haben sich danach an das Ernährungsamt zu wenden, wo sie ihre Lebensmittelkarten erhalten.
Männer zwischen dem 16. und 65. Lebensjahr erhalten eine Bescheinigung in doppelter Ausfertigung für die Ausgabe der Lebensmittelkarten, die sie beim Ernährungsamt vorzuzeigen haben; letzteres behält die weiße Kopie ein zur Rückgabe an das Arbeitsamt, stempelt die gelbe Ausfertigung und händigt sie der betreffenden Person wieder aus.

5. a) Anträge von Personen, denen eine vorläufige Aufenthaltsgenehmigung in Hamburg erteilt worden ist und die inzwischen nutzbringende Beschäftigung gefunden haben, sind über das Arbeitsamt dem Arbeitsamt Hamburg, Zweigstelle Esplanade 40, Erdgeschoß, Zimmer 8 (Transport-Abteilung), vorzulegen, wo bescheinigt wird, ob die vorläufige Genehmigung zu verlängern oder dauerhaft zu machen ist oder ob sie verfallen soll. Unter keinen Umständen wird es solchen Personen erlaubt werden, in Hamburg zu bleiben, wenn sie von mehr als zwei Angehörigen begleitet sind.
b) Anträge von Personen, die in der Zeit ihrer vorläufigen Zulassung bei militärischen Dienststellen Beschäftigung gefunden haben, müssen durch die beschäftigende Dienststelle gestellt werden, von der die P.C.J.U. dem Arbeitsamt, Neuer Jungfernstieg 19, zugeleitet werden.

6. Wohnhausbesitzer und Wohnungsinhaber dürfen nach Veröffentlichung dieser Bekanntmachung keine zusätzlichen Personen aufnehmen – gleich ob es sich um Angehörige ihrer Familie oder andere Personen handelt – ohne Genehmigung des zuständigen Wohnungsamtes. Sie haben sofort dem Wohnungsamt die Namen und Einzelheiten über alle von ihnen in ihrem Haushalt während der letzten vier Monate vor Veröffentlichung dieses Befehls zusätzlich aufgenommenen Personen mitzuteilen.
Jeder, der diesem Befehl zuwiderhandelt, unterliegt Bestrafung nach Verurteilung durch den zuständigen Gerichtshof.

7. Anträge zur Unterbringung von Nicht-Hamburgern, die in den Verwaltungszweigen der Militärregierung benötigt werden, sind direkt an das Wohnungsamt durch die Arbeits- und Wohnungsabteilung des 609 Military Government Detachment zu richten.

Diese Bekanntmachung bezieht sich nur auf die Hansestadt Hamburg.

> Art. 11 des Grundgesetzes besagt, daß alle Deutschen Freizügigkeit im gesamten
> Bundesgebiet genießen, d.h. es ist ihnen erlaubt, überall in der Bundesrepublik ihren
> Wohnsitz zu nehmen.
> Obwohl laut Grundgesetz bereits die Freizügigkeit galt, verfügte die Alliierte Hohe
> Kommission erst ein knappes Jahr nach dessen Verabschiedung, am 1.4.1950, alle
> Rechtsvorschriften, die die Freizügigkeit in der Bundesrepublik einschränkten, auf-
> zuheben.
> Erst dann wurde in Hamburg die Vergabe von Aufenthalts- und Zuzugsgenehmigun-
> gen durch das Wohnungsamt wurde abgeschafft und durch die polizeiliche Meldung
> bei den Einwohnermeldeämtern ersetzt.

Im Wohnungsamt

Bis zu 2.000 Menschen standen täglich vor der Abteilung „Zuzug und Aufenthalt" des Wohnungsamtes und warteten. Für sie entstand häufig das Dilemma, daß sie für einen Arbeitsplatz einen Wohnungsnachweis vorweisen mußten und, um einen Arbeitsplatz zu erhalten, Wohnraum nachweisen mußten.

Die amtlichen Vorschriften ließen den Mitarbeitern des Wohnungsamtes eine relativ große Entscheidungskompetenz. Antragstellerinnen und Antragsteller versuchten deshalb vielfach, durch Naturalien, insbesondere Lebensmittel, das Wohlwollen der Bediensteten zu erringen. 500 gr. Kaffee und zwei Dutzend Eier auf dem Aktenstoß des Beamten bildeten auch hier – wie eine zeitgenössische Darstellung berichtet, insbesondere vor der Währungsreform einen Weg, den Zuzug zu erhalten. Danach konnte mit der neuen D-Mark der Weg zu einer Zuzugsgenehmigung eröffnet werden.

„Die Zeit" vom 14.3.1946
Josef Müller-Marein „Sturm auf die gesperrte Stadt"

Ein schmaler Tisch. Davor stehen, zu Rudeln geballt, die Einlaßsuchenden, die Wölfe; dahinter sitzen die Wächter – Bleistifte schwingend statt der Lanzen. Hier die Wölfe, welche die Festung stürmen, dort die Wächter, die es ihnen verwehren. Und die Festung heißt Hamburg.
Schließlich werden auch Wölfe müde. Und dann werden auch Wächter weich. Und vor ihnen steht ein Wolfs-Mensch, fletscht die Zähne und fragt: „Kennen Sie Zille? Heinrich Zille? Den Witzezeichner, ha, ha, ha? Er hat gesagt: ‚Man kann einen Menschen mit einer Wohnung erschlagen wie mit einem Beil!' Das hat Zille gesagt. Und was sagen Sie?"
Die Dienstzimmer des Wohnungsamtes waren an diesem Tage überfüllt. Nur der Abteilungsleiter hatte einen Amtsraum für sich. Aber das Zimmer war so kalt, daß dem „Chef" die Worte aus dem Munde dampften: „In einen vollen Eimer", sagte er, „geht immer noch einmal ein Tropfen hinein. Doch der Augenblick ist schon abzusehen, wo der Eimer überschwippt ..."
Übrigens, wie alle Vergleiche hinken, so auch dieser. Der Dichtigkeitsgrad der Wassertropfen näm-

lich dürfte ziemlich konstant sein. Aber Menschen kann man immer ein wenig zusammenpressen, immer noch ein wenig und so scheinbar ad infinitum.

„Ad infinitum nicht", widersprach der Beamte. „Es muß dabei gebremst, gestoppt, gelenkt, geleitet werden. Das ist nun einmal eine Quintessenz der städtischen Politik."

Er sah, daß ich auf der Seite der Wölfe war, und fragte: „Haben Sie einen Augenblick Zeit?" und holte zu einer Erklärung aus: „Da haben wir die Hamburger, die nach der Zerstörung der Stadt, also nach den Julitagen 1943, nach Bayern und Sachsen gebracht wurden, weil ihre Wohnungen verschwunden waren. Heute muß Bayern, muß Sachsen die Ausgewiesenen aus Österreich und der Tschechoslowakei aufnehmen. Wohin nun mit den Hamburger Evakuierten? Nach Hause! Das ist doch klar. Nach Hause? Es handelt sich um mehr als 200.000 Personen! Wenn wir uns vornehmen, sie unterzubringen, wissen wir schon, daß es uns nicht gelingen wird. Sie wollen daraus ersehen, mein Herr, in wie engem Zusammenhang unsere Stadtpolitik mit den Unterbringungsproblemen nicht nur der britischen, sondern auch der anderen Zonen steht, ja, wie die Schwierigkeiten Hamburgs in diesem Punkt eigentlich nur ein Teil jener Sorgen sind, mit denen sich mehr oder weniger alle deutschen Städte herumschlagen müssen. Wie wir es machen? Wie alle anderen Großstädte! Wir müssen den meisten Leuten, die Einlaß nach Hamburg begehren, ganz kühl sagen: ‚Nein! Stopp! Zugesperrt!' Aber Leute aus den sogenannten Mangelberufen lassen wir herein. Einzelne, zum Beispiel Boots- und Schiffbauer, dürfen sogar ein oder zwei Personen, Frau und Kind mitbringen. – So? Sie finden, dies seien sehr nüchterne, sehr merkantile Erwägungen, sträflich nüchtern, sträflich merkantil? Sie meinen, wir sollten einen überflüssigen kaufmännischen Angestellten in die Stadt hineinlassen, damit er die Tausende von arbeitslosen kaufmännischen Angestellten noch um einen weiteren Arbeitslosen vermehrte? Was hätten wir, was hätte er davon? Immerhin tun wir das eine: Wir nehmen alleinstehende Jugendliche unter 18 Jahren auf ..."

Der Abteilungsleiter in seinem kalten Büro schlägt den Mantelkragen hoch. Er hat sogar seinen Hut auf dem Kopf und drückt ihn jetzt in die Stirn. Doch die breite Krempe, die seine Augen überschattet, kann nicht verbergen, daß es gute, freundliche Augen sind. Sie passen gut zu einem Manne, von dem seine Beamten, diese Nein-Sager wider Willen, sagen, daß er ihnen immer wieder die Mahnung erteilt, sie sollten, wenn sie schon Nein sagen müssen in gleichförmiger Litanei, dies mit freundlichem Tone sagen. Denn schon Freundlichkeit – so sagt er – habe ihren Wert in unfreundlichen Zeiten.

Der Ansturm der Wölfe auf die Dienstzimmer des Wohnungsamtes wird nach alphabetischer Anordnung bekämpft. Die „A's" und „B's" bis „Z's" stehen gemeinsam in der Schlange. Aber darin erschöpfen sich auch die Ordnungen. Die Schicksale nämlich sind sehr verschieden, ganz abgesehen davon, daß auch der Inhalt der Taschen sehr verschieden ist: Einige ballen die Fäuste darin, andere haben ein paar Eier oder Zigaretten mitgebracht und warten auf den Augenblick, wo sie ihre Gaben verschämt-heimlich den Beamten zustecken können. Wir müssen noch gewärtig sein, daß diese sagen: ‚Lassen Sie das! Wie kommen Sie mir vor?' Die meisten „Wölfe" aber bleiben bei aller Kampfeswut erstaunlich objektiv.

Hier ein etwa 50-jähriger Mann mit tiefen Entbehrungsfalten um den Mund: „Ich bin vor drei Monaten aus der russischen Zone gekommen. Ich war in S., das ist ein kleines Dorf. Der Bürgermeister gab mir Lebensmittelkarten für zwei Tage und sagte: ‚Weiter-gehen!' Ich ging nach O., das ist eine ziemlich große Stadt. Sie steckten mich in einen Bunker, gaben mir schließlich wieder Lebensmittelkarten für vier Tage und sagten: ‚Weitergehen!' Ich höre immer ‚Weitergehen! Nicht stehenbleiben!' Bin ich in einer Stadt, so sagen sie: ‚Gehen Sie aufs Land, dort ist so viel Raum.' Und manche reden auch von Kartoffeln. Komm' ich aufs Dorf, so sagen sie: ‚Gehen Sie in die Stadt. Dort sind so viele Häuser ...' Ich bin seit drei Monaten auf der Walze. Ich bin allein. Aber vor mir und hinter mir schleicht eine unsichtbare Prozession von Leuten, denen es genauso ergeht wie mir, alte Leute, junge Leute, Frauen, Mädchen."

Es schien, daß den Beamten Mitleid packte.
„Sind Sie vielleicht ein ‚Mangelberuf'? Zum Beispiel Maurer?"
Der graue Mann schüttelte den Kopf. Er war ganz verwirrt, ganz „durchgedreht". Er habe – sagte er – einmal ein Buch gelesen und erzählte davon. Das Buch hieß „Traven – Ein Totenschiff" und handelte von einem Seemann, der seine Papiere und sein Vaterland damit verlor, und den bloß ein einziges Schiff noch anheuerte: ein ramponiertes, ausgedientes Schiff, das Fahrten nur noch machen durfte mit dem einen Ziel: unterzugehen. Und nun erzählte der Grauwolf wieder von sich selber: Auch er wandert, wandert. Auch er wartet, bis auch ihn ein untergehendes Schiff aufnimmt, ein Schiff, das untertaucht und wieder aufsteigt. „Beim Herrgott", meinte er, „ist wohl noch Wohnung für mich ..."
Hier eine 40jährige Frau, ärmlich gekleidet, ein bäuerliches Kopftuch um das früh ergraute Haar: „Ich bin Hamburgerin und möchte wieder zu Hause wohnen."
„Wo wohnen Sie jetzt?"
„In Hamburg."
„Wo wohnen Sie in Hamburg?"
Die Frau zuckt die Schultern. Kurzes Schweigen. Dann beginnt sie von neuem.
Ich bin aus der russischen Zone gekommen. Aber ich bin Hamburgerin. Hier geboren.
„Welches Lager haben Sie durchlaufen, als Sie aus der russischen Zone kamen?"
„Goslar."
„Warum wollen Sie nicht sagen, wo Sie jetzt in Hamburg wohnen?"
„Ich wohne auf einem Kahn. Üble Zustände. Es geht so nicht weiter."
„Wann haben Sie vordem in Hamburg gelebt?!
Die Frau weist auf ihre Papiere: „Ich bin im August 1939 von Hamburg nach Prenzlau gezogen. Ich hatte mich dorthin verheiratet."
„Wo lebt Ihr Mann?"
Als Antwort kommt die Frage: „Ob er wohl noch lebt, mein Mann?"
Der Beamte: „Sie können nicht in Hamburg bleiben. Sie sind zu früh weggegangen damals. Sie gingen im August. Aber der 1. September 1939 ist der Stichtag."
Die Frau, den Tränen nahe: „Wo ist da der Unterschied? Doch nur ein paar Tage Differenz! Und ich bin doch Hamburgerin, hier getauft und aufgewachsen!"
„Wohin wurden Sie von Goslar aus eingewiesen?"
„In die Gegend von Uelzen!"
Der Beamte mit der Stimme eines Arztes, der in einem unabänderlichen Fall trösten möchte und doch sachlich bleiben muß: „Sie müssen in die Gegend von Uelzen zurück. Ich habe meine Vorschriften. Hamburg ist gesperrt. Oder – sind Sie ein Mangelberuf ... ?"
Ein anderes Zimmer. Zwar andere Dialogpartner, aber dieselben Fragen.
„So? Sie sind Hamburger! Wann haben Sie Hamburg verlassen?"
Der junge Mann richtet sich auf, als wolle er strammstehen, besinnt sich schließlich eines besseren und stützt die Hände auf den Tisch des Beamten: „Am 15. Januar 1937."
„Beruf?"
„Ich war in der Kaufmannslehre!"
„Das sieht böse aus. Hamburg ist gesperrt."
„Wieso? Ich bin 1937 nicht freiwillig rausgegangen. Ich bin zum Militär gezogen worden und komme jetzt zurück."
„Haben Sie sich damals für zwölf Jahre verpflichtet?"
„Nee, wieso?"
„Weil Sie damit kundgetan hätten, daß Sie auf Ihr Wohnrecht in Hamburg verzichten wollten. So

aber ... Na gut, sagen wir einmal, daß Ihre Sache in Ordnung geht. Mensch, freuen Sie sich doch! Sogar der Stichtag sticht Sie nicht."

Er aber hatte sich an dem Wort „kundgetan" festgebissen. – „Ich habe gar nichts kundgetan" sagte er. „Ich habe noch nie in meinem Leben etwas kundgetan. Ich habe immerzu strammstehen und die Schnauze halten müssen. Können Sie mir ein Zimmer besorgen? Ich komme aus der russischen Gefangenschaft und will mal ausschlafen."

„So nicht, lieber Freund, so nicht! Sie haben Anspruch auf das Wohnrecht, aber nicht auf eine eigene Unterkunft. Da können wir Ihnen leider gar nicht helfen."

Und da der Beamte lächelte, lächelt plötzlich der andere auch.

„Charascho! Ich kriech' bei 'nem Kameraden unter. O.K." Nimmt sein Papier entgegen, tippt an die Mütze und verschwindet. Der feine Herr in Pelzmantel und Velourhut, der vor dem Tisch des Beamten steht und zerknitterte Papiere aus der Brieftasche zieht, wird nach ein paar Worten so zuvorkommend und glatt bedient, daß einer im zerschlissenen Übergangsmantel, der hinter ihm in der Schlange drankommt, halblaut murmelt: „Ja, die feinen Herren ..."

Es handelt sich um einen Diplomingenieur mit Doktor-Titel.

„Ich bin Automechaniker momentan. Mechaniker, sonst nichts", sagt der Doktor. „Hier ist die Bestätigung aus der Werkstatt, wo ich als Geselle arbeite. Hier ist die Bescheinigung vom Arbeitsamt über die Zuzugsbefürwortung. Mangelberuf, Sie wissen schon. Vorher war ich in einem holsteinischen Dorf. Hier der Schein über die Genehmigung zum Wohnungswechsel, ausgestellt vom zuständigen holsteinischen Kreiswohnungsamt. Fehlt noch etwas?"

Nein, es fehlt nichts fürs erste. Der Herr Doktor-Geselle darf gehen und sehen, wo er ein Zimmer findet oder etwas, das einem Zimmer ähnlich sieht. Er darf sich polizeilich anmelden.

Er streift die Handschuhe ab. Er hat feste, schwielige Arbeiterhände, schwer von hartem Zugriff und rot-rissig von Kälte. Aber seinem energischen und fast heiteren Gesicht sieht man an, daß er noch lange nicht gesonnen ist, am Leben zu verzweifeln. Als die Tür hinter ihm zuklappt mit einem kleinen leisen, energischen Ruck, fliegt es über die Mienen der Wartenden, sich zu den Tischen der Beamten drängenden Männer, als hätte ein Zuruf sie getroffen. Ein Zuruf der Ermunterung. Die Wölfe wittern Beute und die Wächter heben die Bleistifte, die spitz wie Lanzen sind, nur viel, viel gefährlicher ...

Getrennte Familien

In der Regel fand nur der Ehemann, der einem Mangelberuf nachging, in Hamburg Aufnahme, während die Familie außerhalb leben mußte. Die zunächst konsequent abgelehnte Familienzusammenführung stieß vor allem bei den Regierungen der anderen Länder in der britischen Zone übereinstimmend auf Kritik, da diese nun gezwungen waren, die Familienangehörigen aufzunehmen. Auch sozialdemokratische Kollegen in anderen Landesregierungen, wie z.B. der niedersächsische Minister für Flüchtlingsangelegenheiten, Heinrich Albertz, appellierte im November 1948 in einem direktem Schreiben an den Ersten Bürgermeister, Max Brauer, auch die Familien der in Hamburg Arbeitenden mit aufzunehmen. Er wies auf die Not der getrennt lebenden Flüchtlingsfamilien hin, die er aus Gründen der Menschlichkeit in Niedersachsen aufgenommen habe, obwohl der

Ernährer in Hamburg arbeite, und forderte nachdrücklich deren Zusammenführung. Albertz wies auf die im Verhältnis zu den Landgebieten Hamburgs weitaus stärker belasteten – an die Stadt angrenzenden – Kreise Harburg und Stade hin. Diese drohten, Familien, deren Ernährer in Hamburg arbeite, nicht mehr aufzunehmen, da Hamburg alle Vorteile, die aus dem Einsatz der Arbeitskraft des Ernährers sich ergeben, genieße, so auch die Verpflichtung habe, die Familienzusammenführung durchzuführen.

> „Postanweisungen nach der russischen Zone gibt es nicht, Briefe werden des Inhaltes beraubt, Frauen und Kinder fallen der Tuberkulose anheim, und hier verkehrt der Mann – menschlich verständlich – mit fremden Frauen. Krankheiten und Familienzerrüttung sind die unausbleibliche Folge. Deshalb unsere wichtigste Forderung: Schließt Hamburg, verschärft die Zuzugssperre, weg mit dem „Mangelberuf", laßt nur die Frauen und Kinder der hier arbeitenden Männer hinein:"
> Arbeitsgemeinschaft sozialdemokratischer Flüchtlinge. *Der Sozialist 7/1948*

Eine getrennt lebende Familie benötigte mehr Wohnraum, die höheren Kosten einer doppelten Haushaltsführung führten vielfach dazu, daß der Ernährer seine Angehörigen nicht ausreichend versorgen konnte und sie öffentliche Fürsorge in Anspruch nehmen mußten. In der Hamburger Sozialbehörde hatte man bereits Erfahrung gemacht, daß die Zusammenführung der Familien positiv auf die seelische Verfassung und die Arbeitsfreudigkeit wirkte. Familien, denen halb verfallene Nissenhütten zum Selbstausbau zur Verfügung gestellt worden waren, hatten dies nach Meinung der Sozialbehörde bewiesen.

„Ist es nicht verständlich, daß selbst dem fleißigsten Flüchtling die Ferne von seiner Familie seine Arbeitsfähigkeit und Bereitschaft in jeder Hinsicht beeindruckt und beeinflußt." fragte Friedrich Brunnenberg, Leiter der Hamburger Flüchtlingsfürsorge, 1947.

Trotzdem vertrat die hamburgische Regierung gegenüber den Länderregierungen der britischen Zone die ablehnende Haltung des Wohnungsamtes zur Familienzusammenführung.

Arbeitskräftemangel

Sehr schnell zeigte sich, wie notwendig die Arbeitskraft der Flüchtlinge für den Wiederaufbau der Hansestadt war. Hamburg stand dabei jedoch vor dem selben Dilemma, wie auch andere zerstörte Großstädte Deutschlands. Es mangelte an Arbeitskräften, um die Stadt wieder aufzubauen. Andererseits konnten die Arbeitskräfte nicht untergebracht und versorgt werden. Dem Arbeitskräftemangel stand also ein Versorgungsmangel auf allen Ebenen der Daseinsfürsorge, d.h. vor allem bei Wohnungen, Ernährung und Energie gegenüber.

Nicht nur für die Trümmerräumung und Wiederaufbau, auch in den übrigen Wirtschaftsbereichen bestand ein hoher Arbeitskräftebedarf. Hamburgs Wirtschaft lag nicht etwa völlig brach. So betrug die hamburgische Industriekapazität bei Kriegsende immerhin noch 75% des Standes von 1938. Viele Betriebe konnten nach Kriegsende zügig wieder in Gang gesetzt werden, erst nachdem die Kriegsvorräte aufgebraucht waren, machte sich ein Mangel an Rohstoffen bemerkbar. Mit 81% der Arbeitskräfte gegenüber vor dem Krieg wurde jedoch aufgrund des Mangels an Energie und der Unterernährung nur etwa 25% der Vorkriegsleistung erbracht. Dazu kam, daß sehr viele Arbeitskräfte durch Kriegsverluste, Kriegsgefangenschaft und Denazifizierung fehlten.

Schon im Juni 1945 hatte die britische Besatzungsmacht einen Arbeitskräftemangel festgestellt und 1946 34.000 offene Stellen registriert. Darüberhinaus erforderten die Planungen der britischen Besatzungsmacht, in Hamburg ihr Hauptquartier Britischen Zone einzurichten noch mehr Arbeitskräfte. Für dieses sogenannte ‚Hamburg-Projekt' wurden zusätzlich ca. 15.000 Bauarbeiter gebraucht.

Die Crux mit dem „Mangelberuf"

Die Praxis zeigte, daß die zeitlich befristeten Aufenthaltsgenehmigungen in den meisten Fällen einen dauerhaften Zuzug nach sich zogen, denn es blieben auch jene in Hamburg blieben, die bereits nach einer Arbeitswoche ihre Arbeit verschuldet oder unverschuldet niedergelegt hatten. Der Zuzug von Personen in Mangelberufen habe zudem einen Spiraleffekt zur Folge, klagte das Wohnungsamt, da weitere Arbeitskräfte für ihre Versorgung notwendig werden würden. Hinzu kam, daß die angestrebte Praxis, im Mangelberuf tätigen Personen nur dann eine Aufenthaltsgenehmigung zu erteilen, wenn diese in einem Lager untergebracht würden und keinen beschlagnahmefähigen Wohnraum benötigten, nicht konsequent durchgeführt wurde. Eine zunehmend engere Belegung der noch vorhandenen Wohnraumes war die Folge.

Zwangsweise mußten jedoch auch diejenigen in Hamburg bleiben, deren Aufenthaltserlaubnis nicht verlängert wurde, weil alle Länder der Westzonen zeitweise aufgrund von Überfüllung ihre Auffanglager geschlossen hielten bzw. sich teilweise weigerten, Berufstätige aus Hamburg aufzunehmen.

„Zwangsarbeitsverhältnisse"

Diejenigen Flüchtlinge, die es schafften, die Hürden für den Zuzug oder Aufenthalt in Hamburg zu überwinden, konnten in der Regel den Arbeitsplatz nur wechseln, wenn sie ein Beschäftigungsverhältnis in einem Mangelberuf bei einem anderen Arbeitgeber fanden.

> „Die Beschäftigung in Mangelberufen führt praktisch zu einem Zwangsarbeitsverhältnis, welches zwar nicht von der Exekutive ausgesprochen wird, aber nicht minder die persönliche Freiheit bedroht. Als warnendes Menetekel steht nämlich hinter dem Flüchtling immer der Weg auf die Landstraße. Dieses Menetekel läßt den vertriebenen Musiker, den Angestellten und ehemaligen Beamten die Tätigkeit des Bauhilfsarbeiters ergreifen, läßt die vertriebene Kunstgewerblerin die Arbeit in der Fischindustrie aufnehmen ... die praktische Zwangseinweisung in eine berufsfremde Tätigkeit zeigt eindeutig, daß der Flüchtling nicht auf seine Heimat verzichten muß, sondern auch aus seinem Berufsleben vertrieben ist."
> *Bericht der Sozialbehörde über das „Amt für Wohnlagerverwaltung und Flüchtlingsfürsorge", August 1948*

Die britische Besatzungsmacht erteilte meist keine direkten zuzugspolitischen Weisungen, nahm aber eine lenkende und kontrollierende Funktion wahr, z.B. bei der Entscheidung, welcher Wirtschaftszweig hinsichtlich des Arbeitskräftebedarfs Priorität einnehmen sollte. Bei Bedarf konnten sich Arbeitgeber an die Militärregierung werden, um sich für ihren Antrag auf Arbeitskräfte Unterstützung einzuholen, die jedoch letztlich für das Arbeitsamt nicht bindend war.

Ausweisung „arbeitsunlustiger" Personen

„Die Ausweisung arbeitsunlustiger Personen, die nur unter dem Vorwand, in Mangelberufen arbeiten zu wollen, eine befristete Aufenthaltserlaubnis erhalten haben, muß entschieden erfolgen. Es dürfte sogar ratsam sein, nicht erst das Ende des Fristablaufes abzuwarten, sondern sofort, nachdem sich die betreffende Person der übernommenen Verpflichtung entzieht, entschieden gegen sie vorzugehen. Die Sozialverwaltung ist in der Lage, bei lagermäßig Untergebrachten ein derartiges Verhalten schnellstens und einwandfrei zu kontrollieren und dem Wohnungsamt entsprechende Vorschläge zu machen. Bei dem Vorgehen gegen solche Personen würde ich allerdings raten, den Begriff ‚Abschiebung' zu vermeiden, da sich bei Anwendung derselben fürsorgerechtliche Konsequenzen ergeben könnten, die den Staat belasten müßten," vermerkte dazu die Flüchtlingsfürsorge im Juni 1947.

Mit diesen Kontrollmaßnahmen verbunden war die Ausgabe von Arbeitspässen, die zwar bereits seit Dezember 1946 geplant, jedoch erst im Oktober 1947 abgeschlossen wurde. Der Arbeitspass mußte stets bei sich getragen werden. Der Arbeitgeber konnte diese Bescheinigung verweigern, wenn der Betriebsangehörige im Laufe der zu Ende gehenden Zuteilungsperiode für Lebensmittelkarten mehr als zwei Arbeitstage pflichtwidrig der Arbeit ferngeblieben war oder ohne Entgelt von der Arbeit beurlaubt war.

Senat

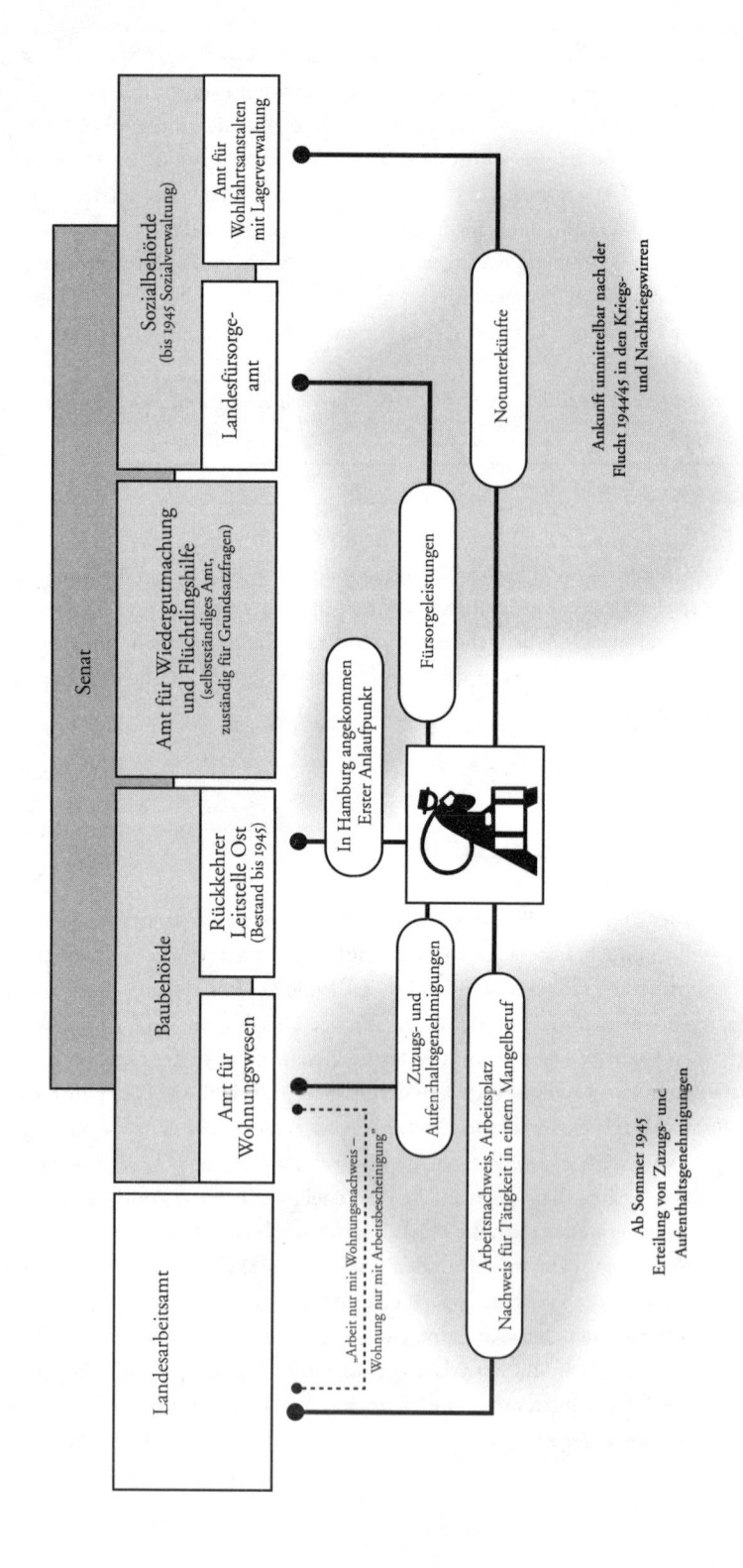

- **Baubehörde**
  - Amt für Wohnungswesen
  - Rückkehrer Leitstelle Ost (Bestand bis 1945)
- **Amt für Wiedergutmachung und Flüchtlingshilfe** (selbstständiges Amt, zuständig für Grundsatzfragen)
- **Sozialbehörde** (bis 1945 Sozialverwaltung)
  - Landesfürsorgeamt
  - Amt für Wohlfahrtsanstalten mit Lagerverwaltung

Landesarbeitsamt

- Arbeitsnachweis, Arbeitsplatz Nachweis für Tätigkeit in einem Mangelberuf
- Zuzugs- und Aufenthaltsgenehmigungen
- In Hamburg angekommen Erster Anlaufpunkt
- Fürsorgeleistungen
- Notunterkünfte

Arbeit nur mit Wohnungsnachweis – Wohnung nur mit Arbeitsbescheinigung

Ab Sommer 1945 Erteilung von Zuzugs- und Aufenthaltsgenehmigungen

Ankunft unmittelbar nach der Flucht 1944/45 in den Kriegs- und Nachkriegswirren

Wegweiser durch den „Ämterdschungel"
(Graphik: Lars Hennings)

WIE DIE FLÜCHTLINGE WIEDER LOSWERDEN?

Erste Bemühungen

Neue Hamburger Presse vom 28.7.1945
Rückführung von Flüchtlingen

Wegen des fortgesetzten neuen Zustroms von Flüchtlingen nach Hamburg können die in den Polizeirevieren vorbereiteten Listen von Personen, die ursprünglich nicht in Hamburg wohnhaft waren, nicht länger als korrekt angesehen werden.
Daher müssen sich alle Personen, welche Hamburg zu verlassen wünschen, bis Montag, dem 30. Juli 1945, 16 Uhr, bei ihrem zuständigen Polizeirevier melden und folgende Einzelheiten angeben:

a) Name, Adresse und Beschäftigung,
b) Bestimmungsort, wohin die Reise gewünscht wird (Ort, Provinz, Land, britische, amerikanische, französische oder russische Besatzungszone).

Ab Juni 1945 wurde nach Lösungen und Wegen gesucht, die Flüchtlinge wieder aus der Stadt zu bringen. Die hamburgische Verwaltung, die britische Besatzungsmacht und Bürgermeister Rudolf Petersen waren sich einig, daß weder die Ernährung noch die Unterbringung der Flüchtlinge im folgenden Winter sichergestellt werden konnte.

Am 27.6.1945 erschien ein Aufruf des Bürgermeisters in den ‚Hamburger Nachrichten'. Er forderte diejenigen auf, die an einem Abtransport aus Hamburg interessiert waren, sich am nächsten Tag bei der zuständigen Polizeiwache zu melden. Da jedoch Rücktransporte in die amerikanische und insbesondere sowjetische Besatzungszone nicht möglich waren, scheiterte dieser Versuch, obwohl trotz nur eintägiger Meldefrist sich über 5.000 Menschen gemeldet hatten.

Aktion „Doppeleiche": Abschiebung nach Schleswig-Holstein

Die weiterhin kontinuierlich steigende Anzahl der Flüchtlinge und das vorläufige Scheitern von Rücktransporten in die sowjetische Besatzungszone zwangen die britische Militärregierung im September 1945 nach neuen Lösungen zu suchen. Sie entwickelte den Plan für die Aktion „Doppeleiche". Die nach Hamburg gelangten Flüchtlinge sollten, soweit sie nicht für den Wiederaufbau oder die Besatzungsmacht tätig waren, nach Dithmarschen in SchleswigHolstein umquartiert werden.

Auf deutscher Seite wurde ein Umquartierungsstab unter Leitung von Senator Heinrich Eisenbarth gebildet. Ihm gehörten 14 Polizeibeamte sowie zehn Mitarbeiter u. a. aus der Sozialverwaltung, dem Arbeitsamt, dem Ernährungsamt und dem Roten Kreuz an. Die Polizei hatte u. a. für den Einsatz von Lagerwachen in den einzurichtenden Sammellagern, für Transportwachen, Zugführer und für Hilfskräfte zur „zwangsweisen Heraussetzung" der für die Umquartierung vorgesehenen Personen aus ihren Wohnungen zu sorgen. Um eine reibungslose Abwicklung der Aktion „Doppeleiche" zu gewährleisten, zog die Sozialverwaltung zur Unterstützung der Flüchtlinge ein Arbeitskommando aus ehemaligen Danziger Polizeibeamten hinzu, die für das Tragen des Gepäcks und ähnliche Hilfsdienste zuständig waren.

Das Arbeitsamt übernahm bei der Aktion „Doppeleiche" die Entscheidung, welche Arbeitskräfte für Hamburgs Wirtschaft wichtig waren und von der Aktion ausgenommen werden sollten. Die Gesundheitsverwaltung hatte die Verantwortung für die Untersuchung und Entlausung der geplanten 1.000 bis 1.500 Personen pro Transport. Deren Betreuung und die Ausgabe der Gemeinschaftsverpflegung lag beim Roten Kreuz.

Am 24.9.1945 ließ der eingesetzte hamburgische Senat auf Weisung der Militärregierung einen Aufruf in den Hamburger Zeitungen und über Plakate veröffentlichen, wonach sich alle in Hamburg befindlichen Personen, die nach dem 1.1.45 zugezogen waren, bei den zuständigen Lebensmittelkartenausgabestellen alphabetisch gestaffelt an vier Tagen, vom 26.-29.9.45, zu melden hätten. Die Unterlassung der Meldung, so hieß es, die bei der nächsten Lebensmittelkartenausgabe überprüft werde, ziehe Bestrafungen nach den Bestimmungen der Militärregierung sowie die Verweigerung weiterer Lebensmittelkarten nach sich. Die Aktion „Doppeleiche" bot zudem für die Lagerverwaltung der Sozialbehörde den willkommenen Nebeneffekt, ihre Bewohnerinnen und Bewohner statistisch besser zu erfassen und Zuzugs und Aufenthaltsgenehmigungen zu überprüfen.

Die Meldepflichtigen wurden in zwei Gruppen unterteilt: in „Flüchtlinge" und „Rückkehrer", d.h. „Butenhamborger". Bei letzteren wurde geprüft, ob sie ihren Wohnsitz tatsächlich vor dem 1.9.39 in Hamburg gehabt hatten. Die Wohnungsabteilungen der Ortsämter stellten Umquartierungsanordnungen und Umquartierungsausweise aus. Die Sozialabteilungen der Ortsämter hatten für eventuell unterzubringende Möbel zu sorgen.

Die Aktion „Doppeleiche" erfolgte nicht auf freiwilliger Basis. „Sollten Personen sich weigern, der Umquartierungsanordnung nachzukommen, so können sie zwangsweise dem Lager zugeführt werden." Von der Aktion ausgenommen waren Kranke, Gebrechliche, Schwangere, alleinstehende Jugendliche unter 18 Jahren, Arbeitnehmer, die einen Mangelberuf ausübten, selbständige Gewerbetreibende und Angehörige freier Berufe, Studenten und Studentinnen, bei der Militärregierung Beschäftigte und ausländische Staatsbürgerinnen und Staatsbürger, vorwiegend ehemalige Zwangsarbeiterinnen und Zwangsarbeiter (DPs) sowie Personen, die einer vom Arbeitsamt genehmigten Tätigkeit nachgingen. Familien durften nicht auseinandergerissen werden.

„Soweit als möglich menschenwürdig"

Nach den Planungen des Umquartierungsstabes sollten die zu evakuierenden Flüchtlinge, aufgrund der Freistellungspraxis in der Mehrheit Frauen und Kinder, in den Sammelbunkern einen Tag auf ihren Transport warten. Der Aufenthalt dauerte jedoch meistens länger. Denn obwohl die Wohnunterkünfte möglichst schnell geräumt wurden, stellten sich bei der Durchführung der Aktion ‚Doppeleiche‘ viele Verzögerungen ein. Die Bunker mit zunächst 3650 bereitgestellten Plätzen, befanden sich in Altona in der Barnerstraße, in der Missundestraße, Arnoldstraße, Lammstraße, Kleinen Freiheit (bzw. später Marienstraße).

In den Sammelbunkern fanden die Zusammenstellung der Transporte, Entlausungen sowie die für besonders wichtig gehaltenen ärztlichen Untersuchungen statt. Die Befürchtung, daß Epidemien ausbrechen könnten, war sehr groß. Allein im Bunker Barnerstraße arbeiteten ein Arzt, drei Schwesternhelferinnen des Deutschen Roten Kreuzes von 8.00 Uhr morgens bis 20.00 Uhr abends. Kranke und Transportunfähige wurden in Bunkern in Winterhude einquartiert.

Waren die Flüchtlinge erst einmal in Sammelbunkern registriert, durften sie sie nur noch nach Abgabe des Personalausweises und Erhalt eines Passierscheines verlassen. In einem Bericht der Sozialverwaltung werden die Zustände in den Sammelbunkern als „soweit als möglich menschenwürdig" beschrieben. Doch nach einer Inspektionsfahrt durch die Sammelbunker der Aktion „Doppeleiche" zeichnete Senator Franz Heitgres im Januar 1946 ein erschütterndes Bild über die dortigen Lebensbedingungen: Im Bunker Bahrenfelder Straße stehe für jeden Bewohner nur eine Decke zur Verfügung, da es nicht möglich gewesen sei, eine zweite bereit zu stellen. Stopf- und Nähmittel seien dringend notwendig. In den Bunkern Missundestraße und Lammstraße fehle die Belüftung, was sich in psychologischer Hinsicht sehr negativ bemerkbar mache und die Gefahr von Epidemien erhöhe.

Um der Aktion zum Erfolg zu verhelfen, wurde sie in der Presse, die zu der Zeit nur aus Mitteilungsblättern der Militärregierung bestand, mehr als beschönigt: „Das glatte Ablaufen der von Senator Eisenbarth sorgfältig vorbereiteten Aktion hat den Flüchtlingen das Vertrauen gegeben, daß sie nicht ‚abgeschoben‘, sondern nach besten Kräften betreut werden ... In den Bunkern erhielten die Ankömmlinge warme und kalte Verpflegung. In den einzelnen kleinen Wohnzimmern haben sie es sich bis zu ihrem Abtransport wohnlich eingerichtet. In allen Bunkern befindet sich eine ärztliche Beratungsstelle mit einem Arzt. Hier wird eine Entlausungsprozedur mit jedem Ankömmling durchgeführt. Dabei wird das neue englische Mittel DDT angewendet, das sich gut bewährt. Mit einer Pulverspritze wird ein gelber Staub in die Ärmel, den Nacken und unter die Kleidung gestäubt." *„Neue Hamburger Presse" 17.10.1945*

Als die Aktion zur Jahreswende 1945/46 abgebrochen wurde (siehe Seite 43), mußten für die noch in den Bunkern auf den Abtransport wartenden Flüchtlinge neue Unterkünfte gefunden werden. Als sie auf zwei Nissenhüttenlager – im Stadtteil Dulsberg und in der Sporthalle – verteilt werden sollten, brach Widerstand unter den Flüchtlingen aus. Angesichts der eisigen Januarkälte 1946 wehrten sich die Familien, in die zugigen Nissenhütten zu ziehen. Sie kehrten zum großen Teil ohne Erlaubnis in die Bunker zurück. Für die Bewohnerinnen und Bewohner des Bunkers Missundestraße war dies allerdings verhängnisvoll – wegen Typhusquarantäne durften er bis zum 1.3.46 nicht mehr verlassen werden.

Not und Elend in den Aufnahmegebieten

Die Transporte aus Hamburg wurden gleichmäßig auf die Ziellandkreise Eiderstedt, Süder- und Norderdithmarschen verteilt. Die Lebensbedingungen verbesserten sich kaum. Im ohnehin schon überbevölkerten Schleswig-Holstein löste die Anordnung der britischen Militärregierung, nun noch Flüchtlinge aus Hamburg aufnehmen zu müssen, umgehend Protest aus, den die Militärregierung jedoch kraft ihres Oberbefehls überging.

Bürgermeister Petersen war über die schlechten Lebensbedingungen in den Aufnahmegebieten beunruhigt. Senator Eisenbarth sprach zwar von einem „nicht ungünstigen Gesamteindruck", als er im Oktober 1945 von einer Inspektionsfahrt aus den Aufnahmegebieten zurückkam. Sein Bericht, insbesondere über den Ort Lunden in Norderdithmarschen, legt aber eher eine andere Bewertung nahe. Zum Zeitpunkt seines Inspektionsaufenthalts in Lunden waren dort seit bereits drei Wochen 85 evakuierte Flüchtlinge aus Hamburg in einem „Massenquartier" untergebracht, in dem sie auf Strohsäcken und ohne sanitäre Einrichtungen und ärztliche Betreuung leben mußten. Erst nach der Intervention Eisenbarths gelang es mit Hilfe des britischen Militärs, für diese Personen Privatquartiere bereitzustellen.

Karitative Organisationen und die hamburgische Regierung kümmerten sich auch nach Beendigung der gesamten Aktion ‚Doppeleiche' um die Lebens- und Unterbringungsbedingungen der Flüchtlinge in Schleswig-Holstein. Es fehlte an Heizmaterial, warmer Kleidung und Schuhzeug sowie Nährmitteln, Lebertran und Medikamenten für 600-800 Kinder. Verbandstoffe und Krätzemittel gab es überhaupt nicht. Da die Säuglingssterblichkeit nach Senator Heitgres Informationen bei 20 % lag, wollte er sich bei der Besatzungsmacht um die Erlaubnis bemühen, Heime für Mütter und Kinder zu schaffen, in denen sie zusätzliche Ernährung bekämen.

In Norderdithmarschen kamen in der Jahresmitte 1946 auf 47.386 Einheimische 47.843 Flüchtlinge und Evakuierte. Dies hatte unter anderem eine unzureichende Wasserversorgung zur Folge. Wasser mußte nun aus Gruben entnommen werden, dabei erhöhte sich die Gefahr von Epidemien. Völlig offen war damals auch, wie angesichts des zur Verfügung stehenden Brennmaterials und des Fehlens von einigen tausend Öfen die Menschen den kommenden Winter überstehen sollten.

Ein Zeugnis für die Anspruchslosigkeit vieler Flüchtlinge und des sich Abfindens mit der unveränderlichen Situation ist der Brief eines Ehepaares vom 3.10.45 an eine Fürsorgerin. Dieses Ehepaar war mit der Aktion „Doppeleiche" nach Dithmarschen gekommen: „ *...Um 9 Uhr fuhr der Zug ab und abends um 7 Uhr waren wir dort. Dann kamen die Engländer mit Autos und brachten uns ins Quartier. Weil es schon spät war, mußten wir im*

Pfarrhaus übernachten, wurden vom Bürgermeister empfangen und gleich angemeldet und wurden dann mit Kaffee und Brot versehen. Wir waren hier im Dorf 26 Personen. Am morgen um 6 Uhr kam der Wagen. Dann kamen wir direkt an Ort. Wir sind vier Personen in einem Zimmer. J., ich und zwei Frauen haben ein gemütliches Zimmer mit drei Betten, J. und ich schlafen zusammen. Haben es sehr gut, bekommen gutes Essen und solange wir keinen Ofen haben, werden wir verpflegt. Dafür betätigen wir uns im Haushalt ... Es ist hier sehr heimisch, wenn wir den Winter hierbleiben könnten, wäre es sehr angenehm. Denn in die Heimat kommen und nichts vorfinden, ist auch nicht angenehm ..."

Fehlende Verdienstmöglichkeiten, unzureichende Ernährung und schlechte Wohnverhältnisse führten bei der Mehrheit der Flüchtlinge entweder zur Demoralisierung oder zur unerlaubten Rückkehr nach Hamburg. 10% der evakuierten Flüchtlinge fuhren als sogenannte „Karusselfahrer" wieder nach Hamburg zurück, um dort wieder Fuß zu fassen, oder weil ihnen Hausinhaber die zugewiesene Unterkunft verweigert hatten.

Aber nicht nur äußere Widrigkeiten waren für die Misere der nach Schleswig-Holstein „zwangsevakuierten" Flüchtlinge ausschlaggebend, es lag auch eine Portion Selbstverschulden vor. So kritisierte der Hamburger Senator Heitgres, nach dem er im Januar 1946 eine Informationsfahrt durch Schleswig-Holstein unternommen hatte, die mangelnde Arbeitsmotivation der durch die Aktion „Doppeleiche" evakuierten Flüchtlinge, die zu Spannungen mit den Einheimischen führte. „Trotz unentgeltlicher Lieferung von Brennholz an die Flüchtlinge, weigerten sich diese, das für sie bestimmte Holz zu schlagen, so daß der Kreis gezwungen war, andere Arbeitskräfte einzusetzen." berichtete Heitgreß. Der Landrat habe erklärt, Flüchtlingen könne nur eine Heimat geboten werden, wenn sie arbeitswillig seien. Jedoch wurde nicht bedacht, daß häufig fehlende Arbeitskleidung eine Arbeitsaufnahme verhinderte.

Die Aktion „Doppeleiche" hatte zur Verlagerung der Unterbringungs- und Versorgungsprobleme geführt, nicht aber zu deren Lösung beigetragen.

Der Mißerfolg

Die Überbevölkerung Schleswig-Holsteins führte zum Jahreswechsel 1945/46 auf Anordnung der Militärregierung zum Abbruch der Aktion „Doppeleiche". Die Aktion hatte sich zu einem Fehlschlag entwickelt. Mehrere Faktoren waren dafür den Fehlschlag ausschlaggebend:

Obwohl von den für die Aktion „Doppeleiche" gemeldeten 32.500 Personen nur 8.200 im Oktober und November 1945 nach Schleswig-Holstein evakuiert wurden, kam es zu einem erheblichen Mißverhältnis zwischen einheimischer und zugewanderter Bevölkerung. Die Ursache für die geringe Anzahl der Evakuierten lang an der großen Zahl derjenigen Personen, die von der Evakuierung freigestellt wurden, da sie die Kriterien für eine „Freistellung" erfüllten. So wußte am 10. Oktober 1945 die ‚Neue Hamburger Presse' zu berichten, daß unter den Evakuierten kein arbeitsfähiger Mann zu finden war. In Abänderung der ursprünglichen Anweisung waren nicht nur diejenigen Männer, die in lebenswichtigen Hamburger Betrieben arbeiteten, in Hamburg belassen worden, sondern auch alle, die einen Beschäftigungsnachweis vorweisen konnten. Daneben konnte ein nicht unerheblicher Teil des zu evakuierenden Personenkreises wegen Gebrechlichkeit, Schwangerschaft, Krankheit, insbesondere aufgrund von Skabis (Krätze) und Impetigo (Eitergrind) nicht „ausgewiesen" werden. Die schlechte gesundheitliche Verfassung der Flüchtlinge führte bis zum 2. Oktober 1945 zu 700-1.000 Rückstellungen.

Die Zahl der an der Aktion freiwillig teilnehmenden Flüchtlinge war hingegen verschwindend gering. Lediglich 15-20 Personen wollten Hamburg wegen der schlechten Unterbringung verlassen.

Der Gedanke, in einem kleinen Dorf in Schleswig-Holstein leben zu müssen verleitete viele Flüchtlinge zu auch unrechtmäßigen Verhaltensweisen, um dem Abtransport aus Hamburg zu entgehen. Sie versteckten sich, verschwanden aus den Lagern oder verließen Hamburg, nachdem sie für die Aktion „Doppeleiche" registriert worden waren. So hatten ca. 10.000 Flüchtlinge aus Angst vor der drohenden Umquartierung die Stadt bis Mitte Oktober verlassen. Ebenso entzogen sich viele der Betroffenen auf legalem Wege den drohenden Maßnahmen, soweit ihnen dies möglich war. Falls ihr ehemaliger Wohnsitz nicht in der sowjetischen Besatzungszone lag, kehrten sie lieber zu ihren Verwandten in die Orte zurück, aus denen sie gekommen waren, als sich in für sie unbekannte Gegenden bringen zu lassen. Dies kam den Zielen der Aktion entgegen, bedeutete insofern einen positiven Nebeneffekt. Der zu evakuierende Personenkreis reduzierte sich somit zunehmend auf jene, die tatsächlich nicht in ihre Heimat zurückkehren konnten.

Zwei Tage nachdem das Meldeverfahren begonnen hatte, waren in der Führung des Umquartierungsstabes bereits Zweifel aufgekommen, ob mit den Freistellungsregelungen die planmäßige Durchführung der Transporte überhaupt möglich sei. Trotzdem gab die Führung der Besatzungsmacht zwei Wochen später der Polizei die Schuld an der mangelhaften Durchführung der Aktion, da sie nicht genügend Zwang auf die Flüchtlinge ausgeübt hätte. Die Führung der Besatzungsmacht erteilte daraufhin ausdrücklich noch einmal die Weisung, Flüchtlinge, die sich nicht evakuieren lassen wollten, aus den Wohnungen zu holen. Mit der amtlichen Bezeichnung ‚Wohnungspolizei' kamen etwa 150 Zollbeamte, die für ihre eigentlichen Aufgaben zur Zeit nicht gebraucht wurden, zusätzlich in polizeiliche Dienste. Als eine Art Hilfspolizei sollten sie den in den Wohnungen aufgesuchten Flüchtlingen mit dem Entzug der Lebensmittelkarten und anderen Zwangsmaßnahmen drohen, falls sie sich nicht, wie vorgesehen, zu den Transporten einfanden. Personen, die nach dem 15.10.45 immer noch nicht zu den ‚Doppeleiche'-Transporten erschienen, sollten zur Einnahme der in den Sammellagern ausgeteilten Gemeinschaftsverpflegung gezwungen werden, indem ihnen keine Lebensmittelkarten mehr zur Einzelverpflegung ausgehändigt wurden. Diese durchgeführten, teilweise auch nur angedrohten Maßnahmen ließen nun Gerüchte in der Bevölkerung kursieren. Es hieß, alle Personen, die nach dem 1.1.45 nach Hamburg gekommen wären, würden abtransportiert werden ohne fürsorgerische Betreuung und die Zuweisung alternativer Unterkünfte. Senatsdirektor Paul Nevermann wandte sich daraufhin mit beruhigenden Worten an die Bevölkerung. Die Aktion ‚Doppeleiche' sei gut organisiert, Kinder erhielten Milch und

Kekse, und es würden sogar Zigaretten verteilt werden. Jede Familie, von der ein Mitglied in Hamburg arbeite, könne auch in Hamburg bleiben. Appelle an die Bevölkerung und Werbung für die angeblich besseren Lebensbedingungen in Schleswig-Holstein sollten schließlich ein Übriges tun und der Aktion doch noch zum Erfolg verhelfen. Hamburg, so hieß es im ‚Hamburger Nachrichtenblatt' am 2.10.1945, könne in Anbetracht des kommenden Winters Flüchtlinge weder beherbergen noch ernähren. Sollten sie dennoch bleiben, würden alle Bewohner schwer zu leiden haben. Kohle und Strom seien jetzt schon knapp, und es bestehe keinerlei Aussicht auf Verbesserung der Lage. Es geschehe zum Wohle aller, Familien würden nicht getrennt. Neun Tage später wandte sich auch Petersen mit einem eindringlichen Appell an die Hamburger Bevölkerung, in dem er vor den Schrecken des kommenden Winters warnte und dabei für die Durchführung der Aktion ‚Doppeleiche' eintrat. *„Müssen wir nicht einfach den Zustrom an Nichthamburgern a tout prix stoppen und Raum finden für die noch in Kellern und Sommerheimen kampierenden und weiterhin zureisenden Hamburger, die anderswo ausgewiesen werden? Müssen wir nicht von der englischerseits gegebenen Möglichkeit Gebrauch machen, 35.000 zugewanderte Nichthamburger, von denen nicht lebenswichtige Arbeit verrichtet wird, nach Schleswig-Holstein zu evakuieren, noch dazu, wenn die Berichte von den Unterbringungsmöglichkeiten dort ganz befriedigend laufen und dadurch keine Familien auseinandergerissen werden, die hier zusammenleben."* Bürgermeister Rudolf Petersen am 11.10.1945 an die Hamburger Bevölkerung.

Die Ergebnisse der Aktion konnten noch etwas verbessert werden, nachdem alle Personen ohne Arbeit direkt vom Arbeitsamt in ein ‚Doppeleiche-Sammelbunker' eingewiesen worden waren; ebenso wies das Wohnungsamt Personen ohne Wohnberechtigung in Hamburg dorthin ein. Zusätzlich sollten mittels Straßenkontrollen die Arbeitsbescheinigungen der Männer geprüft werden.

Positive Effekte

Als im September 1945 die britische Militärregierung mit der Unterstützung Bürgermeister Petersens die Aktion initiierte, war ihnen der Umfang der Flüchtlingszuwanderung annähernd bekannt, sie wußten um die Schwierigkeiten, die der kommende Winter bei der Sicherstellung hinlänglicher Unterkünfte und Ernährung stellen würde; wie sehr Flüchtlinge die Lücken auf dem Arbeitsmarkt füllten, hatten sie jedoch nicht erkannt. Die bereits vollzogene ökonomische Eingliederung führte zu 83,4 % Freistellungen und brachte die Aktion letztlich zum Scheitern.

Ein unbeabsichtigter Erfolg der Aktion im Sinne des Senats war, daß die Verantwortlichen den Grad der bereits erfolgten wirtschaftlichen Eingliederung und somit die Bedeutung des Bevölkerungsstromes für Hamburgs Wirtschaft erkannten. Die statistische Erfassung war durchgeführt und somit die bürokratische Lenkung und Kontrolle ermöglicht worden. Auch die abschreckende Wirkung, die die Aktion auf Flüchtlinge außerhalb Hamburgs ausübte und ihren Zustrom zeitweise damit zum Stillstand brachte, war für die Organisatoren ein positives Ergebnis, das sie nicht geplant hatten.

Aktion Heimat: zurück in die Herkunftsorte

Die Aktion „Heimat" war eine spezielle Hamburger Variante der interalliierten Bevölkerungslenkungsaktionen „Honigbiene" („Honeybee") und „Wespe" („Wasp"), die ab November 1945 mit dem Ziel begonnen worden waren, einen „Kopf-um-Kopf Austausch" zwischen den vier Besatzungszonen durchzuführen. Im Rahmen der Aktion „Wespe" erfolgte der Austausch zwischen der britischen und der amerikanischen sowie französischen Besatzungszone; die Aktion „Honigbiene" galt der britischen und der sowjetischen Besatzungszone.

Mit den beiden, in der Hansestadt unter dem Namen „Heimat" zusammengefaßten Aktionen war jedoch nicht der Austausch von Flüchtlingen angestrebt, sondern Hamburg sollte damit, auf Anordnung der Militärregierung, von den unerwünschten Flüchtlingen und anderen Nichthamburgerinnen und Nichthamburgern befreit werden. Das für die Abwicklung der Aktionen „Honigbiene" und „Wespe" errichtete Durchgangslager im Stadtpark diente vorwiegend zur Durchschleusung der Flüchtlinge aus Schleswig-Holstein zurück in ihre Heimatgebiete. Es erfüllte für die aus Hamburg kommenden Flüchtlinge zwei Funktionen – es war sowohl Sammel als auch Durchgangslager.

Ein ebenso wichtiges Motiv wie die Menschen an ihre Heimatorte zurück zubringen war für die britische Militärregierung den unkontrollierten Grenzübergang und Reiseverkehr über die Zonengrenze einzuschränken. So wurden ab 19.11.45 sämtliche Reisen in die SBZ (Sowjetische Besatzungszone) offiziell untersagt, falls der Wohnsitz nicht dorthin verlegt werden sollte. Um den unkontrollierten Individualreiseverkehr zu unterbinden, gab es immer wieder Warnungen in der Presse.

Unkontrollierte Wanderungsbewegungen sah die britische Besatzungsmacht als eine Bedrohung für die öffentliche Ordnung. Zudem sollte der florierende Schwarzhandel insbesondere zwischen der sowjetischen und der britischen Besatzungszone verhindert werden. Außerdem verfolgten die Besatzungsmächte generell das Ziel, die Aufnahme von Flüchtlingen in den verschiedenen Gebieten der Besatzungszonen zu steuern.

Die Aktion „Heimat" gestaltete sich in den Monaten November und Dezember 1945 wenig erfolgreich. Dem unkooperativen Verhalten der sowjetischen Behörden stand eine wenig kompromißbereite „Politik der Stärke" der Briten gegenüber.

Hamburger Nachrichten vom 30.10.1945
Jeder kann nach Hause

Wer nicht in der britischen Zone zu Hause ist, kann jetzt wieder in jede andere Zone zurückkehren. Allen Deutschen, die vor dem 1. September 1943 ständig in der jetzigen russischen, amerikanischen oder französischen Besatzungszone oder in Österreich lebten und jetzt für dauernd nach dorthin zurückkehren wollen, wird bei der Heimkehr geholfen. Die nötigen Vorkehrungen werden jetzt getroffen, und ein entsprechender Plan wird in den nächsten 3 Wochen zur Ausführung gelangen. Die Rückkehrwilligen müssen deshalb sofort an den Bürgermeister des Ortes der britischen Zone, wo sie jetzt gemeldet sind, ihre Heimreiseabsicht und ihre augenblickliche Anschrift mitteilen, ein Gesundheitszeugnis anfordern und Unterlagen beibringen, aus denen Ort und Kreis der anderen Zone hervorgeht, in dem sie vor dem 1. September 1943 gelebt haben und wohin sie nun für dauernd zurückzukehren wünschen.

Sind sie registriert, so werden sie Nachricht erhalten, wann sie zu den vorgesehenen Sammelstellen gehen können, von wo sie in Sonderzügen abtransportiert werden sollen. Während der Reise wird für ihren Unterhalt gesorgt werden.

Viele haben ohne behördliche Genehmigung die britische Zone verlassen, um nach ihren Familien zu forschen, die früher evakuiert worden waren, ohne sich zu vergegenwärtigen, daß bereits Vorkehrungen getroffen sind, um diese Familien in ihre eigenen Zonen zurückzuleiten und sie möglicherweise schon unterwegs sind. Wer über das Wohlergehen seiner Familie in anderen Zonen etwas erfahren will, sollte zunächst von dem neuen Interzonendienst Gebrauch machen, der jetzt besteht.

Hamburger Nachrichten vom 24.1.1946
Reisen in die russische Zone

In der Ausgabe der „Neuen Hamburger Presse" vom 19. Januar ist auf eine Warnung der Militärregierung vor Reisen in die russische Besatzungszone ohne die notwendige Genehmigung hingewiesen worden.
In die russische Zone dürfen nur Personen einschließlich der von der Wehrmacht Entlassenen reisen, die dort ihren Aufenthalt gehabt haben und nun wieder aufnehmen wollen. Alle diejenigen, die in die russische Besatzungszone zurückkehren wollen, haben sich in Hamburg beim Amt für Wiedergutmachung und Flüchtlingshilfe, „Aktion Heimat", Große Bleichen 23 (Kaisergalerie), Zimmer 116, zu melden.

Diese Bekanntmachung bezieht sich nur auf die Hansestadt Hamburg.

Der Bürgermeister der Hansestadt Hamburg.

Aufruf

Alle in Hamburg wohnhaften Flüchtlinge, die in den zuständigen Ausgabestellen für Ernährung und Wirtschaft einen vorläufigen Flüchtlingsausweis zur Rückkehr in ihre Heimat erhalten haben, müssen sich

am Montag, dem 26. November 1945,
zwischen 9 und 16 Uhr,

im Stadtparklager, Eingang Parkseering – zu erreichen mit U- und S-Bahn, Station Stadtpark – zur Abreise einfinden.

Mitzubringen sind:

a) Vorläufiger Flüchtlingsausweis,
b) polizeiliche Anmeldung,
c) Abmeldung bei der zuständigen Abteilung für Ernährung und Landwirtschaft,
d) persönliches Eigentum, einschließlich Decken, soviel getragen werden kann.

Tagesverpflegung und Reiseproviant werden im Stadtparklager ausgegeben.

Diese Bekanntmachung bezieht sich nur auf die Hansestadt Hamburg.

Hamburg, den 22. November 1945.

Der Bürgermeister der Hansestadt Hamburg.

Da der genaue Inhalt der interalliierten Vereinbarungen über den Bevölkerungsaustausch zwischen den Zonen nicht einmal der obersten Instanz der britischen Militärregierung in Hamburg, sondern nur auf zonaler Ebene bekannt war, entstanden auch auf deutscher Seite Unsicherheiten über die einzuleitenden Maßnahmen. Den Verantwortlichen war zum Beispiel nicht deutlich, ob der Bevölkerungsaustausch nur mit der sowjetischen Zone oder auch mit anderen Zonen durchgeführt werden sollte. Am 30.10.45 erhielt die Staatliche Pressestelle eine Notiz Bürgermeister Petersens zur Veröffentlichung, nach der nur Personen, die in der SBZ beheimatet waren, zur Meldung bei der zuständigenr Lebensmittelkartenausgabestelle aufgerufen werden sollten. Zwei Tage später wurde ein Aufruf erlassen, der an Personen aus sämtlichen Zonen einschließlich Österreichs und sogar der Annexionsgebiete östlich von Oder und Neiße gerichtet war, wobei bei letzteren noch offen gehalten war, ob denn diese Flüchtlinge tatsächlich in die Aktion „Heimat" miteinbezogen werden konnten.

Bei der über Plakate in Bahnhöfen, Übernachtungsstätten und Pressenotizen bekanntgemachte Aktion „Heimat" erhielten die erfaßten Flüchtlinge einen vorläufigen Flüchtlingsausweis und hatten sich im Durchgangslager Stadtpark einzufinden, dessen nochmaliges Verlassen vor dem Transport verboten war. Neben Lebensmittelrationen für mindestens drei Tage durften sie zunächst soviel Gepäck mitnehmen, wie sie tragen konnten; später gab es eine Begrenzung bis zu 100 kg pro Person. Für die Unterbringung ihres in Hamburg verbleibenden etwaigen Besitzes mußten die Flüchtlinge selber Sorge tragen. Möbel konnten bei Bedarf gegen Quittung den Vermietern überlassen werden, die sie insbesondere rückkehrenden Hamburgerinnen und Hamburgern zur Verfügung stellen sollten. Falls dies nicht möglich sei, zeichnete sich die Sozialverwaltung für die Unterbringung der Möbel verantwortlich.

Der Gesundheitsfürsorge und der Verhinderung von Seuchen galten wie schon bei der Aktion „Doppeleiche" massive Vorsorgemaßnahmen: Flüchtlinge mit einer übertragbaren Krankheit waren von der Aktion ausgeschlossen; bei Ausbruch einer Krankheit in einem Lager sollte jegliche Durchschleusung gestoppt werden.

Nicht nur die zu Transportverzögerungen führenden Konflikte der Alliierten um die Aktionen „Honigbiene" und „Wespe" verhinderten eine reibungslose Durchführung, sondern auch, wie schon bei der Aktion „Doppeleiche", die mangelnde Beteiligung des angesprochenen Personenkreises. Da die Aktion „Heimat" anfangs zeitlich parallel zur Aktion „Doppeleiche" lief, konnten die Flüchtlinge zunächst frei entscheiden, ob sie lieber in ihre Herkunftsorte zurückkehren oder sich in Schleswig-Holstein unterbringen lassen wollten. Viele entzogen sich noch nach ihrer Registrierung der Aktion „Heimat". Schlechte Nachrichten, die nach Aufhebung der Postsperre aus der Sowjetzone kamen, das wenige Gepäck, welches sie mitnehmen durften und die daraus resultierende Notwendigkeit, Besitz in Hamburg zurücklassen zu müssen, ließen die Flüchtlinge zurückschrecken. Die Herkunft der anwesenden Flüchtlinge zeigt, daß es sich bei der Aktion „Heimat" im wesentlichen um einen Bevölkerungstransfer in die sowjetische Besatzungszone handeln mußte. Doch trotz aller Widrigkeiten konnte am 1.12.45 ein erster Zug den Barmbeker Güterbahnhof in Richtung Potsdam und Schwerin verlassen. Aber konfliktfrei und problemlos, wie es der Öffentlichkeit immer wieder glaubhaft gemacht werden sollte, verlief die Aktion „Heimat" nicht. Die im Gegensatz zur Aktion „Doppeleiche" ausdrücklich als „freiwillig" bezeichnete Aktion „Heimat" wurde diesem Anspruch nicht immer gerecht. Drei Tage, nachdem der erste Transport Hamburg verlassen hatte, übte Viktor Lanz, Oberpräsident der Provinz Hannover, heftig Kritik an den in Hamburg praktizierten Verfahrensweisen. Flüchtlinge, zum Teil sogar in den Gebieten östlich von Oder und Neiße beheimatet, wären zwangsweise über das Durchgangslager Poggenhagen (bei Hannover) in die SBZ gebracht worden. Oberpräsident Lanz wies Bürgermeister Petersen ausdrücklich auf den Verfahrensmodus „Freiwilligkeit" hin und drohte, Personen, die zwangsweise abtransportiert worden seien, in Zukunft zurückzuschicken.

Die britisch-sowjetischen Konflikte um das Austauschverfahren führten Mitte Dezember zu den ersten großen „Flüchtlingsstaus" in den Lagern Poggenhagen und Friedland im heutigen Niedersachsen, so daß keine Transporte aus Hamburg dorthin abgefertigt werden durften und die Menschen im Durchgangslager Stadtpark „festsaßen". Es entstand bei den Flüchtlingen und beim Umquartierungsstab ein Zustand permanenter Unsicherheit, wie lange überhaupt noch Transporte in Richtung Osten abgewickelt werden würden. Nachdem schließlich ein Modus vivendi gefunden worden war bildeten die Monate März, April und Mai den Höhepunkt der Aktion „Heimat".

Im März 1946 verließen 9.500 Personen mit der Aktion „Heimat" Hamburg, im April waren es 13 Transporte mit 19.058 und im Mai 24 Transporte mit 21.111 Personen. Nach den Vorstellungen der Hamburger Verwaltung sollten nun so lange täglich Züge mit jeweils 1.000 Personen von Barmbek nach Poggenhagen fahren, bis Hamburg und Schleswig-Holstein von Flüchtlingen „gesäubert" sei. Doch daraus wurde nichts. Die Ergebnisse einer erneut eingeräumten Meldephase vom 29.4.-3.5.46 zeigten, daß doch nicht so viele Flüchtlinge abgezogen waren, wie erwartet. Um die Aktion „Heimat" am Laufen zu halten und das Durchgangslager Stadtpark auszulasten, war es nötig, ständig neue Meldefristen für die Aktion publik zu machen. Der Umquartierungsstab verlängerte diese in Zeitabständen bis zum 27.5.46.

Hamburger Echo vom 23.4.1946
Aktion „Heimat"

Ab 29. April 1946 laufen die Transporte in die russische Zone, mit Ausnahme von Berlin, wieder an. Alle Flüchtlinge im Bereich der Hansestadt Hamburg, die den Wunsch haben, in die russische Zone zurückzukehren, melden sich in der Zeit vom 29. April bis 3. Mai 1946 bei der Aktion „Heimat", Hamburg, Baumeisterstraße 6-8, unter Vorlage der polizeilichen Abmeldung und der Abmeldung von der Lebensmittelkartenstelle zur Empfangnahme des Flüchtlings- und Einweisungsscheines. Der Abtransport geht dann innerhalb weniger Tage vor sich.

Hamburger Nachrichten vom 18.2.1946
35.000 durchgeschleust
In diesen Tagen entließ das Flüchtlingslager Stadtpark 6.400 Flüchtlinge in die russische Zone

Das große Ausschleusungslager im Hamburger Stadtpark unter dem weithin sichtbaren Wasserturm hat seit seiner Errichtung Ende November vorigen Jahres 35.000 Männer, Frauen und Kinder in ihre Heimatorte in der russischen Zone zurückgeführt. Drei große Transporte von zusammen 6.400 gingen in den letzten Tagen ab. Damit ist das Lager im Augenblick leer, bis auf die etwa 330 Mann Stammpersonal und 40 Rote-Kreuz-Schwestern.
Wie ein großes Heerlager liegen die 300 Nissen-Hütten auf der Stadtparkwiese verteilt, in Straßen ausgerichtet. 24 Luftschutzbetten und ein Ofen in jeder.
„Es erfordert viel Feingefühl mit den Heimatlosen zurechtzukommen, und das kann wohl wirklich nur der richtig besitzen, der selber in der gleichen Lage ist", erklärt der Leiter des Lagers, ein entlassener Major aus Ostpreußen. „Es ist ja nur ein Durchgangsverkehr hier, grundsätzlich sollen die Transporte sich hier nicht länger als 24 Stunden aufhalten, und da können Sie sich denken, daß wir einen besonderen Komfort nicht bieten können ..."
Die „Durchschleusung" geht so vor sich. In den einzelnen Ortschaften werden die Flüchtlinge aufgerufen. Aus Flensburg, Niebüll, Heiligenhafen usw. treffen sie nun hier ein. Fünf stationierte Ärzte stehen dann zur Untersuchung bereit.
„... Hatten Sie schwere Krankheitsfälle?" „Typhus oder eine ähnliche Seuche meinen Sie? Gar nicht. Ein, zwei Diphteriefälle bei Kindern und die unvermeidlichen Erkältungen."
Danach geht es in die Entlausung, die mit der Pulverspritze vor sich geht, und in die Baracke für die Registrierung, wo noch einmal die Personalien aufgenommen werden und von wo aus Quartier angewiesen wird. „So wie beim Kommis, – aber das kann bei Massenbewegungen nicht anders sein," erläutert der Lagerleiter, während wir durch die Anlagen gehen. „Die Essenausgabe erfolgt auf Kontrollmarken; es gibt warmes Mittagessen und kalte Verpflegung für abends und morgens.

Am Abreisetag wird eine Marschration ausgegeben, ⅓ Brot, Butter und Wurst, alles ohne und gegen eine nur geringe Gebühr."
In den Baracken wird für die Abreise zugerüstet. Die Familien, die geschlossen untergebracht werden, probieren, wie sich die Lasten am geschicktesten verteilen lassen. 100 kg darf jeder mitnehmen. Da sind Bettenballen, Hausgerätschaften und gelegentlich auch Säcke mit Kartoffeln und anderen Lebensmitteln, die die Bauern noch von ihren Wagentrecks bei sich haben und nun schleppen müssen. „Aber man tut's ja gerne. Man weiß ja nicht, was es noch geben wird", sagt ein alter Vater und verschnürt seine Vorräte sorgfältig.
Die Küchenbaracken sind gleichzeitig an beiden Enden Speisesäle; zusammen mit dem Napf von Suppe wird hier die kalte Ration ausgegeben, die von einem halben Dutzend Männern, die den ganzen Tag nichts tun als Brot, Wurst und Butter zu zerschneiden, eingeteilt wird. Da das Messer selbst am Rücken scharf wird, wenn man es stundenlang durch Brote zieht, ist die Hand mit einem Lappenpolster geschützt.
Die Lagerleitung ist bemüht, den Flüchtlingen die unvermeidliche Wartezeit in diesem Übergangslager so erträglich wie möglich zu machen. Die Deutsche Hilfsgemeinschaft ihrerseits führt gelegentlich kleine Unterhaltungen durch, z. B. gab es eine recht nette Weihnachtsfeier mit Geschenken, einen Varieté-Abend, und das Personal wird für seinen schweren Dienst mit Karten für künstlerische Veranstaltungen belohnt.

Da die britisch-sowjetische Vereinbarung vorsah, nach dem offiziellem Ende der Aktion am 30.6.46 nur noch bei Bedarf Züge abzufertigen, bedeutete dies für Hamburg, daß letztlich am 17.10.46 noch ein Zug abgefertigt wurde.

Die Aktion „Wespe" spielte sowohl hinsichtlich des Anteils der Abtransportierten als auch des organisatorischen Aufwandes nur eine geringe Rolle. Als im April der Aktion „Wespe" auf interalliierter Ebene eine gröbere Aufmerksamkeit zuteil wurde, erschien ein Aufruf in der Hamburger Presse, nachdem im Februar ein erster Transport mit 265 Personen zum Lager Warburg abgewickelt worden war. Mit dem erneuten Aufruf wurden 192 Personen für die amerikanische und 60 Personen für die französische Zone erfaßt, dennoch traten nur 67 Personen die Fahrt an.

Ca. 95.000 Menschen haben Hamburg in organisierten Transporten mit dem Ziel an ihre Heimatorte gebracht zu werden im Rahmen der Aktion Heimat bis zum Mai 1946 verlassen. Davon durchliefen insgesamt über 90.900 Flüchtlinge das Durchgangslager Stadtpark. Über den Anteil der Flüchtlinge, die aus Hamburg kamen, wurde keine kontinuierliche Statistik geführt, ihre Zahl lag um die 15.000.

Das Durchgangslager Stadtpark

Der zunächst für die Durchschleusung und Registrierung der Flüchtlinge aus Schleswig-Holstein genutzte unterirdische Bunker auf der Reeperbahn reichte für die Aktion „Heimat" nicht aus. Ende Oktober 1945 wurde mit dem Bau eines Durchgangslagers im Hamburger Stadtpark begonnen. 450 Bauarbeiter stellten in drei Wochen 300 Nissenhütten auf, die, wie ein großes „Heerlager" gereiht, die große Stadtparkwiese bedeckten. Ein 6.000 Plätze umfassendes Lager ein halbes Jahr nach Kriegsende auszustatten, war keine leichte Aufgabe. Die Nissenhütten kamen aus britischen Armeebeständen, für die Innenausstattung hatte jedoch die Lagerverwaltung in der Sozialverwaltung Sorge zu tragen. Strohsäcke, Luftschutzbetten und Luftschutzöfen mußten dafür in der ganzen Stadt zusammengesammelt werden. Für die Herbeischaffung der auch aus privaten Luftschutzkellern konfiszierten 6.000 Luftschutzbetten war noch einmal das Danziger Polizeikommando im Einsatz.

Am 23.11.45 nahm das Durchgangslager seinen Betrieb auf; die ersten 2.000 Personen trafen ein. Ca. 340 Personen, inklusive 40 Schwestern des DRK stellten das Stammpersonal für einen Dienst rund um die Uhr. Arbeitseinheiten entwaffneter Wehrmachtsangehöriger unter britischem Oberkommando – sogenannte Dienstgruppen –, bildeten zunächst das Lagerpersonal. Als militärische Formationen stellten diese „Dienstgruppen" geschlossene Organisationen dar, die aus diesem Grund für die Besatzungsmacht schnell verfügbar waren und im allgemeinen überwiegend für Aufräumarbeiten, Minenräumung etc. eingesetzt wurden. In der zweiten Hälfte des Jahres 1945 waren von 700.000 in britischen Lagern zusammengefaßten ehemaligen Wehrmachtsangehörigen 225.000 in „Dienstgruppen" tätig, davon ca. 8.600 in Hamburg. Sie rekrutierten sich fast ausschließlich aus Vertriebenen und Flüchtlingen, die in den Gebieten östlich von Oder/Neiße und der sowjetischen Besatzungszone gewohnt hatten. Sie fanden vielfach nur in den Dienstgruppen ein „Zuhause". So sahen die ehemaligen kriegsgefangenen Soldaten häufig keine andere Möglichkeit, obwohl die „Rekrutierung möglichst auf freiwilliger Basis" erfolgen sollte, als dort zu arbeiten, wenn ihnen die Rückkehr in die Heimat verwehrt war. Die Leitung – Influx genannt – hatten ehemalige deutsche Wehrmachtsangehörige, teilweise mit Offiziersrang inne. Militärische Hierarchien bestanden fort. Es gab u.a. eine Einweiserstaffel, eine Betreuerstaffel (60 Personen, so daß einer jeweils fünf Hütten zu betreuen hatte), eine Entlauserstaffel (15 Personen) und die Lagerwachen (25 Personen). Auch nach der späteren Überführung des Lagers in zivile Verwaltung bedurfte eine Kündigung des Einverständnisses der Leitung des britischen 8. Corps District. Es handelte sich hier also nur um ein bedingt freiwilliges Arbeitsverhältnis. Bei sehr harten Arbeitsbedingungen war das Personal unter den gleichen primitiven Verhältnissen wie die durchreisenden Flüchtlinge im Lager untergebracht. Die vorgesehenen geregelten Achtstundenschichten reichten zur Bewältigung der Aufgaben nicht aus. Neben der eigentlichen Tätigkeit mußten ständig Arbeiten zum Ausbau des Lagers verrichtet werden. Der Kontakt mit Flüchtlingen, die an Fleckfieber, Typhus oder anderen Infektionskrankheiten erkrankt waren, konnte lebensbedrohlich sein, wie Todesfälle in anderen Lagern gezeigt hatten. Laufend notwendige Schutzimpfungen beeinträchtigten die körperliche Konstitution. Obwohl sehr viel im Außendienst gearbeitet mußte, besaßen etwa 160 Männer im Winter keinen Mantel und zum großen Teil keine zureichende Fußbekleidung.

„Für eine Nacht ausreichend ..."

Für eine Nacht ausreichend hielt die Militärregierung die Lebensbedingungen im Stadtparklager. Die neu ankommenden Flüchtlinge kamen zu Fuß vom Güterbahnhof Barmbek; Mütter mit kleinen Kindern und Gepäck holte ein Lastwagen ab. Nach der Aufteilung und Registrierung wurden die neuangekommenen Bewohnerinnen und Bewohner zunächst untersucht. Es war zwar genügend Personal zur gesundheitlichen Versorgung vorhanden – vier Ärzte, 17 Krankenpfleger und fünf Schwestern waren im Lager tätig – aber an Krankenstationen für bettlägrige Patienten und Patientinnen fehlte es, so daß sie bei den übrigen Bewohnern und Bewohnerinnen in den engen Nissenhütten liegen mußten. Deren Ausstattung war äußerst spartanisch. 24 Luftschutzbetten und ein Ofen standen in jeder Nissenhütte. Die tägliche Kohlemenge reiche zur Not aus den Raum zu erwärmen, so die Formulierung der Lagerleitung. Zu Beginn war nur ein Viertel der Betten mit Strohsäcken versehen. Kritik riefen die hygienischen Bedingungen im Lager hervor. Die Influx-Leitung bezeichnete die Latrinen des Stadtparklagers als „Seuchenherde". Sicherlich wogen die herrschende Enge und die mangelnde Ausstattung der Baracken nicht so schwer, wenn die Flüchtlinge, wie geplant, nur 24 Stunden im Lager waren. Aber wenn keine Transporte stattfanden und die Flüchtlinge bis zu 14 Tagen im Lager ausharren mußten, konnten die dadurch entstandenen Entbehrungen auch nicht die höheren, zur Ausgabe vorgesehenen Lebensmittelrationen, wettgemacht werden.

„Die Zeit" vom 7.3.1946
„Wartesaal zur anderen Seite"

Wenn sie Schlange stehen, die Reisenden zur anderen Seite, machen sie den Eindruck, als dienten sie einer Käthe Kollwitz als Modell für ein Kolossalgemälde ..., Kaffee holen – Schlange stehen. Bon holen – Schlange stehen. Mittagessen holen – Schlange stehen. Du wirst täglich registriert. Kriegst eine Nummer, die dir einen Platz im nächsten oder übernächsten Zug sichert. Abendessen holen – Schlange stehen. Das reißt nicht ab.' ‚Wann fährt eigentlich der nächste Zug in die russische Zone?' Auf diese Frage, die Rudi B. mit einem Achselzucken beantwortet, gibt die Inschrift einer Tafel Auskunft: ‚Abfahrt des nächsten Zuges ... unbestimmt.'"

Die Auslastung des Lagers hing von der Abwicklung der Transporte ab. Phasen, in denen das Lager überfüllt war und die Aufnahmekapazität von 6.000 Plätzen nicht ausreichte, standen Zeiten gegenüber, in denen es nur teilweise belegt war. Im März 1946 mußten 2.000 Flüchtlinge außerhalb des Lagers übernachten, weil die Kapazitäten nicht mehr ausreichten. Wenn sie sich keine Privatquartiere beschaffen konnten, waren sie gezwungen, in Übernachtungsstätten (siehe Seite 53) und Wartesälen zu schlafen. *„Um die Verpflegung zu empfangen, mußten die Leute, mit Ausnahme der Wohnbunker der Sozialverwaltung, täglich* *ins Lager kommen und standen bei jedem Wetter herum, da es in den Mittagsstunden keine Fahrtmöglichkeit für sie gab, im Lager aber auch keine Aufenthaltsräume. Das Elend war manchmal unbeschreiblich."* 15. März 1946 Bericht des Lagerleiters an die Sozialverwaltung

Später gab es vereinzelt Initiativen, die Lebensbedingungen im Lager etwas zu verbessern, so ab April 1946 Kinovorstellungen, bei Bedarf von 9.00 Uhr morgens bis 21.00 Uhr abends, sowie kontinuierlich weitere kulturelle Veranstaltungen. Zur Verbesserung der Ernährungslage wurde am Lager liegendes Parkgelände mit Gemüse und Kartoffeln bebaut.

Lagerleben unter ziviler Verwaltung: „Hackenknallen und Schwarzmarktgeschäfte.

Gegen Widerstand der Influx-Lagerleitung übernahm schließlich im Februar 1946 die Sozialverwaltung das Lager. Die Lagerleitung oblag noch bis zum April des Jahres der Influx. Die Binnenstruktur der Lagerverwaltung blieb zunächst unberührt. Korruption, unlautere Bereicherung an den Flüchtlingen und militaristische Umgangsformen der ehemaligen Wehrmachtsangehörigen prägten das Leben im Lager und nicht etwa „Feingefühl im Umgang mit Flüchtlingen" wie das „Hamburger Nachrichtenblatt" am 18. Februar 1946 seiner Leserschaft vermitteln wollte.

Vor der Übernahme des Lagers hatte die Sozialverwaltung einen Mitarbeiter als stellvertretenden Leiter ins Durchgangslager „Stadtpark" entsandt. Er hatte den offiziellen Auftrag, die Dienstvorschriften der einzelnen Angestellten zu prüfen, bei der Verwaltung mitzuwirken und rechtliche Angelegenheiten zu prüfen. Sein eifriger Bericht gibt Aufschluß über das Leben und die Atmosphäre im Durchgangslager Stadtpark: Argwöhnisch und in schikanöser Weise sei er von der Lagerleitung aufgenommen worden. Dem Lagerleiter sollte sofort Mitteilung gemacht werden, wenn er im Lager irgendwo auftauchte. Auch mußte der neue Mitarbeiter sein Schlafquartier in der Telefonzentrale des Durchgangslagers nehmen, in der es ständig klingelte:

„Das Lager ist noch ganz und gar militärisch aufgezogen. Es sind nach wie vor noch 19 Offiziere an führenden Stellen, d. h. Stellen, die in jedem gleichen Betriebe in ziviler Verwaltung durch mittlere Beamte besetzt wären. Aber nicht nur das, nein, auch die Stellvertreter sind größtenteils Offiziere. Dann war meines Erachtens noch ein grober Fehler, ja, eventuell der größte ist, daß Lagerleitung und Lagerverwaltung so kraß getrennt geführt werden. So bestimmte der Herr Verwaltungsführer D. (Stabsintendant) jetzt bei dem Massenbetrieb, täglich 6.500 Personen sind zu verpflegen, wann die zweite Küche eingesetzt wurde. Die erste Küche hatte schon Tage des höchsten Einsatzes hinter sich. Die Küchenbedienung war am Zusammenbrechen. Da, als wir noch einen Flüchtlingstransport von ca. 2000 Mann bekamen, wurde die zweite Küche, die fix und fertig dastand, endlich eingesetzt. Dann fehlten durch Krankheit der ersten Küche vier Mann Bedienung, Dem verantwortlichen Leiter der Küche, Herrn M. (Stabsintendant) wurde der Ersatz von Herrn D. verweigert und dies bei Hochbetrieb. Aber im Lager liegen die sogenannten Ordner auf der Bärenhaut (...). Und dann hat meine Anwesenheit auch auf die Dienststunden der Herren sehr gewirkt. Wie man mir sagt, haben früher die Autos kaum hier geparkt, sondern waren mit einem der Herren immer unterwegs (...). Herr Lagerverwaltungsleiter D. (Stabsintendant) hat um sich herum einen Stab leitender Männer (Offiziere), der unglaublich ist, aber damit nicht genug (...). Sein Ton und (seine) Einstellung ist noch durch und durch militärisch. Herr Major, Hackenknallen, Leute geringschätzig behandeln, wenigstens im Ton, seinen „Männern", wie er immer sagt, Schwierigkeiten bei der Erfüllung ihrer Wünsche machen, aber andersherum tut er, als ob er sich groß für sie einsetzt. Dies ist eine Biographie des Mannes, den sie am liebsten immer von hinten sehen (...). Ich stellte fest, die Leute arbeiten gern mit jedem, der sich für sie einsetzt; (...) denn sie haben es satt, sich von 22-28jährigen Ex-Offizieren kommandieren zu lassen (...). Unser Lagerwachenleiter (Lagerpolizei), der Ex-Oberleutnant H., ein ganz übler Militarist, erzählt Herrn C, daß Flüchtlinge durch den Stacheldrahtzaun ausgebrochen sind, weil sie, die Wache, aber nicht kenntlich und nicht mit Gummiknüppeln bewaffnet wären, hätten sie untätig zusehen müssen. Dies wäre bei der Influx unmöglich. Hier hätte die Polizei Gummiknüppel, hellgrüne Uniform und die Offiziere auf dem linken Unterarm den Offizierswinkel. Darauf Herr C: Ja, ja bei der Influx, aber wir sind jetzt Zivilisten. Daß die Herren jetzt Zivilisten sind, bedauern sie ganz besonders, wie mir eine Bezugsquelle mitteilte. Ja, sie fluchen und sagen: Wären wir noch Militär, könnte uns die gesamte Sozialverwaltung gewogen bleiben. Die führenden Herren sind noch ganz auf und für Influx eingestellt. Die Mannschaften wollen wieder Zivilisten sein, den verhaßten Kommandoton nicht mehr hören, Gehalt und Ruhe haben."

Der Unmut des Lagerpersonals richtete sich jedoch weniger gegen militärische Umgangsformen, sondern eher gegen die Sozialverwaltung. Diese hatte dem Lagerpersonal verboten, ihre Angehörigen, die sie besuchten, im Lager übernachten zu lassen. Sie mußten bis 24.00 Uhr das Gelände verlassen haben, eine für die Belegschaft wenig einsichtige Maßnahme, die die ohnehin schon harten Arbeitsbedingungen noch mehr verschärfte.

Der wiederholte Hinweis von Sozialsenator Nevermann an alle Bediensteten des Lagers, daß militärische Ehrenbezeugungen fortan zu unterbleiben hätten, zeigt, wie wenig die formale Änderung der Strukturen die Beziehungen der Menschen untereinander berührt hatte. Die militärische Hierarchie war nach wie vor verinnerlicht. Nach Aufforderung auch durch die Influx-Leitung, die Belegschaft erneut darauf hinzuweisen, daß militärische Dienstgrade in der Anrede unterbleiben sollten, führte die Lagerverwaltung schließlich am 26.3.46 einen Betriebsappell durch, mit dem den alten militärischen Umgangsformen noch einmal deutlich entgegengetreten werden sollte und an eine anständige Behandlung der Flüchtlinge appelliert wurde. *„Ich weiß, daß es unter Ihnen noch ein Teil Kameraden gibt, die sich noch nicht an ‚persönliche Freiheiten' gewöhnen können. Wer sich nicht daran gewöhnen kann, oder es duldet, daß noch Ehrenbezeugungen oder milit. Anred(en) gebraucht werden, muß und wird bei uns ausscheiden! (...). Das sind auch die, die noch nicht begriffen haben, daß es auch bei der Arbeit, im besonderen im Umgang mit Flüchtlingen, Anständigkeit geben muß (...). Wer glaubt, Geschäfte mit Flüchtlingen machen zu müssen, stellt sich außerhalb der Gemeinschaft."* 26.3.1946 Lagerappell.

Flüchtlinge hatten sich bei der Lagerleitung beschwert, daß Ordner und Einweiser sie stark belästigen würden und ihnen deutsche und englische Zigaretten zu Schwarzmarktpreisen verkaufen wollten. Ein bereits entlassener Einweiser hielt sich unrechtmäßig im Lager auf, um Schwarzmarktgüter zu vertreiben; sechs Lagerangestellte fungierten dabei als Unterhändler. Nach dem Bekanntwerden der illegalen Geschäfte im Lager verwarnte die Militärregierung die Täter und kommandierte sie zum Holzeinschlag ab.

„...Konzentration unkontrollierter Müßiggänger"

Korruption, Diebstähle und Schwarzmarktgeschäfte kamen nicht nur während der Aktion „Heimat" vor. Im November 1946 wurde z.B. öffentlich bekannt, daß ein Fuhrunternehmer drei Angehörige der Lagerverwaltung mit insgesamt 400 kg, auf illegalem Wege beschafftem, Fleisch bestochen hatte, um sich die Alleinbelieferung des Lagers zu sichern.

Nach dem 30.6.46, dem offiziellem Ende von „Honigbiene", beschloß das Wohnungsamt, im Einvernehmen mit der Militärregierung, ⅔ des Nissenhüttenlagers für Bauarbeiter bereitzustellen, auch weil das Lager aufgrund der vorerst ausschließlich zentralen Verpflegungsmöglichkeit zur Familienunterbringung nicht geeignet war. Das übrige Drittel blieb in seiner ursprünglichen Funktion als Durchgangslager erhalten. Ab Herbst 1947 wurden speziell die jugendlichen Bauarbeiter im Stadtparklager zusammengefaßt. Auch nach dem endgültigen Ende der Aktionen „Honigbiene" und „Wespe" bestanden Teile des Lagers weiterhin als Durchgangslager, u.a. für rückkehrende Flüchtlinge, die zunächst von Dänemark aufgenommen worden waren, für Auswanderinnen und Auswanderer nach Südamerika und 1951 für die Abwicklung der ersten Spätaussiedleraktion „Link". Im Laufe der Zeit verschlechterten sich die Zustände im Lager „Stadtpark". Im Jahr 1947 gab es Problem mit verwanzten Betten, mit Ratten und Mäusen, und der Schwarzhandel blühte. Verschließbare Schränke fehlten, so daß die Bauarbeiter ihr Hab und Gut täglich mit zu ihren Arbeitsplätzen nehmen mußten. Die im Lager Wohnenden genossen keinen guten Ruf. Das Bauamt vertrat die Auffassung, daß „eine starke Konzentration unkontrollierbarer Müßiggänger" dort lebe. Und die Gartenbauabteilung des Bauamtes teilte dem Garten- und Friedhofsamt im Februar 1947 mit – nachdem es zum wiederholten Male zum unerlaubtem Holzeinschlag gekommen war, wobei auch noch die Wachen niedergeschlagen worden waren:

„Die Bewohner dieses durch die Sozialverwaltung betreuten Lagers z.T. Bauarbeiter, z.T. Flüchtlinge haben ihren Sinn auf Abbau um jeden Preis gerichtet. Sie fallen zusammengerottet in großen Scharen in die Bestände ein und schlagen Brennholz. Während gleichzeitig die für die Beheizung des Lagers bestimmten Kohlen vertauscht und verkauft werden."

Die Sozialbehörde sah sich machtlos. Sozialsenator Nevermann erhoffte sich durch die Verlegung eines großen Teils der Bauarbeiter in das Lager „Sportallee" eine Verbesserung. Anläßlich des Turnfestes 1953, bei dem das Lagergelände im Stadtpark als Aufmarschwiese genutzt werden sollte, kam es zum Abriß der 180 noch stehenden Nissenhütten und Baracken. Einweisungen waren seit 1951 nicht mehr vorgenommen worden. Die 1.500 Bewohner wurden in andere Lager der Stadt umquartiert, und 300 Personen, die in Familienverbänden lebten, erhielten eine Wohnung.

„FLÜCHTLINGSWOHNUNGEN"

Die Wohnungsnot

Nachdem die Aufgabe, Notunterkünfte für die nach Hamburg in den letzten Kriegsmonaten und den ersten Nachkriegsmonaten ungeregelt zugewanderten Flüchtlinge zu beschaffen, bewältigt war, galt es für diejenigen, die sich mit Aufenthalts- oder Zuzugsgenehmigung in Hamburg für länger niederlassen wollten, ein Dach über den Kopf zu finden. In der Regel wurden die Flüchtlinge zu Untermieterinnen und Untermietern, oder sie kamen in Wohnlagern unter, die aus Baracken oder Nissenhütten bestanden, oder in Bunkern eingerichtet waren.

Die mit dem Kontrollratsgesetz Nr. 18 vom März 1946 verordnete Wohnraumzwangsbewirtschaftung bedeutete Zwangserfassung der Wohnungsinhaber und Wohnungsinhaberinnen, Zwangstausch und Zwangsmietverträge. Wohnungswechsel mußten von der Militärregierung genehmigt, Listen mit Namen, Alter und Beruf jedes Bewohners im Hauseingang angeschlagen werden. Jeder Wohnraum, der über eine bestimmte Quadratmeterzahl pro Person hinausging, mußte vom Wohnungsinhaber oder der Wohnungsinhaberin abgetreten werden. Die britische Militärbehörde schien bereits im Februar 1946 mit der Leistung des Hamburger Wohnungsamtes zufrieden zu sein. Sie lobte die überraschend effiziente Art und Weise, mit der es dem Wohnungsamt gelungen war, den Menschen ein Dach über den Kopf zu beschaffen. Im Dezember 1947 standen pro Person noch 5 qm Wohnraum zur Verfügung. Im Mai 1945 waren es noch 8,3 qm gewesen. Um dies zu erreichen, hatten wiederholt die Belegungsrichtlinien verschärft werden müssen. Dies ließ „das Wohnungsamt zum bestgehaßten Amt werden", wie dessen Präsident, Rudolf Schulz-Bischof, 1949 schrieb. Stand es doch dafür, den Wohnraum der Hamburger und Hamburgerinnen noch weiter zu vermindern. Mit aus ehrenamtlichen Vertretern der Parteien und Gewerkschaften besetzten Wohnungsvergabeausschüssen konnte der Druck auf das Amt gemildert, in dem über eine breitere Mitverantwortung für die getroffenen Maßnahmen für sie eine größere Akzeptanz in der Bevölkerung hergestellt werden konnte.

Eine noch engere Belegung lehnte das Wohnungsamt 1948 aus sittlichen und gesundheitlichen Gründen ab. Wenn auch nicht im gleichen Ausmaß waren sowohl eingesessene Hamburger und Hamburgerinnen als auch Flüchtlinge von der eklatanten Wohnungsnot betroffen. „Es ist schon heute oft nicht mehr möglich, ansteckungsfähige Kranke (insbesondere offene Tbc.-Kranke) oder solche mit ekelerregenden Krankheiten getrennt schlafen zu lassen, Erwachsenen und Kindern im fortgeschrittenen Alter oder größeren Geschwistern eigene Schlafräume zu geben. Die Benutzung der Küchen mit noch mehr Parteien ist nicht mehr tragbar; durch unvermeidbar sich ergebende ständige Streitereien wird

die Leistungskraft der Bevölkerung herabgesetzt. Das Wort ‚Eigener Herd ist Goldes Wert' hat heute wieder einen besonderen Klang gewonnen. Außerdem läßt die Beschaffenheit der sanitären Anlagen (vor allem in den Vororten, wo der Sielanschluß fehlt) sowie die Versorgung mit Wasser, Gas und Strom eine weitere Belastung der Häuser nicht mehr zu."
(Bericht des Wohnungsamtes zu den „Sozialen Verhältnissen in Hamburg" vom 22.4.1948)

Untermietsverhältnisse

Ca. ⅓ der Flüchtlinge wohnte 1947 zur Untermiete. Dieses „Hineinpressen" in den privaten Bereich bedeutete, daß einander fremde Menschen auf engstem Raum miteinander leben mußten, städtische und dörfliche Lebensweisen sich begegneten. Das Bild vom besitzenden Einheimischen und besitzlosen Flüchtling versinnbildlichte sich besonders in ländlichen Gebieten mit diesen Wohnverhältnissen. Nicht so in Hamburg: Da die Mehrzahl der als Eindringlinge empfundenen Zwangsuntermieterinnen und Zwangsuntermieter zu den wohnungslosen, ausgebombten Hamburgern und Hamburgerinnen gehörte, war diese Wohnform nicht unmittelbar mit einem spezifischen Spannungsverhältnis zwischen Flüchtlingen und Einheimischen verknüpft.

Verteilung der Flüchtlinge auf Stadtteile – 1948

Stadtteil	%	
LOKSTEDT *(Schnelsen, Niendorf)*	3,0 %	|||
EPPENDORF-WINTERHUDE *(Fuhlsbüttel)*	16,0 %	||||||||||||||||
BARMBEK-UHLENHORST	8,0 %	||||||||
EIMSBÜTTEL	12,5 %	||||||||||||
BILLSTEDT *(Horn)*	3,0 %	|||
ALTONA *(Flottbek, Othmarschen)*	10,0 %	||||||||||
STELLINGEN *(Eidelstedt)*	2,0 %	||
BLANKENESE *(Nienstedten, Rissen, Osdorf, Lurup)*	7,0 %	|||||||
WILHELMSBURG *(Veddel, Moorwerder)*	4,0 %	||||
HARBURG *(Marmsdorf, Neuland)*	7,5 %	|||||||
SÜDERELBE *(Altenwerder, Neuenfelde)*	2,0 %	||
FINKENWERDER	1,5 %	||
BERGEDORF	5,0 %	|||||
VIER- UND MARSCHLANDE	3,0 %	|||
WANDSBEK *(Tonndorf, Jenfeld, Bramfeld, Farmsen)*	6,0 %	||||||
RAHLSTEDT *(Meiendorf)*	2,0 %	||
ALSTERTAL *(Sasel, Poppenbüttel, Hummelsbüttel)*	2,5 %	|||
WALDDÖRFER *(Ohlstedt, Bergstedt)*	5,0 %	|||||

Die Mehrzahl der Flüchtlinge war in den wenig zerstörten Arbeiter- und Kleinbürgerstadtteilen untergebracht, wie in Eppendorf-Winterhude und in Eimsbüttel. Das erzwungene Zusammenleben fremder Menschen mit unterschiedlicher sozialer und traditioneller Herkunft in außergewöhnlicher Intensität und Dichte bildete ein stetes Konfliktpotential. Aufgrund der ständig auftretenden Streitfälle entwickelte die hamburgische öffentliche Rechtsauskunfts- und Vergleichsstelle die „Eppendorfer Richtlinien über die Rechte und Pflichten von Hauswirt, Wohnungsinhaber und Untermieter".

> „1. Küchenbenutzung: Der Wohnungsinhaber darf sich von 0 bis 24 Uhr laufend in der Küche aufhalten, in der Küche wohnen, waschen, essen, kochen und Besuche empfangen. Der Untermieter darf zur angemessenen Zeit, d. h. je nach Bedarf, etwa von 6 bis 22.30 Uhr in der Küche kochen und das Essen vorbereiten. Außerdem darf er an bestimmten Tagen in der Küche waschen (...). Die in der Küche befindlichen Glühbirnen dürfen nicht vom Wohnungsinhaber herausgedreht werden (...).
>
> 2. Badbenutzung: Es gibt zwei Arten der Erfassung. Nach der üblichen Erfassung darf der Untermieter das Badezimmer nur einmal in der Woche benutzen, nach einer neueren Form täglich. Bei einmaligem Benutzungsrecht in der Woche darf der Untermieter außer der Zeit das Badezimmer nicht betreten und auch nicht zur Körperwäsche benutzen. An dem ihm zustehenden Tag wird dem Untermieter jedoch auch zu gestatten sein, die Wäsche in der Badewanne zu spülen (...).
>
> 3. Wäschetrocknen: Wäschetrocknen auf dem Balkon kann nur dann verlangt werden, wenn der Wohnungsinhaber seine Wäsche auch auf dem Balkon trocknet. Dem Untermieter ist möglichst in einem Gütetermin zuzubilligen, des Nachts die Wäsche in der Küche trocknen zu lassen (...).
>
> 7. Übernachtung von Gästen in den Zimmern: Bei alleinstehenden Personen dürfen nur Freunde des gleichen Geschlechts und nachweislich nahe Verwandte übernachten. Diese Einschränkung gilt im allgemeinen auch für Verlobte. Gäste dürfen nur so lange in der Wohnung verbleiben, wie auch der Gastgeber in der Wohnung ist. Sie haben nur das Recht, mit Erlaubnis des Wohnungsinhabers während der Abwesenheit des Gastgebers in dessen Räumen zu verbleiben (...).
>
> 12. Rückforderung von beschlagnahmten und vermieteten Möbeln: Beschlagnahmte Möbel können nicht zurückgefordert werden, solange die Beschlagnahme besteht. Bei dem vor dem 1. Juli 1946 auf Grund des Reichsleistungsgesetzes möbliert beschlagnahmten Räumen bleibt die Beschlagnahme der Möbel (nicht des Raumes) aufrechterhalten."

Nissenhütten

Unauslöschlich verbindet sich die Wohnungsnot der Nachkriegszeit mit dem Bild der tonnenförmigen Nissenhütten aus Wellblech. Im November 1945 wurde mit dem Bau der Nissenhüttenlager begonnen; Ende April 1946 waren alle 41 Lager errichtet worden. Sie unterstanden entweder dem Gemeinnützigen Wohnungsunternehmen „Freie Stadt" der späteren „Hamburger Wohnungsbaugenossenschaft" (HaWoGe) – oder der Sozialbehörde. Die Mehrheit der Nissenhüttenlager der HaWoGe lagen in zerstörten Straßenzügen der Stadtteile Hamm, Wandsbek, Barmbek, Eilbek, Billbrook und Hammerbrook. Die Hütten standen hier seitlich hintereinander sehr eng aufgereiht, entweder direkt auf dem Straßenpflaster auf dem Bürgersteig oder mittleren Grünstreifen. Die Hellhörigkeit ermöglichte die unmittelbare Teilnahme am nachbarschaftlichen Leben.

Die Lager der Sozialbehörde hingegen befanden sich, bis auf das Männerlager Possmoorweg, an der Peripherie der Stadt. Die meisten Lager bestanden aus 28 Nissenhütten und zwei Baracken für die Gemeinschaftseinrichtungen. Aber es gab auch einzelne Lager von 90 bis 130 Hütten. Die meisten Bewohnerinnen und Bewohner, lebten mehrere Jahre in den Wellblechhütten. So wohnte 1951 die Mehrheit mehr als fünf Jahre in diesen ungesunden Wohnverhältnissen. Trotz des Bemühens, die Wellblechhütten winterfest zu machen, blieben sie extrem kalt. Die Bauart, das notwendige Waschen und Kochen in ihnen – weil der Weg zu den kollektiv genutzten Sanitätsbaracken und Wasserhähnen meist zu weit war – ließen eine gesundheitsgefährdende Luftfeuchtigkeit entstehen.

Bis auf drei waren alle Nissenhüttenlager für Familien bestimmt. Eine Besonderheit stellte das Lager der Sozialbehörde in der Hohestraße in Harburg dar. In relativ schöner Lage stand es ausschließlich Familien schwerversehrter Flüchtlinge zur Verfügung, die in Hamburger Lazaretten untergebracht waren. Durch Spenden konnten 1948 die Hütten für 85 dieser Familienverbände eingerichtet werden.

Über 14.000 Menschen lebten 1951 in Hamburg in den noch bestehenden Nissenhüttenlagern. 23% der 8.200 Bewohnerinnen und Bewohner der Lager der HaWoGe gehörten zur Gruppe der Flüchtlinge. Von den 6.000 Bewohnerinnen und Bewohnern der Nissenhüttenlager der Sozialbehörde waren 1951 65% Flüchtlinge.

Wohnlager

Bis auf die Unterkünfte zur Aufnahme der nach Hamburg gelangten Flüchtlinge bei Kriegsende gab es keine Notunterkünfte bzw. Wohnlager, die den Vertriebenen und Flüchtlingen vorbehalten waren. Sie waren gemeinsam mit den in der Regel ausgebombten Hamburgern untergebracht. Im August 1945 oblag der Sozialverwaltung die Verantwortung für 65 Wohnlager und -bunker. Bis zum August 1947 kamen weitere 47, einschließlich 16 Lager für „Fremde Bauarbeiter" (Freba-Lager), hinzu. Da Wohnungslosigkeit auch bei Flüchtlingen nicht gleichbedeutend mit Fürsorgebedürftigkeit war, war in den meisten Fällen eine Betreuung durch die Sozialverwaltung weder notwendig noch ökonomisch vertretbar. Daher gab sie fortlaufend Wohnlager an die HaWoGe ab. Bis März 1948 gab die Lagerwaltung der Sozialverwaltung 75 Lager ab, darunter 22 DP-Lager an die britische Militärregierung, so daß ihr nur noch 37 Wohnlager und -bunker blieben. Fast alle Freba-Lager gingen in der Zeit von Sommer 1946 bis Frühjahr 1947 an die HaWoGe über. Aber auch karitative Träger erhielten die Verwaltung ehemals zur Sozialbehörde gehörender Lager. Für die Unterbringung ihrer Belegschaft übernahmen auch Privatunternehmen einige der Unterkünfte. Am 13.9.1950 gehörten noch vier Nissenhüttenlager, elf Barackenlager und sechs Wohnbunker zur Lagerverwaltung. Für 27 Nissenhüttenlager, sechs Barackenlager sowie fünf Wohnheime war die HaWoGe zuständig. 12,4% aller Vertriebenen und 1,4% der Einheimischen lebten 1950 in Wohnlagern der Sozialverwaltung.

Im Bunker

Besonders schwer war das Los derjenigen, die die Wohnungsnot zum Leben im Bunker zwang. Im August 1945 bewirtschaftete die Lagerverwaltung bereits 13 Bunker. Bis 1950 wurden zwar 25 Bunker in Hamburgr gesprengt, ein Teil der übrigen diente jedoch bis in die 50er Jahre als Notunterkunft für Obdachlose. Es gab Hochbunkter, Tiefbunker und Turmbunker: Die Turmbunker, deren Innenraum sich wie eine um eine Mittelsäule sich windende Serpentine gestaltet, konnten, wie die unter der Erde liegenden Tiefbunker, in der Regel nur als Übernachtungsstätten genutzt werden, da sie für einen dauernden Aufenthalt noch ungeeigneter waren als die Hochbunker. Die bekanntesten Tiefbunker lagen unter der Reeperbahn und unter dem Hauptbahnhof.

> „Gegen Morgen wird die Luft in den Bunkerräumen so sauerstoffarm, daß es nicht mehr möglich ist, ein Feuerzeug zum Brennen zu bringen. Unter diesen menschenunwürdigen Verhältnissen vegetieren die Unglücklichen oft wochenlang …",
> *Das „Hamburger Echo" am 23. April 1949.*

Das Innere der zwei- bis siebengeschossigen Hochbunker war durch zahlreiche Zwischenwände aus dünnen Betonschichten in lange, sich rechtwinklig verzweigende Gänge, zahlreiche kleinere 6-8 qm große Kabinen und verhältnismäßig wenige Räume von Zimmergröße unterteilt. Sie wurden für längerfristige Aufenthalte genutzt. Vor allem in der ersten Zeit nach dem Krieg war die Ungezieferplage für die Bunkerbewohner ein großes Übel. Sie entstand aus Unsauberkeit bedingt durch fehlende Putzmittel und unzureichender Waschgelegenheiten. Mangels Glühbirnen herrschte oft eine beängstigende Dunkelheit.

> „Morgens, 5.30 Uhr, wird mit einer Trillerpfeife geweckt. Diese Art des Weckens ist von vielen Bewohnern, die der Arbeit nachgehen, gefordert worden, um eine bestimmte Uhrzeit damit erkennen zu können."
> *Bericht von 1946 über den Bunker Stiftstraße in Hamburg Altona.*

Das Ziel, Familien mit Kindern wegen der ungesunden Lebensverhältnisse nicht im Bunker unterzubringen, konnte meist nicht erfüllt werden, da andere Unterkünfte fehlten.

Hatten zwei Personen das „Glück", sich eine 6 qm große Kabine teilen zu können, verfügten sie über ein wenig Privatheit. Dies und die relative Wärme im Bunker war dann auch für viele ausschlaggebend, ihr Domizil nicht gegen eine Holzbaracke oder Nissenhütte zu tauschen.

Die Sozialstruktur der Bunkerbewohner und -bewohnerinnen unterschied sich nur insofern von der in den Wohnlagern, als die Wohnbunker vorwiegend für Einzelpersonen vorgesehen waren. Die Wohndauer war hier selten länger als zwei Jahre.

Anteil der Vertriebenen und Flüchtlinge
in Wohnlagern der Sozialbehörde (1951)

Lager	Flüchtlinge	Vertriebene	Gesamt
BAHRENFELDER STR.	74 (12,8 %)	155 (26,9 %)	575
BERZELIUSSTR.	62 (16,6 %)	160 (43,0 %)	372
BRAHMS-ECK	25 (11,2 %)	94 (42,1 %)	223
ELBDEICH	17 (11,2 %)	60 (39,7 %)	151
FRIEDRICH-EBERT-STR.	17 (11,4 %)	58 (38,9 %)	149
GRÜNEWALDSTR.	28 (7,1 %)	39 (10,1 %)	385
HÖHENSTIEG	29 (7,8 %)	123 (32,5 %)	372
ISERBROOKWEG	3 (1,7 %)	28 (16,7 %)	174
„KINDERHEIM"	–	12 (37,5 %)	32
KIELER STR.	106 (18,2 %)	204 (35,0 %)	582
LANGENHORNER CH.	58 (40,5 %)	54 (37,2 %)	143
SCHIESS-STAND	43 (9,4 %)	129 (28,2 %)	456
SÜDRING	39 (17,5 %)	41 (24,0 %)	171
WEG BEIM JÄGER	228 (23,2 %)	401 (40,8 %)	982
BACHMEIERSTR.	30 (20,8 %)	18 (12,5 %)	144
BARMBEKER STR.	53 (28,2 %)	43 (31,1 %)	138
CARL-PETERSEN-STR.	14 (14,4 %)	11 (15,2 %)	72
LAMMSTR.	20 (10,5 %)	60 (31,6 %)	190
DENICKESTR.	239 (18,2 %)	882 (52,1 %)	1308
POSSMOORWEG	84 (22,3 %)	169 (45,7 %)	370
SPORTALLEE	247 (10,7 %)	854 (37,0 %)	2308
GESAMT	1389 (14,5 %)	3395 (39,8 %)	9091

„Die Zeit" vom 7.3.1946
Bunkermenschen
von Josef Müller-Marein

Manchmal, beim Vorübergehen, blicken sie in erleuchtete Fenster. Sie sehen vielleicht einen runden Tisch mit einer Decke, ein Stück Regal mit Bücherrücken, ein Stück Tapete. Sie sehen einige Quadratmeter eines freien Raumes, auf dem sich keine Menschen drängen. Sie spüren die Atmosphäre von Freiheit zwischen vier behüteten Wänden. Und sie haben dabei das würgende Gefühl von Hungernden, die an einem gefüllten Bäckerladen vorüberkommen. Dann gehen sie „heim" in den Bunker. Am Eingang hängt noch die Verordnung über das Verhalten bei Fliegeralarm. Obwohl diese Zeiten nun vergangen sind, hat man versäumt, den Aushang wegzunehmen. Vielleicht unterblieb es, weil sich niemand berechtigt dazu fühlte in diesem Kreise der Unberechtigten; vielleicht unterblieb es aus Gleichgültigkeit. Überhaupt ist das Interesse allge-mein ganz anders, das man täglich dem nächsten Aushang entgegenbringt: den Portionen der Nahrungsmittelzuteilung. Da wird von „Kalt-" und „Warm-Verpflegung" und von „Kaffeefassen" gesprochen, als sei man noch beim Militär. Sie leben auch kartenlos wie beim Militär, die Bunkerleute, aber es ist ziemlich sicher, daß sie die gleichen Kalorien-mengen erhalten, die sich die so ganz anderen Menschen, die Wohnung oder Unterkunft Besitzenden, in ihrer mehr oder minder bürgerlichen Freiheit auf Karten kaufen können. Daneben wird zweimal täglich „Heißes Wasser" angekündigt, als sei auch dies ein Nahrungsmittel. Das dritte Plakat am Bunkereingang aber ist die Ankündigung einer Puppenhandbühne, die für Bunkerinsassen billige Karten und für die Ärmsten unter ihnen sogar Freikarten bereithält. So scheint es, daß ein einziger für die Leute im Bunker noch etwas übrig hat, und dies ist das Kasperle.
Das nächste ist, daß man eine Wendeltreppe hinaufgeht oder hinaufstolpert, denn es ist ziemlich finster, weil irgendwer wieder einmal eine Glühbirne hat mitgehen lassen.
„Ihr, die ihr eintretet ...", leuchtet es in dicker Kreideschrift im Halbdunkel von der Wand. So weit kam der dantekundige Wandschreiber, als man ihn überraschte. Man weiß nämlich, um wen es sich handelt.
Er liegt auf der Holzbank und hat Husten in Zimmer 1, linker Hand, im ersten Stock des Hochbunkers. Ein großer Raum, begrenzt durch eine geradegeschnittene Bretterwand, die nicht hierher gehört und einen unwirklich erscheinenden Kontrast zur runden Außenmauer bildet. An der Bretterwand hängen Mäntel, Kleider, leere Rucksäcke; an der Außenmauer rinnt das Wasser. Fenster sind nicht vorhanden, und die Luft ist so dick, daß man glaubt, man könne sie in Scheiben schneiden mit jenem rostigen Messer dort auf dem Schemel neben der Bank. Es ist die Bank, die dem hustenden alten Mann gehört, dem Wandmaler. er trägt den weißen Vollbart eines Patriarchen aus den Büchern. Und wie aus Büchern, so klingen auch seine Worte.
„Frau!" sagt er mit röchelndem Nebenton.
Eine vermummte weibliche Gestalt erhebt sich aus der Ecke, humpelt näher, beugt sich über ihn. „Frau", wiederholt er, „eile und sage dem Hoteldirektor, daß ich im Falle der Unmöglichkeit, die Toilettenzustände zu verbessern, mit meiner ganzen Suite ausziehen würde aus seinem wohlrenommierten Hause ..."
Zu jedem Bunkerraum gehört eine eigene Toilette, die morgens von den weiblichen „Gästen" mit hingebungsvoller Gründlichkeit geputzt wird. Aber was nützt das alles, wenn in jedem einzelnen Raum so viele Menschen hausen, daß man, um ein Wort des Alten zu zitieren, „niemals einen nächtlichen Übeltäter faßt, der mangels Sauberkeit und Papier und so weiter ..." Er sagt: „Zuerst ist man sittlich entrüstet und sehr erbost, denn es ist uns ja nicht an der Wiege gesungen worden, daß wir noch einmal solche Toiletten benutzen müßten, aber schließlich ... Was wollen Sie! Bunkermenschen!"

Er sagt es nicht wegwerfend oder verächtlich, er spricht es wie eine wissenschaftliche Artbezeichnung aus, als handele es sich um eine neue Spezies Mensch.

Er hebt seinen Zeigefinger: „Was macht das Tier, wenn man es zwei Tage jagt? Es fällt um, streckt alle viere von sich – mausetot. Der Mensch aber läuft und läuft weiter. Er muß konstruiert sein, Schlimmeres zu ertragen als irgendein anderes Lebewesen auf dieser Erde. Ob man ihn hungern läßt, ob man mit Bomben nach ihm wirft – er gewöhnt sich daran. Hat er keine Wohnung, so kann er sogar in einem Bunker leben. Er kann es, weil er nicht allein ein denkendes, also ein mißtrauisches, sondern vielmehr noch ein hoffendes Wesen ist. Der Mensch – ein hoffendes Tier."

In der Tat, als es in diesem Bunker vor einiger Zeit den siebenhundert Insassen anheimgestellt wurde, in ein Barackenlager zu ziehen, nahmen nur achtzig den Vorschlag an. Die übrigen blieben.

„Und das ist auch selbstverständlich", eiferte sich der Alte. „Wir hatten natürlich das Empfinden, es sollte uns mit der Aussicht auf das Barackenlager etwas eingeredet werden. Ausgerechnet beim Winteranfang! Daß man vielleicht erfröre! Nein, wir blieben im Bunker. Die Lager-Leiden sind uns fremd; die Bunker-Leiden sind uns wenigstens vertraut."

War er nicht mehr gewöhnt, so lange Sätze zu sprechen? Jedenfalls, der Husten überfiel ihn mit solcher Tücke, daß sein gutgeschnittenes Greisengesicht rot vor Anstrengung wurde. In diesem Augenblick quollen aus den halbdunklen Winkeln des Raumes plötzlich kleine, ängstliche Gestalten, als seien sie aus dem Zementboden hervorgezaubert. Die sammelten sich nun um das Lager des Patriarchen wie zitternde Zwerge um einen kranken Rübezahl. Es waren seine sechs Enkel und Enkelinnen, die der Alte und seine Frau aus der russischen Zone mitgebracht hatten.

Wo ihre Eltern waren, wußten sie nicht.

Dies also war seine „Suite": ein besorgtes Gewimmel kleiner, flachsköpfiger Menschen. Ein Bild, das unter der einzigen, dürftigen Glühbirne um so rührender wirkte, als man die „Suite" des Patriarchen jetzt mühelos unterscheiden konnte von den anderen, wort- und bewegungslosen großen und kleinen Leuten, die in den Ecken und an den Wänden saßen und still auf irgend etwas zu warten schienen, vielleicht ohne zu wissen, worauf sie denn eigentlich warten sollten.

Unten, im Erdgeschoß, arbeitet als Rote-Kreuz-Schwester eine junge Arztfrau, Flüchtling gleich den übrigen Insassen des Bunkers. Sie hat viele Beobachtungen gemacht und sagt, daß sie es gar nicht gern sieht, wenn die bei neu eingetroffenen Bunkermenschen auffällige Unruhe allmählich aus den Gesichtern schwindet und dem Ausdruck geduldigen Wartens Platz macht. Sie hat es lieber, wenn hie und da geschimpft wird, sofern sich dabei verhüten läßt, daß die Unruhe ausartet und sich in „Bunkerkoller" verwandelt, in eine hemmungslose Nervosität und plötzliche Feindschaft aller gegen alle.

„Solange sie unruhig sind", sagt Schwester Arztfrau, „laufen sie noch herum und versuchen, Arbeit und Aufenthaltsrecht und eine bessere Unterkunft zu finden. Viele gehen planvoll vor und kommen sogar irgendwann ans Ziel. Andere sind kopflos und klopfen, wo sie zufällig ein erleuchtetes Fenster sehen, an die Türen und bitten um Einlaß. Aber man bettelt doch nicht um einen Wohnplatz wie um ein Stück Brot. Wenn sie dann abgewiesen und wieder abgewiesen wurden, beginnen sie stumpf zu werden und blindlings zu warten. Ach, diese erleuchteten Fenster fremder Wohnungen!"

Sie lächelt schmerzlich, obwohl sie selber ohne Neid an fremde Wohnungen denkt. Es war aber auch das einzige neidlose Gesicht, das ich an diesem Tage sah, wenn das Gespräch auf die Wohnungen der stadteingesessenen Bürger kam. Mag freilich sein, daß ihr Lächeln nicht nur ein Spiegel der Gedanken, sondern auch ein Beispiel war, ein Vor-Lächeln. Immerhin, ein helles Gesicht, das mehr leuchtete als all die trüben Bunkerglühlampen zusammen.

Es heißt allerdings, daß es Augenblicke gab, da die Bunker-Schwester ganz und gar nicht lächelte. War sie es nicht gewesen, die sich gemeinsam mit dem „Bunkerwart" Gedanken darüber gemacht hatte, ob nicht allein schon durch eine bedachtsame Auswahl der „Zimmerbelegschaft" den

Zwangsgästen ein bißchen geholfen werden könne? So hatten sie im oberen Stockwerk lauter junge Mädchen untergebracht. Die kicherten, schwätzten, plauderten, sangen sogar an Abendstunden. Ein Stockwerk tiefer waren zwei kleinere Räume, „Durchgang" genannt, in denen „reisende Gäste" einquartiert wurden; sozusagen ein Hotel-Ersatz. Und da nun kamen „flotte Mannsbilder aus der Stadt", wie der Patriarch sie bezeichnete, auf die Idee, sich nur zum Scheine einzuquartieren und sich, sobald es einigermaßen still im Bunker geworden war, zum oberen Stockwerk hinaufzuschleichen, zu den Jungmädchenräumen, in den Rocktaschen ein Fläschchen Rübenschnaps oder eine Schachtel englischer Zigaretten.

An den Tagen hernach wurde dann so betont von „Bunkermoral" gesprochen, daß es im oberen Stockwerk verweinte Augen gab. Und nun schien es, als hätte die junge Artzfrau den Glauben an die Güte dieser Welt endgültig verloren. Allein der Patriarch tröstete sie und meinte, dies sei als ein Zeichen zu nehmen, daß es bald Frühling würde. Und überhaupt, dann würde man ja weitersehen! Dieses „Man wird weitersehen" ist eine geläufige Bunkertendenz. Die Bunkermenschen haben diesen Satz gesagt, als sie hier eintraten; sie haben den Bunker mit seinen harten Holzbänken, die statt der Betten als Lagerstatt dienen, mit seiner dumpfen Luft und seiner Dunkelheit als ein Provisorium hingenommen: Man wird ja weitersehen. Und dann sind sie steckengeblieben. Sie kamen, ein wenig auszuruhen, und blieben, um ... Ja, wozu blieben sie? Was ist der Sinn ihres Bleibens?

Als eine Frau, die aus der „anderen Zone" gekommen war und ursprünglich die Idee gehabt hatte, in ihre westdeutsche Heimat zu fahren, ein paar Buntdrucke an die Wände hing, protestierten ihre Zimmer- und Leidensgenossen auf das Nachdrücklichste. Bilder an den Wänden, welch ein Wahnsinn! Es wäre ja der Versuch, aus dem Bunker ein Heim zu machen! Was für ein Symptom für die schier größenwahnsinnige Sucht, den Lebensstandard zu heben! Abgelehnt, abgelehnt! Und jedem leuchtete ein, was ein einbeiniger ehemaliger Soldat, Bunkermensch seit zwei Monaten, ausführte: „Laßt den Bunker so grau, wie er ist! Wer hier herumfummeln will mit Vasen für Feldblumen, mit Bildern und so'm Affenkram, verrät doch bloß, daß er Angst hat, hier nie wieder rauszukommen."

Blumen und Bilder als Merkmale des Pessimismus!

Traurig ist es, wenn die Bunkermenschen reden. Trauriger aber, wenn sie schweigen. Am traurigsten, wenn sie schlafen! Wie sie in den Bunkernächten durcheinanderliegen, diese in stickige Kleider und Mäntel gehüllten Gestalten! Was alles sie halbartikuliert und flüsternd, aber auch laut weinend und schimpfend durcheinanderträumen!

Bunkerleute sind am Tage unterwegs, solange das Schuhwerk es aushält, aber nachts sind sie versammelt und träumen laut und ohne Scham. Die verschwiegenen, die heimlichen Gedanken quellen auf und werden vor aller Ohren offenbar. Niemals das Glück von etwas Einsamkeit, selbst nicht in kleinsten Portionen. „Von den Nächten wollen wir nicht reden", sagen die Bunkermenschen ... Und was sagte der hustende Patriarch, als der Besucher Abschied nahm?

„Die Bunkermenschen sind Verurteilte, Menschen ohne Recht. Und zufällig wie ihre Verurteilung ist auch der Freispruch. Junge Leute ohne Anhang kommen leichter frei. Das Leben beansprucht sie noch. Alte Leutchen oder Frauen mit Kindern bleiben sitzen. Wer sollte sie aufnehmen? Aber es kommt auch vor, daß ein mitleidiges hübsches junges Mädchen nicht gefragt ist. Warten wir also. Vielleicht, daß es uns tatsächlich gelingt, eines Tages die dicke Bunkerluft in Scheiben zu schneiden und sie der Öffentlichkeit zur Schau zu stellen, damit sich die Allgemeinheit schäme, wie es der einzelne ja wohl nicht mehr vermag. Warten wir!"

Doch immer wieder, im Vorübergehen, blicken die Bunkermenschen in erleuchtete Fenster ...

Josef Müller-Marein war Journalist. „Bunkermenschen" ist eine seiner Nachkriegsreportagen.

Lagerbewohnerinnen und -bewohner begehren auf

Eine wirksame, übergreifend organisierte Interessenvertretung der Bewohner der Lager gab es zunächst nicht. Im Mai 1946 war ein erster Protest gegen die Gemeinschaftsverpflegung laut geworden. Er richtete sich gegen die schlechte Zubereitung des Essens und war mit dem Verdacht verknüpft, daß die jeder Personen per Lebensmittelkarte zustehende Ration nicht für das Gemeinschaftsessen verbraucht werde. Die Lagerverwaltung konnte ihm mit der Einrichtung von Küchenkommissionen entgegentreten. Ihnen wurde das Recht eingeräumt, sowohl das Kochen als auch den Verbrauch der Lebensmittel zu überwachen. Kritik an den Zuständen in den Lagern wurde in der Bürgerschaft in den Jahren 1946 und 1947 nur jeweils einmal im Rahmen parlamentarischer Anfragen erhoben. So antwortete der Senat dem FDP-Abgeordneten Rademacher auf eine Anfrage zu den „unerträglichen Verhältnissen in den Lagern", daß die Unzulänglichkeiten bekannt seien und der Senat soweit als möglich um Abstellung bemüht sei.

Erst mit der Besserung der allgemeinen Lebensumstände erregten die Lebensbedingungen in den Wohnlagern und -bunkern mehr Aufsehen. „Acht Jahre nach Beendigung des zweiten Weltkrieges sind wir noch immer gezwungen, unter katastrophalen Verhältnissen zu wohnen, während riesige Geschäfts- und Bürohäuser, Vergnügungsstätten und Bankhäuser gebaut werden. Es hausen 148.000 Menschen in Bunkern, Nissenhütten, Kellern und Ruinen. Das sind die Folgen des zweiten Weltkrieges," hieß es in einem Forderungsprogramm eines sogenannten „Ausschusses der Elendsquartiere Groß-Hamburg" von 1953.

Aber ungeplante Entwicklungen, wie eine große Zahl von Zwangsräumungen, z.B. aus Notwohnungen in Ruinen, die abgerissen werden sollten und der Flüchtlingszuwanderung aus der DDR führten dazu, daß die Sozialbehörde geplante Bunkerräumungsaktionen immer wieder hinausschieben mußte

Übernachtungsstätten

Die Notunterkünfte für die ankommenden Flüchtlinge bei Kriegsende – bis auf die Jahnhalle Bunker – entwickelten sich später, nachdem diese entweder in Wohnlagern oder in Untermietsverhältnissen untergebracht worden war bzw. Hamburg wieder verlassen hatten, zu Übernachtungsstätten für Durchreisende, die aufgrund des Hotelbettenmangels in Hamburg keine andere Unterkunft finden konnten. Es waren Personen, die sich ein paar Tage in Hamburg zu Besuchen aufhielten. Jedoch fanden dort auch vorwiegend illegal zugewanderte Flüchtlinge aus der Sowjetischen Besatzungszone und die vor der Währungsreform zwischen den Zonen pendelnden Schwarzhändler ein Dach über dem Kopf.

Die Übernachtungsstätten waren abends erst ab 18 Uhr aufnahmebereit und mußten morgens um 8 Uhr wieder verlassen werden. Vor allem wegen der bestehenden Verwanzungsgefahr gab es zunächst weder Matratzen noch Decken. Erst im Laufe der Jahre stattete die Sozialverwaltung die Übernachtungsstätten mit Liegen aus.

> „Im Hochbunker Baustraße geschah die Unterbringung in den damals auch hinreichend durchwärmten Abteilen, in denen sich nichts befand, außer zwei einfachen Holzbänken mit Rückenlehne, also keine Holzwolle-Zellstoffsäcke und keine Wolldecken. Ich fand die Bänke zum Liegen sehr kurz (ca. 1,50 m lang), muß aber erwähnen, daß die Übernachtungsmöglichkeiten auf diesen Holzbänken ohne weitere Bequemlichkeit ausgezeichnet dem Zweck entsprach, denn es war dadurch der Ungezieferübertragung bestmöglich entgegengetreten. Ich hätte es begrüßt, wenn auch für die weiteren Nachtgäste, die natürlich auf dem Betonfußboden kampierten, eine gleiche Liegegelegenheit vorgesehen werden könnte. In dem kleinen Betonraum von vielleicht 2,50 m Länge und etwa 1,80 m Breite übernachteten wir mit sieben Mann: Zwei auf den Bänken, einer unter meiner Bank, zwei zwischen den Bänken, und zwei quer auf der kleinen freien Fläche innerhalb des Raumes vor dem Eingang! Es muß dabei gesagt werden, daß der umhergehende Pfleger oder Wärter uns bei dem stärker werdenden Andrang ersuchte, auf den Bänken zu sitzen, um mehr Personen wenigstens Sitzgelegenheit zu geben. Es muß aber darauf hingewiesen werden, daß alle Gäste zu ermüdet waren, daß sie lieber auf dem an sich nicht kalten, weil durchwärmten Betonfußboden auf ihrer Decke liegen, als auf den Bänken die Nacht über sitzen wollten, was durchaus erklärlich ist."
> C.R. Reh von der Berufsvereinigung Hamburger Journalisten an Senator Nevermann am 24.3.1946

> „Alte Leute von weit über 60 Jahren schlafen hier ohne Kissen und ohne jede Wolldecke auf den nackten Spiralen, also schlimmer wie ein Tier; denn dieses ruht doch wenigstens auf Heu oder einer Wiese."
> Anna E. an die Arbeiterwohlfahrt am 18.6.1948

Nach dem großen Andrang auf die Übernachtungsstätten im Zuge der unkontrollierten Zuwanderung nach Hamburg im Jahre 1945/46 entwickelten sich die zunächst neun, später fünf Übernachtungsstätten mehr und mehr zu klassischen Obdachlosenasylen. Denn Notunterkünfte in Kellern und auf Trümmergrundstücken wurden zusehends baufälliger, zerfielen und konnten nicht mehr repariert werden. Dies galt auch für Wohnlager, die dem Wohnungsneubau weichen mußten. Deshalb blieb vielen Menschen keine andere Möglichkeit, als wochenlang in den Übernachtungsstätten zu leben, bis sie eine andere Unterkunft gefunden hatten.

In den von der öffentlichen Meinung zunehmend als „Verbrecherhöhlen" angesehenen Übernachtungsstätten sollten die Einweisungsstellen in Zusammenarbeit mit Polizei und Landesjugendamt die öffentliche Ordnung aufrechterhalten werden. Dies wurde mittels Razzien und per Sondermeldevorschrift für Durchreisende versucht durchzuführen. Die größte und zugleich wichtigste Auffang-, Beratungs- und Leitstelle blieb die von 1945 bis 1954 bestehende Jahnhalle.

Der „Schandfleck Jahnhalle" für das „wieder schön gewordene Hamburg" war vor allem in den beginnenden 50er Jahren immer wieder ein Thema der hamburgischen Presse, z. B. in einem Artikel des Hamburger Echos vom 30.1.1950, das unter der Überschrift „Die Halle der Verzweifelten" schrieb: „Draußen steht ‚Für Durchreisende' dran. Drinnen steht Elend, Not, Dreck, Hunger, Liebe, Haß und Verzweiflung ... Es ist ein schmutziges Durcheinander. Nicht alle haben Sitzplatz an diesen kalten Tagen. Frauen mit zerzausten Haaren wiegen schreiende Kinder. Männer grölen (...). 500 gr. Brot am Tag, einen Klacks Margarine, einen Klacks Marmelade und einen Schlag Eintopf werden sie davon satt (...). Woher sie kommen? Aus Aue, aus Chemnitz, aus Dresden, überhaupt aus der Ostzone (...). Sie kamen per Anhalter, alle nach Hamburg. Hamburg ist wie ein Zauberwort (...)."

HILFEN

„Deutsche Hilfsgemeinschaft" (DHG) und andere karitative Initiativen

Auf Anregung der britischen Militärregierung wurde am 18.10.1945 in Hamburg die „Deutsche Hilfsgemeinschaft", in der die Organisationen der freien Wohlfahrtspflege zusammengefaßt und koordiniert arbeiten sollten, gegründet. So bestand die DHG nicht aus Einzelpersonen, sondern aus Behörden, Organisationen und Verbänden, die gemeinsam einen Arbeitsausschuß bildeten.

ARBEITSAUSSCHUSS DER DHG
BEHÖRDEN:
Sozialverwaltung,
Amt für Wiedergutmachung und Flüchtlingshilfe,
Gesundheitsverwaltung,
Jugendamt,
Wohnungsamt,
Bauverwaltung,
Landesarbeitsamt,
Hauptversorgungsamt Nordmark.

KULTURVERWALTUNG, WIRTSCHAFTS UND BERUFSORGANISATIONEN:
Handelskammer Hamburg,
Handwerkskammer Hamburg,
Verwaltungsausschuß der freien Gewerkschaften.

KIRCHEN:
Evangelisch lutherische Kirche,
Römisch katholische Gemeinde in Hamburg,
Jüdische Gemeinde in Hamburg.

VERBÄNDE DER FREIEN WOHLFAHRTSPFLEGE:
Hilfswerk der Evangelischen Kirche,
Innere Mission,
Caritas,
Arbeiterwohlfahrt,
DRK.

> „WORTFÜHRER DER NOTLEIDENDEN":
> Hamburger Flüchtlingsausschuß,
> Reichsbund der Körperbehinderten und Hinterbliebenen, Komitee ehemaliger politischer Gefangener.
> (Informationsfaltblatt DHG 1945)

Dieser Zusammenschluß von Wohlfahrtsorganisationen mit enger Verbindung zur Sozialverwaltung – sie prüfte Anträge auf Gewährung von Unterstützung durch die DHG – war einzig in Deutschland und sicherte großen staatlichen Einfluß bei der Ausführung der Wohlfahrtsmaßnahmen. Die DHG sollte dort eingreifen, wo die öffentliche Fürsorge nicht mehr ausreichte.

Unter der Losung „Deutsche helfen Deutschen" galt die Arbeit der DHG der durch Krieg und NS-Herrschaft entstandenen Not; bis 1948 dabei vor allem Flüchtlingen. Außer der Bekleidung kamen alle Spenden, wie Möbel und Einrichtungsgegenstände, zum Beispiel für die Einrichtung von Nissenhütten, aus deutschen Quellen. Mit öffentlichen Sammlungen und einem Förderkreis sollte den „in Not befindlichen Flüchtlingen", entlassenen Soldaten, Kriegsbeschädigten und anderen „am Leben verzweifelten Opfern der Verhältnisse" geholfen werden. Dazu wurde u.a. ein sogenanntes Patenschaftsbüro am 2.1.46 geöffnet.

Vor allem publikumswirksame Veranstaltungen und Aktionen, wie z. B. Gartenfeste in Planten un Blomen und Sammelaktionen, wie „Heimgekehrte sammeln für Heimkehrer gegen alle Not", dienten zur Beschaffung finanzieller Mittel, die entweder unmittelbar zur Unterstützung der staatlichen Fürsorge oder der freien Wohlfahrtspflege dienten.

Unmittelbar erreichte die DHG die Menschen in Bunkern und Lagern über die Arbeit der „Kulturellen Abteilung", die ein breit gefächertes Programm – Lichtbildervorträge, Theater, Puppenspiele, Kulturfilme – für Erwachsene und Kinder anbot und Wanderbüchereien einrichtete. Der Beauftragte der DHG für die kulturelle Arbeit war gleichzeitig auch Mitarbeiter in der behördlichen Kulturverwaltung.

> „Ausgehend von der Erkenntnis, daß es nicht genügt, mit materieller Hilfe der großen Not nach dem Zusammenbruch entgegenzutreten, sondern daß auch Herz und Seele der Notleidenden angesprochen und wieder aufgerichtet werden müssen, entschloß sich die DHG bei ihrer Gründung zur sozialen Kulturarbeit (...). Die Kulturarbeit wurde nicht minder verantwortungsvoll als die sonstige umfangreiche soziale Arbeit der DHG mit dem ausgesprochenen Ziel geführt, die Lösung des inneren Starrkrampfes all der Verbitterten und Leidgeprüften zu bewirken und entscheidend mitzuhelfen, die Verzweiflung und Hoffnungslosigkeit zu bekämpfen,"
> *aus: Ein Jahr kultureller Betreuung der DHG am 30.9.1946*

Ausdrücklich widmete sich die DHG auch der Wohlfahrtsarbeit für Flüchtlinge außerhalb Hamburgs. Im Lauf der Zeit verlagerte sich die Arbeit vorwiegend zu langfristigen Projekten, die nicht gezielt für Kriegsgeschädigte, wie Bombengeschädigte, Kriegsversehrte, Flüchtlinge bestimmt waren, sondern die allgemeinen sozialen Mißständen galten.

Wie eng die Verflechtung der Organe der freien und staatlichen Wohlfahrtspflege mit der Konstruktion DHG geworden war, macht ein Rundschreiben von Senator Heitgres aus dem Jahr 1945 deutlich, in dem er darauf hinwies, „daß die bestehenden Unterausschüsse der DHG nicht mit dem hauptamtlich aufzubauenden Flüchtlingsausschuß identisch sind. Es ist aber zum Teil möglich bzw. sogar erforderlich, daß die gleichen Sachbearbeiter in Personalunion die Verantwortung in dem Flüchtlingsausschuß übernehmen, soweit es neben der zu leistenden Arbeit durchführbar ist."

Ausdruck des halbstaatlichen Charakters der DHG ist auch, daß in Hamburg kein – wie die Kontrollkommission für die britische Zone beschlossen hatte – Wohlfahrtsausschuß ins Leben gerufen, sondern diese Koordinierungsarbeit von der DHG übernommen wurde. Private, in der Regel einmalige Hilfsaktionen wurden häufig gemeinsam mit der staatlichen Fürsorge initiiert bzw. durchgeführt. Der englische Zirkus William lud im Mai 1946 über 7.000 Flüchtlings- und Waisenkinder in Zusammenarbeit mit der Education Branch der britischen Besatzungsbehörde und der Schulfürsorge ein. Für besonders unterernährte Flüchtlingskinder organisierte die Flüchtlingsfürsorge Sonntagsfreitische bei Hamburger Bauern. 1948 wurden 4.940 Kinder bewirtet und von ehrenamtlichen Mitarbeiterinnen aus den Landsmannschaften betreut.

Die meisten Auslandsspenden – Bekleidung, Spielsachen und Pakete für Flüchtlingsfamilien – kamen, vor allem in der unmittelbaren Nachkriegszeit, aus Schweden. Bereits im Januar 1946 sandte das Schwedische Rote Kreuz für 15.000 Kinder Essen nach Deutschland, von denen Hamburg 40% und das Ruhrgebiet 60% erhielten.

Sporadisch kam auch aus dem übrigen Ausland Hilfe. Noch während der Besatzungszeit 1948 stellte das britische Rote Kreuz wöchentlich 50 Kleidungsstücke für und Flüchtlinge zur Verfügung. Die argentinische Regierung spendete im Frühjahr 1948 5.000 Lebensmittelpakete.

Durch die Arbeit der DHG spielten die Einzelorganisationen der freien Wohlfahrtspflege, wie z.B. die Arbeiterwohlfahrt (AWO) und vor allem das Deutsche Rote Kreuz (DRK) bei der Betreuung der Flüchtlinge im Gegensatz zu anderen Regionen Deutschlands eine vergleichsweise geringe Rolle. Da das Evangelische Hilfswerk eine halbe Million RM für zweckgebundene „Ostvertriebenenhilfe" aus Mitteln der DHG erhalten hatte, konnte es 1946 zusätzliche Lebensmittel an Lagerbewohner verteilen. Im Dezember 1946 hatte es 3.240 ehrenamtliche und 310 amtliche Helfer. Neben der Verteilung von Kleidung und Lebensmitteln gehörte zum Aufgabenbereich Flüchtlingsbetreuung des Evangelischen Hilfswerks die Unterhaltung eines Landwirtschafts- und Erziehungsheims für jugendliche Flüchtlinge und entlassene Strafgefangene in Tangstedt. Ebenfalls wurde von ihm ein Heim für Mütter und Kleinkinder in der Nähe des Hamburger Hauptbahnhofes betreut.

Staatliche Fürsorge

Dem Amt für Flüchtlingshilfe oblag die erste notdürftige Versorgung mit Kleidung, Möbeln und Hausrat. Bezugsberechtigt waren für diese in der Regel zu bezahlenden und in jener Zeit schwer beschaffbaren Güter Personen, die ihre Bedürftigkeit, welche gegebenenfalls bei „Hausprüfungen" kontrolliert werden konnte, nachwiesen. Die Flüchtlingsfürsorge erhielt 15% des Gesamtkontingents der DHG, die diese Sachmittel verwaltete.

Die Zuzugspolitik Hamburgs bewirkte, daß sich die Fürsorge ab 1946 in der Regel auf die Gewährung einzelner nicht dauerhafter Leistungen beschränken konnte und nicht eine Massenzuwanderung von Flüchtlingen zu betreuen hatte, wie in den anderen Flüchtlingsaufnahmeländern. „Der Charakter der Flüchtlingsarbeit ist ein fürsorgerischer. Deckung des notwendigen Bedarfs an Bekleidung, Möbel und Hausrat, um Einsatzfähigkeit im Mangelberuf sicherzustellen. Die Voraussetzung des Aufenthaltes der Flüchtlinge in Hamburg, Übernahme einer produktiven Tätigkeit, gibt, sozial gesehen, dem Flüchtlingsproblem in Hamburg eine verhältnismäßig günstige Note,"
Bericht über das Amt für Flüchtlingshilfe vom 13.5.1949

Der Anteil der Fürsorgeempfängerinnen und -empfängern unter den Flüchtlingen lag weit unter ihrem Anteil an der Gesamtbevölkerung; 1948: 3,4% und 1950: 3,3%. Mit rückgekehrten „Butenhamborgern" genossen sie, sofern sie sich noch Hausrat und Möbel anschaffen mußten, den Vorteil, daß zeitweilig Ersparnisse auch in größerer Höhe nicht bei der Berechnung der Unterstützungsleistungen berücksichtigt wurden. Im Rahmen der Zuzugspolitik Hamburgs wurden die Erwerbstätigen in die Stadt hineingelassen und die „Sozialfälle" blieben weitestgehend vor den Toren der Stadt. Dies zeigte positive Auswirkungen auf den Sozialhilfehaushalt: 1948 betrug im Hamburger Haushalt der Gesamtetat im für das Wohlfahrtswesen 12,5%. Der Anteil der Flüchtlingsfürsorge lag mit 1.640.300.- RM nach wie vor bei nur 1,7%. 1950 gab die Hansestadt pro Einwohner 1,33.-DM für Vertriebene (Bundesdurchschnitt 6,19.- DM), 0,58.- DM für Flüchtlinge (Bundesdurchschnitt 0,52.- DM) und 0,08.- DM für Evakuierte (Bundesdurchschnitt 1,05.-DM) aus. Der relativ höhere Summe für Flüchtlinge aus der DDR ist auf die rechtliche Gleichstellung mit Vertriebenen zurückzuführen (siehe Seite 87).

Nach Anweisung Nr. 10 der Kontrollkommission der britischen Besatzungszone aus dem Jahre oblag es den Aufnahmegebieten, die medizinische Betreuung der Flüchtlinge zu organisieren. In Hamburg ging dies vom Amt für Flüchtlingshilfe und der Gesundheitsbehörde aus. Zunächst, bis etwa 1947, stand den durch die Strapazen der Flucht überdurchschnittlich von Krankheiten betroffenen Flüchtlingen ein Hilfskrankenhaus in Bergedorf zur Verfügung. Da in der Regel nur Erwerbsfähige aufgenommen wurden, war Im Verhältnis zu anderen Ländern die Zahl der Erkrankten, nachdem der Zuzug einigermaßen geregelt verlief, jedoch relativ klein. So waren im April 1946 bei der Untersuchung von 25% der im Lager lebenden Flüchtlinge nur wenige TBC-Krankheitsfälle festgestellt worden. Dennoch strebte die Flüchtlingsfürsorge an, möglichst alle in Hamburg ankommenden Flüchtlinge zu untersuchen, denn die Sorge, daß sich Seuchen ausbreiten könnten, war groß. Nachdem 1947 bereits ein Antrag zur „gesundheitlichen Überholung der Flüchtlinge" vom Senat abschlägig beschieden worden war, beschäftigte sich zu Jahresbeginn 1948 die Sozialbehörde mit der Frage, mit welchen Mitteln die gesundheitliche Verfassung der Vertriebenen und Flüchtlinge am besten systematisiert und kontrolliert werden könne. Methoden wie „willkürliche Razzien" und systematische Erfassung der Flüchtlinge zur Untersuchungen in ihren Wohnungen wurden letztlich als „zu aufwendig" abgelehnt. So blieb es bei dem Verfahren, möglichst die ankommenden Flüchtlinge zu untersuchen.

DIE STAATLICHE VERWALTUNG: ZWISCHEN KONTINUITÄT UND WANDEL

Ämter und Ausschüsse

Aufgrund der relativ geringen Anzahl an Flüchtlingen nahm Hamburg bei der Schaffung spezifischer Flüchtlingsinstitutionen sehr zurückhaltend bzw. reagierte erst, wenn überregionale Entwicklungen dies unumgänglich machten. Die Anweisung der Britischen Kontrollkommission vom November 1945, beratende Flüchtlingsausschüsse einzurichten, befolgte Hamburg zunächst nicht.

Aber etwa zur gleichen Zeit wurde das „Amt für Wiedergutmachung und Flüchtlingshilfe" eingerichtet. Ebenfalls im November 1945 trat Franz Heitgres, Kommunist (1954 aus der KPD ausgeschlossen, Vorsitzender der VVN (Vereinigung der Verfolgten des Naziregimes) im britischen Be-satzungsgebiet und späterer Bürgerschaftsabgeordneter in den Senat ein und übernahm die Leitung des Amtes. Heitgres hatte die Verantwortung für die Lenkung der Flüchtlinge, und der der „Butenhamborger". Außerdem war das „Amt für Wiedergutmachung und Flüchtlingeshilfe" zuständig, nicht aber für Unterbringung und Versorgung. Diese Aufgabe blieb bei der Lagerverwaltung des „Amtes für Wohlfahrtsanstalten".

Im Januar 1946 wurde dann auch in Hamburg ein Flüchtlingsausschuß zur Koordination der Betreuung eingerichtet. Er entsprach in seiner Zusammensetzung zwar annähernd der der „Sozialen Arbeitsgemeinschaft", nahm aber längst nicht so eine wichtige Rolle ein, da inzwischen Institutionen zur Flüchtlingsbetreuung geschaffen worden waren. Er tagte später nur noch in Unterausschüssen und erfüllte seine ursprüngliche Aufgabe, übergreifend koordinierend zu wirken, nicht. Ebensowenig entwickelte der 1946 eingesetzte bürgerschaftliche Flüchtlingsausschuß, der erst ab 1948 relativ regelmäßig tagte, eine große Aktivität.

Um die Antragstellung auf Aufenthalts- und Zuzugsgenehmigungen zu erleichtern, wurde im April 1946 für Flüchtlingsangelegenheiten eine Baracke mit einer Flüchtlingsberatungsstelle gesondert neben dem Wohnungsamt, Abteilung Zu- und Abzug in der Baumeisterstraße aufgestellt. In enger Zusammenarbeit mit dem Wirtschafts-, Arbeits und Wohnungsamt, der Sozialverwaltung und der Erfassungsstelle für entlassene Soldaten sollten Flüchtlinge beraten, betreut, registriert, sowie ihnen lange Behördenwege erspart werden.

Nach eineinviertel Jahren, am 1.4.47, wurde der Bereich der Flüchtlingsbetreuung des „Amtes für Wiedergutmachung und Flüchtlingshilfe" der Sozialverwaltung angegliedert und organisatorisch mit der Lagerverwaltung verbunden. Das Amt existierte als „Amt für Wiedergutmachung" weiter. Ziel der Umstrukturierung war, die Betreuung und Fürsorge durch die Anbindung an die Sozialbehörde zu verbessern. Neun Bedienstete des

Amtes wurden von der Sozialverwaltung übernommen. Sowohl auf sozial-demokratischer Seite, durch den Bürgerschaftsabgeordneten Gerhard Brandes, der befürchtete, daß Flüchtlinge mit dieser Regelung „zu kurz kommen" würden, als auch auf CDU-Seite bei Linus Kather, der die Position vertrat, daß Flüchtlingshilfe keine Angelegenheit der Sozialverwaltung sei, stieß die Auflösung des Amtes für Wiedergutmachung und Flüchtlingshilfe auf Kritik.

Während der Amtszeit von Heitgres (KPD) war der Sozialdemokrat Paul Nevermann, späterer Bausenator und Hamburgs Erster Bürgermeister, Sozialsenator. Nach der ersten Bürgerschaftswahl im Oktober 1946 übernahm Heinrich Eisenbarth (SPD) dieses Amt, dem zuvor die Gesundheitsverwaltung und das Landesjugendamt unterstanden hatten. Stellvertretender Leiter des „Amtes für Wohlfahrtsanstalten" und Leiter der Lagerverwaltung wurde Willi Elsner. Elsner, aktives Gründungsmitglied der Nachkriegs-SPD in Hamburg, konnte zumindest theoretisch ein Korrektiv zu dem Leiter des Amtes für Wohlfahrtsanstalten, Georg Steigertahl, einem willigen Vollstrecker nationalsozialistischer Vernichtungspolitik, bilden. Nach dem Tod Eisenbarths im August 1950 übernahm als Interimssenatorin Paula Karpinski (SPD) die Sozialbehörde. Ihr folgte im Januar 1951 bis zum Ende der Legislaturperiode 1953 Gerhard Neuenkirch (SPD), der gleichzeitig Präses der Arbeitsbehörde war.

Erst nach der Bürgerschaftswahl im Herbst 1953, aus der der bürgerliche liberalkonservative Hamburg-Block siegreich hervorgegangen war, gab es für die Dauer einer Legislaturperiode (1953 - 1957) ein selbständiges Flüchtlingsamt. Bis 1953 gehörte das Amt für Flüchtlingshilfe zur Sozialbehörde. Zusätzlich wurden die in den Lagern der Sozialbehörde lebenden Flüchtlinge und Vertriebenen von der Abt. Lagerverwaltung fürsorgerisch betreut. Die individuelle Betreuung, für die bevorzugt Fürsorger und Fürsorgerinnen aus Kreisen der Vertriebenen eingesetzt wurden, erfolgte über die Bezirkssozialämter.

Experten und Expertinnen scheinen unerläßlich

Wie gelang es in dem Chaos der zerstörten Stadt, das Flüchtlingsproblem zu bewältigen? Die britische Besatzungsmacht und die hamburgische Regierung konnten, im Gegensatz zu kleineren Gemeinden, auf einen in Fragen der Bevölkerungslenkung erprobten Verwaltungsapparat zurückgreifen, da die Behörden bereits nach dem Feuersturm auf Hamburg im Jahr 1943 eine große Zahl von Menschen evakuieren mußten. Die akute, durch die Flüchtlingszuwanderung noch verstärkte Not der Menschen in Hamburg ließ es nicht zu, den unter nationalsozialistischer Herrschaft eingespielten Personal- und Verwaltungsapparat der Sozialverwaltung aufzulösen.

Die Folge daraus war: Strukturen, die durch das Nazi-Regime geprägt waren, blieben bestehen und Verwaltungsangstellte/-beamte, die das nationalsozialistische Gedankengut verinnerlicht hatten, blieben im Amt. Je mehr Flüchtlinge in die Stadt kamen, desto mehr stand die maximale Funktionalität der Verwaltung im Vordergrund des politischen Handelns. Höhere Beamte wurden nicht vom Dienst dispensiert, und es kam bei der Sozialverwaltung zu Wieder- und Neueinstellungen von politisch belasteten Personen, derer es sonst nicht bedurft hätte. So sah sich selbst der Sozialdemokrat Paul Nevermann, angesichts der vielen nach Hamburg drängenden Flüchtlinge veranlaßt, sich bei der britischen Militärregierung für einen politisch belasteten leitenden Beamten der Sozialverwaltung einzusetzen, den die Militärregierung aus dem Amt entlassen wollte.

> *„Wer in diesen Wochen in der Stadtverwaltung verantwortlich arbeitete, kam bald in die Mühle des Täglichen. Da wurden bald hundert Wolldecken für Flüchtlinge wichtiger als Parteiprogramme."*
> Paul Nevermann 1955.

Auch die Lagerverwalter der Deutschen Arbeitsfront (DAF) wurden von der Sozialverwaltung übernommen. Im Juli 1945 waren 793 Arbeitskräfte in der Lagerverwaltung tätig, die sich im wesentlichen aus den ehemaligen DAF-Angehörigen rekrutierten. Ehrenamtliche Kräfte, die vor dem 1.4.1933 in die NSDAP oder einer ihrer Gliederungen eingetreten waren, schieden dabei aus. Die meisten DAF-Angehörigen wurden von der Sozialverwaltung jedoch in ein dauerhaftes Arbeitsverhältnis übernommen; wobei es bei einem erneuten Entnazifizierungsschub im November 1945 noch zu einigen Entlassungen kam.

Die Aufgaben der „Flüchtlingslenkung", also der Weiterleitung in andere Aufnahmegebiete, die während der NS-Zeit der „Nationalsozialistischen Volkswohlfahrt" (NSV) oblagen, wurden nach dem Krieg bis zur Einrichtung des „Amtes für Wiedergutmachung und Flüchtlingshilfe" ebenfalls der Lagerverwaltung übertragen. Im Gegensatz zum Verfahren bei der DAF waren keine Abteilungen der NSV direkt von Behörden übernommen worden. Die Aufgaben der NSV fielen wieder in die Kompetenz der Fachbehörden (auch der Polizei) bzw. an das Rote Kreuz.

Insgesamt waren am 1. Mai 1945 bei der Sozialverwaltung 1047 NSDAP-Mitglieder tätig, davon wurden bis zum 31.7.45 lediglich 28 Beamte, 48 Angestellte und vier Arbeiter entlassen. Jedoch, erforderte es die momentane soziale Situation in Hamburg, dann wurden bereits vorgenommene Entlassungen auch wieder rückgängig gemacht. So setzte sich im August 1945 Sozialsenator Martini für den von ihm als dringend notwendig erachteten Einsatz von 90 stellungslosen Volkspflegerinnen der aufgelösten „Nationalsozialistischen Volkswohlfahrt" an. Ebenso sollten die ab 31.7.45 entlassenen Bunkerwarte, die zuvor der Polizei unterstanden hatten, im August von der Sozialverwaltung wieder neu eingestellt werden. Die im Protokoll überlieferte lapidare Begründung: „Ein Bunker muß vom einem Bunkerwart betreut werden", ist in ihrer Banalität prägnantes Zeugnis einer Haltung, die der Aufrechterhaltung der öffentlichen Ordnung uneingeschränkte Priorität vor einer eventuellen Neuordnung der Verwaltung einräumte.

Ab 1.11.45 übernahm die britische Besatzungsmacht die Verwaltung der zunächst auch zu der Sozialverwaltung gehörenden noch verbliebenen DP-Lager, da sie unter die Oberhoheit der UNRRA (United Nations Relief and Rehabilitation Administration, Flüchtlingshilfsorganisation der Vereinten Nationen) gestellt worden waren. In diesen Lagern waren die ehemaligen DAF-Angehörigen ebenfalls noch in der Lagerleitung tätig, d. h. die ehemaligen Zwangsarbeiterinnen und Zwangsarbeiter lebten immer noch mit ihren Bewachern. Der Plan Nevermanns, zumindest bei den DP-Lagern die ehemaligen DAF-Angehörigen durch „Antifaschisten" zu ersetzen, scheiterte an der abwehrenden Haltung der britischen Besatzungsmacht. Dagegen schieden die zunächst in der „Rückkehrer-Leitstelle-Ost" tätigen Vertreter und Vertreterinnen der DAF und der NSV nach der Befreiung aus. Das „Amt für Wohlfahrtsanstalten" arbeitete im wesentlichen in der gleichen personellen Zusammensetzung und in unverändertem strukturellen Aufbau, wie in Zeiten des NS-Regimes.

Neuanfänge?

Von einer lückenlosen Kontinuität in den Personal- und Verwaltungsstrukturen des NS-Staates zum demokratischen Staat kann allerdings nicht gesprochen werden. Es gab beim Aufbau des demokratischen Deutschlands genügend Aufgaben, die mit den vorhandenen Strukturen nicht zu lösen waren und nur mit einem hohen Maß an unkonventionellen Lösungen bewältigt werden konnten. Dies zeigt sich z. B. an der Einrichtung des „Amtes für Wiedergutmachung und Flüchtlingshilfe", das in der organisatorischen Zusammenfassung von Flüchtlingshilfe und Wiedergutmachung unter der Leitung eines kommunistischen Senators Signale eines Neuanfangs setzte. In schriftlichen Äußerungen der Flüchtlingsfürsorge, sowohl von Seiten des Leiters, Friedrich Brunnenberg, als auch bei seinen Mitarbeitern und Mitarbeiterinnen kommt ein fürsorgerisches Denken zum Tragen, das versuchte, demokratischen Grundsätzen und den individuellen Bedürfnissen der Menschen gerecht zu werden. Die Menschen in Obdachlosenasylen wurden nicht mehr als „minderwertig", sondern als „sozial schwach" bezeichnet. Die menschenverachtende Terminologie gehörte hier der Vergangenheit an

Doch trotz neuer Ansätze hatten personelle Kontinuitäten hatten vor allem im Bereich der Sozialverwaltung auch inhaltliche Kontinuitäten zur Folge, insbesondere in einer Zeit, in der aufgrund der herrschenden Not kaum Reflexionen über das vergangene stattfanden und die Entwicklung neuer fürsorgerischer oder sozialpflegerischer Konzepte keinen Raum fanden. So blieben Wertvorstellungen, Strukturen, Handlungs- und Denkweisen der nationalsozialistischen Sozialverwaltung in ihrem Kern bestehen, wenn auch die Konsequenzen andere waren – sie führten nicht mehr bis zur Vernichtung der Klientel.

Neu in den Dienst der Sozialverwaltung getretene alte Sozialdemokraten, wie Willi Elsner oder Paul Nevermann standen für eine andere Sprache und ein anderes Denken und – hin und wieder – auch für ein anderes Handeln. Dennoch übernahmen und arrangierten sie sich in weiten Teilen mit den vorgefundenen Strukturen eines Apparates, an dessen Spitze sie ohne hierfür Erfahrung gesammelt zu haben und wohl auch zunächst ohne große Sachkenntnis, Leitungsaufgaben unter den Bedingungen der unmittelbaren Nachkriegszeit übernehmen mußten.

Nationalsozialistisches Gedankengut bleibt erhalten.

Nationalsozialistisches Gedankengut, das in seiner Verbalisierung mit fortschreitender Zeit eine stärkere Verklausulierung erfuhr, hatte innerhalb der Sozialverwaltung weiterhin einen Platz. Es findet sich nicht nur bei den Berichten der subalternen Bediensteten aus Lagern und Bunkern, sondern auch bei den führenden Beamten, insbesonders beim Leiter des „Amtes für Wohlfahrtsanstalten", Georg Steigertahl. Nicht nur in den ersten Nachkriegs-monaten bediente er sich der alten Nazi-Terminologie. So sprach er, als er stärkere Kontrollen in den Durchgangslagern forderte, vom „gutem Menschenmaterial", welches neben „lichtscheuen Elementen" leben müsse. Auch Jahre später wird in seinen veröffentlichten Erinnerungen an seine Dienstjahre sein ungebrochenes Verhältnis zu dieser Terminologie deutlich. Seine Klientel beschrieb er hier mit den Worten: „fragwürdige Elemente, Lebensuntüchtige, Stumpfe, Halbe Kräfte".

Die Opfer des „Dritten Reiches" waren noch immer die Verachteten und galten als die Schuldigen für herrschende Mißstände. So wurde z. B. die Schuld für den schlechten Ruf der Übernachtungsstätte „Schule Lämmermarkt" vor allem bei den ehemaligen holländischen Zwangsarbeitern gesucht. Dort waren „neben ca. 500 deutschen Flüchtingen 150 holländische Rückwanderer und 10 englische Soldaten untergekommen." Die vermeintliche Folge: (…) und unter dem Einfluß der Ausländer (haben) sich besonders in sexueller Beziehung dort Lebensformen entwickelt, die die hamburgische Verwaltung keineswegs dulden kann."

Auch eine Gleichsetzung von slawischer Rasse und Minderwertigkeit findet sich noch in einem Lagerbericht aus den 50er Jahren wieder: „Unter den Flüchtlingen zeichnen sich die aus dem deutschen Osten und dem Sudetenland durch Ordnungsliebe, Sauberkeit, Fleiß und ein stark ausgeprägtes Verantwortungsgefühl gegenüber der Gemeinschaft und ihrem Deutschtum gegenüber aus. Diese Gruppe bildet ein tragendes Element im Lager (…). Die Flüchtlinge aus Polen sind dagegen in der Regel primitiv, sprechen häufig kaum noch deutsch und haben sich mehr oder weniger den polnischen Lagerbewohnern angeschlossen." *Aufschlüsselung der Sozialstruktur der deutschen Bewohner im Lager Fischbek 21.2.1953.*

Ordnungsliebe, Fleiß, Sauberkeit, Disziplin war die Devise. Darüber hinaus hatten vor allem Frauen ein sittlich einwandfreies Verhalten zu zeigen. Dies war den Soldatenfrauen und Kriegerwitwen in der NS-Zeit eingeimpft worden und diese Aufrechterhaltung der sexuellen Disziplin als fürsorgerisches Ziel galt nach wie vor auch für die alleinstehenden Frauen der Nachkriegszeit. So galten ledige oder verwitwete Frauen mit Kindern, die in einem Wohnheim lebten, bereits als sozial schwierig, wenn sie sich mit anderen dort lebenden Müttern in der Aufsicht für die Kinder abgesprochen hatten, um mal abends ausgehen zu können, oder wenn sie Beziehungen zu Männern pflegten. Da sie zuvor schweren seelischen Belastungen durch Krieg und Flucht ausgesetzt waren, wurde ihnen dies teilweise als Entschuldigung für das vermeintliche Fehlverhalten zugebilligt.

Arbeitspflicht: ein weiteres Erbe

„Die kulturellen Veranstaltungen in unseren Lagern haben den Zweck, den Insassen derselben Erholung und seelische Entspannung zu bringen. Gleichzeitig ihnen wieder neuen Lebensmut zu geben und damit eine neu erwachende Arbeitsfreudigkeit," erklärte die DHG im November 1945 gegenüber der Sozialverwaltung.

Die Wiedererlangung der „Arbeitsfreude" galt als Ziel, und „Arbeit" als das Mittel fürsorgerischer Betreuung. „Arbeit und immer nur Arbeit" helfe den Flüchtlingen über ihre schwierige Not hinweg, teilte die Sozialverwaltung in einem Rundbrief an die „Lagerführer" mit.

Die vom Landesfürsorgeamt organisierte Arbeitsfürsorge ab Juli 1945 stand in der Kontinuität der bereits 1930 auf der Basis der Reichsverordnung über die Fürsorgpflicht von 1924 durchgeführten Arbeitsfürsorge, die sich im Nationalsozialismus in Hamburg zu unterschiedlich gehandhabten Formen der Pflichtarbeit bis hin zur Zwangsarbeit in geschlossenen Lagern entwickelte. Sie blieb auch nach Kriegsende ein Arbeitsbereich des Landesfürsorgeamtes.

Der sogenannten fürsorgerischen Betreuung durch Arbeit konnten sich auch in der Nachkriegszeit die Lagerbewohner nicht entziehen. Jedoch drohte den Verweigerern jetzt nicht mehr – wie im Nationalsozialismus – Zeit die Einweisung in eine geschlossene Anstalt und ein Entmündigungsverfahren. Die Drohung beschränkte sich auf die Verweigerung der Lagerunterkunft. Die Vereinbarungen und Regelungen zur Durchführung der Pflichtarbeit für Flüchtlinge tragen die Unterschrift des neu ins Amt gelangten Sozialdemokraten Paul Nevermann.

Pflichtarbeit, meist nun als U-Arbeit (Unterstützungsarbeit) bezeichnet, mußten arbeitsfähige männliche Flüchtlinge leisten, die in den Lagern der Sozialverwaltung, einschließlich der Durchgangslager lebten, dort verpflegt wurden und sich länger als sieben Tage in Hamburg aufhielten. Allerdings betraf die Pflichtarbeit nur fürsorgebedürftige Flüchtlinge, die sich in der Regel nur übergangsweise in Hamburg aufhielten. Für ihre Arbeitsleistung gab es eine Prämie von 0,75 bis 1,00 RM pro Tag (Ein Industriearbeiter verdiente durchschnittlich zu der Zeit 0,89 DM die Stunde). Eine Arbeitsverweigerung konnte eine gänzlichen Verpflegungssperre nach sich ziehen. In „beharrlichen Fällen" drohte dem Arbeitsverweigerer auch die Ausweisung aus dem Lager. Eine öffentlich zur Hebung der Lagerdisziplin ausgehängte Lagerordnung informierte über die Arbeitspflicht und die Konsequenzen, die eine Verweigerung mit sich bringen würden. Jedoch reichten die angedrohten Sanktionen offenkundig nicht aus. Es wurden Razzien zum Aufgreifen der Arbeitsunwilligen durchgeführt.

Die Flüchtlinge wurden in allen Lagern der Stadt und oft im Bereich der Trümmerräumung eingesetzt. Bei der Lagerverwaltung waren vor allem Instandsetzungsarbeiten unter Anleitung besoldeter Handwerker des „Amtes für Wohlfahrtsanstalten" zu leisten, da die britische Besatzungsmacht den Einsatz regulärer Arbeiter nicht genehmigte, weil sie vermutlich der Trümmerräumung Priorität einräumte. Obwohl Flüchtlinge, wenn sie keinen Mangelberuf ausübten, nur vorübergehend in Hamburg sein konnten

[79]

und nicht in Arbeitsstellen vermittelt werden durften arbeiteten die Pflichtarbeiter als extrem billige Arbeitskräfte, deren Einsatz zudem verhinderte, daß aus anderen Bereichen Arbeitskräfte abgezogen werden mußten. Überdies sollte die Arbeitsfürsorge Flüchtlinge zum Verlassen Hamburgs bewegen und eine allgemein disziplinierende Wirkung ausüben, indem die Lagerunterkunft nur noch bei Arbeitsleistung zur Verfügung gestellt wurde. Die Pflichtarbeit im Rahmen der Arbeitsfürsorge war demnach multifunktional: Sie senkte die Kosten im Fürsorgewesen, sie hatte sowohl disziplinierende als auch abschreckende Wirkung, und sie sollte den Flüchtlingen bei der Überwindung von „seelischer Not" helfen. Der Kreis schloß sich: Die Überwindung der „seelischen Not" sollte zu neuem Lebensmut führen, mit dem nach Meinung der Sozialverwaltung „eine neu erwachende Arbeitsfreudigkeit" einherging.

Die Jahnhalle auf dem Gelände des heutigen ZOB-Bahnhofes.

Nissenhüttenlager Denickestraße.

Nissenhütten neben der Schule Curschmannstraße (1954).

Wohnlager Bahrenfelder Straße.

Wohnlager Fischbek.

Hygenische Bedingungen in Nissenhüttenlagern.

Inneres einer Nissenhütte im Durchgangslager Stadtpark (Oktober 1946).

Küche für zwei Familien (1946).

Flüchtlingsbaracke Langenhorner Chaussee (1946).

Lager für zurückgekehrte Evakuierte, Stadthausbrucke 22.

Flüchtlinge vor einer Wandzeitung (1944).

Besuch des Weihnachtsmanns in einem Nissenhüttenlager (1946).

Flüchtlingsfrauen kochen ihre Mahlzeiten im Freien (1946).

Gerhard Brandes (SPD; geb. 1902),
MdBü 1946-1974, Finanzsenator 1965-1970.
Vorsitzender der Arbeitsgemeinschaft sozialdemokratischer Flüchtlinge.

Franz Heitgreß (KPD; geb. 1906-1961),
Senator für Wiedergutmachung und Flüchtlingshilfe
vom 13.11.1945-15.11.1946

Männer im Tiefbunker Reeperbahn/St. Pauli (1947).

VERTRETUNG DER FLÜCHTLINGSINTERESSEN?

Koalitionsverbot und landsmannschaftliche Organisationen

Bereits im Juni 1945 hatte Linus Kather, ein ehemaliger Zentrumspolitiker, der später noch bundespolitische Bedeutung erlangen sollte, die als allererste Flüchtlingsorganisation in Hamburg die „Notgemeinschaft der Ostdeutschen" gegründet. Später kamen noch landsmannschaftliche Notgemeinschaften hinzu. Diese mußten im Februar 1946 auf Anordnung der britischen Militärregierung wieder aufgelöst werden, da gerade in der landsmannschaftlichen Organisationsform eine Quelle für Haß- und Revanchegedanken gesehen wurde. Man befürchtete, daß sie ein Sammelbecken für alte Nazis werden könnten, die die Rückkehr der Flüchtlinge in ihre Heimatgebiete anstrebten.

Daraufhin wurde mit offizieller Unterstützung als einzige erlaubte Organisation die „Arbeitsgemeinschaft deutscher Flüchtlinge e.V." mit 15.000 Mitgliedern und 14 hauptamtlich Beschäftigten gegründet. In der Öffentlichkeit herrschte vielfach der Irrglaube, nach dem die „Arbeitsgemeinschaft deutscher Flüchtlinge" die Kompetenz einer Behörde habe. Ihr Sitz in Hamburg zwischen den Flüchtlingshauptaufnahmeländern Schleswig-Holstein und Niedersachsen bewirkte, daß sie sich sehr schnell zu einer ersten Austausch- und Informationszentrale entwickelte, die durch die Initiativen des Vorsitzenden Linus Kather auf überregionaler Ebene gefördert wurden. Weil sie überregionale Zusammenschlüsse fürchtete, teilte daraufhin britische Militärregierung den Senatoren Heitgreß und Nevermann mit, daß: „jede Form der Interessenvertretung in Hamburg keinerlei Recht hat, organisatorisch und agitatorisch auf die übrigen Länder und Provinzen einzuwirken."

Neue Hamburger Presse vom 2.3.1946
Nur noch ein Flüchtlingsverband

Landsmannschaftliche Zusammenschlüsse von Flüchtlingen sind durch eine Entscheidung der Militärregierung vom 9. Februar nicht mehr erlaubt. Die bis dahin bestehenden landsmannschaftlichen Flüchtlingsverbände sind aufgelöst worden. Als vorläufig zugelassener Zusammenschluß verblieb die Arbeitsgemeinschaft deutscher Flüchtlinge, Hamburg 1, Schopenstehl 15, deren Satzung allerdings noch der Genehmigung bedarf.
Einer einzigen Interessenvertretung der Flüchtlinge soll künftig eine einzige amtliche Flüchtlingsberatungsstelle zur Seite gestellt werden.

Hamburger Nachrichten vom 18.3.1946
Arbeitsgemeinschaft deutscher Flüchtlinge

Die neue „Arbeitsgemeinschaft deutscher Flüchtlinge" teilt mit, daß sie nicht die Befugnisse einer Behörde besitzt, sondern nur die Interessen der Flüchtlinge bei den verschiedenen Behörden und Wohlfahrtsorganisationen vertritt. Sie steht z.B. in dauernder Verbindung mit dem Amt für Wiedergutmachung, der Flüchtlingshilfe und der Hilfsgemeinschaft. Die Aufgaben der einzelnen Behörden werden nach wie vor von diesen selbst wahrgenommen. Die Abfertigung der Flüchtlinge findet bis auf weiteres an allen Werktagen außer sonnabends von 9 bis 15 Uhr am Gorck-Fock-Wall 15/17 statt.

Hamburger Nachrichten vom 23.4.1946
Arbeitsgemeinschaft deutscher Flüchtlinge

Gleichstellung und Koalitionsfreiheit forderten die in Hamburg lebenden Flüchtlinge. In einer Denkschrift heißt es „Jeder Mensch weiß, daß Koalitionsfreiheit ein demokratisches Grundrecht ist, und jeder hat einmal von den Menschenrechten – Freiheit, Gleichheit und Brüderlichkeit – gehört. Er weiß auch, daß die Briten es mit dem von unten kommenden Aufbau der Demokratie ernst meinen." Der zusammengebrochene Staat hatte dem Volk die Freiheit des Zusammenschlusses genommen. Das Verbot des Zusammenschlusses der Flüchtlinge würde nicht nur die Grundsätze der Demokratie verletzen, sondern findet auch rechtlich in der Weimarer Verfassung keine Stütze. Die Provinzregierung der britischen Zone haben sich gegen eine Organisation der Flüchtlinge ausgesprochen. Der Grund, daß durch eine solche Vereinigung der Einschmelzungsprozeß der Flüchtlinge erschwert würde, ist erst dann stichhaltig, wenn es gelungen ist, die Flüchtlinge, die zumeist völlig verarmt sind, der übrigen Bevölkerung materiell einigermaßen anzugleichen. Andere Gründe, etwa egoistischer Natur, sind vom sozialen und christlichen Standpunkt erst recht unhaltbar. In Hamburg hat die britische Militärregierung „Die Arbeitsgemeinschaft deutscher Flüchtlinge e.V." als einzige Interessenvertretung genehmigt. Die Arbeitsgemeinschaft hat verschiedene Arbeitsausschüsse gebildet, u.a. für Landwirtschaftsfragen (Siedlung und Gartenland), für Sozialfragen (Jugend, Bekleidung, Wohnung, Arbeitsvermittlung), für Berufsfragen (Zulassungen, Schaffung neuer Existenzen). Der Parteienverkehr der Arbeitsgemeinschaft deutscher Flüchtlinge wird in der Baumeisterstraße 8, Zimmer 9, erledigt. Telephonisch ist sie in dringenden Fällen unter 25 52 41 - 49, App. 69 zu erreichen.

Im Mai 1946 wurden schließlich in der gesamten britischen Zone die Flüchtlingsorganisationen verboten, während die Bildung von an die Verwaltung angebundenen Flüchtlingsausschüssen ausdrücklich gefördert wurde. Damit verband sich wohl die Vorstellung, daß sich an die Verwaltung angebundene Gremien nicht mit allgemeinen politischen Fragen beschäftigen würden, sondern sich den anliegenden Aufgaben bei der Aufnahme und Eingliederung der Flüchtlinge widmen mußten. Ein Satzungsentwurf, der auf sozialfürsorgerische Aktivitäten abhob, bewahrte auch die „Arbeitsgemeinschaft der deutschen Flüchtlinge" nicht vor einem Verbot. Bis zur Aufhebung 1948 des Koalitionsverbotes gab es immer wieder Versuche, das Verbot der Bildung von Vertriebenenorganisationen zu umgehen, sei es über sozial ausgerichtete Organisationsformen oder Formierung neuer landsmannschaftlicher Gruppen, wie z. B. einem schlesischen Komitee, nach denen die Militärbehörden fahndeten.

Obwohl die Aktivitäten der Flüchtlinge in den Landsmannschaften aufgrund ihrer relativ geringen Anzahl in Hamburg und ihrer beschleunigten wirtschaftlichen Eingliederung eher gering war, wurde Hamburg in späteren Jahren aufgrund seiner zentralen Lage für Schleswig-Holstein und Niedersachsen zum Ort vieler Großveranstaltungen der Landsmannschaften.

Die Parteien

In der von der britischen Militärregierung ernannten Bürgerschaft befand sich kein Flüchtling. In der ersten gewählten Bürgerschaft (Oktober 1946-1949) konnten lediglich die Flüchtlingssprecher Linus Kather (CDU) und Gerhard Brandes (SPD) zu ihnen gezählt werden. Dies sollte sich auch in der nächsten Legislaturperiode Bürgerschaft kaum bessern.

Ein wesentlicher Grund für die so geringe Vertretung von Flüchtlingen in der Bürgerschaft lag darin, daß sowohl die KPD als auch die SPD bei ihren Wiedergründungen nach der Befreiung auf ihren Funktionärskörper von vor 1933 zurückgriffen hatte. Im Sommer 1946 gehörten von 863 sozialdemokratischen Parteifunktionären nur 11 zur Gruppe der Flüchtlinge, unter ihnen der spätere Senator Gerhard Brandes. Er hatte sich im April 1946 mit einem Exposé zum Thema „SPD und Flüchtlingsproblem" bei der Hamburger Parteispitze vorgestellt. Als NS-Verfolgter konnte er unmittelbar das politische Vertrauen der Genossen erringen.

Während die bürgerlichen Parteien CDU, FDP und DP (Deutsche Partei) erst Anfang der 50er Jahre „Flüchtlingsarbeitsgemeinschaften" für Hamburg einrichteten, war die 1946 gegründete „Arbeitsgemeinschaft sozialdemokratischer Flüchtlinge" durch das Koalitionsverbot weitgehend konkurrenzlos. Dennoch war es auch für sie schwierig, Mitstreiterinnen und Mitstreiter zu finden.

„In Hamburg ist die Organisation der Flüchtlinge insofern schwieriger, als diese als Einzelgänger nach Hamburg gekommen sind und nicht in geschlossenen Transporten (…) ein wesentlicher Teil der Werbearbeit wird in der kommenden Zeit unter den Flüchtlingen zu leisten sein." hieß es im Jahresbericht der Arbeitsgemeinschaft sozialdemokratischer Flüchtlinge 1947.

1947 gab es die „Arbeitsgemeinschaft sozialdemokratischer Flüchtlinge" bereits in allen Hamburger SPD-Parteikreisen. Flüchtlinge konnten also für die politische Arbeit in der SPD gewonnen werden. Am 1. Februar 1948 richtete der SPD-Landesvorstand ein Flüchtlingssekretariat mit einem hauptamtlichen Referenten ein. Ziel war es, einen Apparat von Vertrauensmännern aufzuziehen, die aber auch die Überprüfung von Anwärterinnen und Anwärtern aus Flüchtlingskreisen auf Parteimitgliedschaft bezüglich ihrer politischen Vergangenheit vornehmen sollten.

Doch trotz aller Aktivitäten spielte das Thema Flüchtlinge in den politischen Debatten der hamburgischen SPD eine nur sehr untergeordnete Rolle.

Im Gegensatz zu anderen Parteien analysierte die KPD bereits sehr früh – 1945/46 – die Lage der Flüchtlinge über die rein soziale Frage hinaus, sie versuchte jedoch über soziale Forderungen die Flüchtlinge an die Partei zu binden. Auch weil sie als einzige Partei die Rechtmäßigkeit der Aussiedlungen unter Hinweis auf die Vereinbarungen von Potsdam und die Verbrechen des nationalsozialistischen Deutschlands betonte, hatte sie es unter den Flüchtlingen besonders schwer, Fuß zu fassen: „Wollen Sie es den blutig unterdrückt gewesenen verargen, wenn diese für ihre Länder Sicherheiten schaffen, um jegliche Wiederholung der Grausamkeiten zu verhindern ... Und dabei wird gewöhnlich diese Grenzziehung als das teuflische Werk der Sowjets hingestellt. In Wahrheit war sie das Ergebnis einer durchaus sachlichen Verständigung zwischen den siegreichen Alliierten." Hinzu kam der besonders ausgeprägte mit Antikommunismus gleichgesetzte Antisowjetismus der Flüchtlinge.

> „Der Gegensatz zu ihrer materiellen Stellung im Wirtschaftsprozeß zum gedanklichen nachleben in ihrer bürgerlichen Vergangenheit führt zu einer Disharmonie ihres Daseins, die sie unbedingt wieder der Reaktion in die Arme treiben wird, wenn wir es als Kommunisten nicht verstehen, diesen Prozeß als einen Teil des Umschichtungsprozesses des gesamten deutschen Volkes zu sehen und demgemäß zu handeln"
> KPD, Weg und Ziel, Organ des Bezirks Wasserkante, Mai 1946.

Die KPD versuchte Flüchtlinge primär in den Elendsquartieren anzusprechen. Der Versuch von KPD Senator Franz Heitgreß über das „Amt für Wiedergutmachung und Flüchtlingshilfe" eine Interessenvertretung der in Lagern und Bunkern lebenden Flüchtlinge zu initiieren, die darüber hinaus mit der Arbeit eines Hamburger Flüchtlingsausschusses verbunden werden sollte, scheiterte.

> „Helft ihnen antifaschistische Flüchtlingsausschüsse zu bilden, organisiert die Wohnraumbeschaffung, bringt sie unter in Schlössern und Villen, sorgt für Tische, Stühle, Betten in den Massenquartieren. Diese praktische Hilfe ist unsere beste Propaganda und überzeugt am gründlichsten von unserem Willen, die Folgen von Chaos und Krieg schnellstens zu überwinden."
> KPD, Bezirk Wasserkante, Abteilung Agitation und Propaganda, Hamburg 1945.

Die bürgerlichen Parteien Hamburgs räumten den Flüchtlingen zunächst keinen hohen Stellenwert ein. Die erste im Oktober 1945 ins Leben gerufenen politische Organisation des Bürgertums, der „Vaterstädtische Bund Hamburg" (VBH) sah, wie aus der Namensgebung deutlich wird, seine Basis im traditionellen Hanseatentum. Die sich 1946 konstituierende CDU betrachtete die Flüchtlinge zunächst vom Schicksal genauso hart getroffen, wie die übrige Bevölkerung, so daß sie die Notwendigkeit einer besonderen Interessenvertretung auf Parteibasis für Flüchtlinge nicht sah. Allerdings versuchte sie schon Flüchtlinge anzusprechen – und zwar mit der Betonung des „Unrechts der Vertreibung". Linus Kather, der den Schwerpunkt seiner Flüchtlingsarbeit ab 1947 auf überregionale Ebene verlagerte, erhielt als Repräsentant von Flüchtlingsinteressen für die Partei einen hohen Symbolwert.

ERSTE ETAPPEN ZU EINEM LASTENAUSGLEICH

„Flüchtlingsausweise"

Die vergleichsweise geringe Zahl von Flüchtlingen, die in Hamburg lebten, bedingte, daß Hamburg sowohl bei der Ausgabe von Flüchtlingsausweisen als auch bei der Flüchtlingsgesetzgebung eine „Nachzügler"-Position innehatte. In der amerikanischen Zone hatte schon 1946 jeder Vertriebene einen Ausweis erhalten. Ein Gesetz der britischen Militärregierung, das Steuerermäßigungen für Vertriebene – in erster Linie für die Beschaffung von Hausrat – vorsah, und ebenso das zu erwartetende Lastenausgleichsgesetz machten die Ausgabe von Flüchtlingsausweisen auch in Hamburg unumgänglich. Die nach der Währungsreform regional und überregional eingeleiteten Schritte zur gezielten Eingliederungsförderung, z. B. durch finanzielle Vergünstigungen, bedeutete, daß Flüchtlinge ihren Status legitimieren mußten. Der Hamburger Senat verpflichtete sich im Oktober 1948, den für die britische Zone einheitlich vorgeschriebenen Flüchtlingsausweis einzuführen. Bei der Ausstellung der Ausweise ging es hauptsächlich um die Klärung von Eingrenzungskriterien des anspruchsberechtigten Personenkreises. Dies Klärung stand auch bei den Diskussionen um das spätere „Gesetz über die Aufnahme und Eingliederung deutscher Flüchtlinge (Heimatvertriebener) in die Hansestadt Hamburg" im Vordergrund. Die Eingrenzungskriterien blieben bis zum Bundesvertriebenengesetz im Mai 1953 uneinheitlich.

Folgende Personengruppen sollten in Hamburg – falls sie mit Zuzugs- oder Aufenthaltsgenehmigung in der Stadt lebten – einen Flüchtlingsausweis erhalten:

FLÜCHTLINGSGRUPPE A:

1.) Personen deutscher Staats- oder Volkszugehörigkeit, die bis zum 1. Januar 1945 ihren Wohnsitz außerhalb der Grenzen des Deutschen Reiches nach deren Stand vom 1. März 1938 hatten, von dort ausgewiesen oder geflüchtet sind oder aus der Kriegsgefangenschaft entlassen sind und in ihre Heimat nicht zurückkehren können;

2.) Personen deutscher Staats- und Volkszugehörigkeit, die bis zum 1. Januar 1945 in den deutschen Ostprovinzen östlich der Oder/Neiße-Linie nach dem Stande vom 1. September 1939 ihren Wohnsitz hatten, von dort ausgewiesen oder geflüchtet sind oder aus der Kriegsgefangenschaft entlassen sind und in ihre Heimat nicht zurückkehren können,

FLÜCHTLINGSGRUPPE B:

3.) Personen deutscher Staats- oder Volkszugehörigkeit, die infolge der Kriegsereignisse in Hamburg ihr Hab und Gut verloren, ihren hamburgischen Wohnsitz verlassen, sich bis zum 1. Januar 1945 in den unter 1 und 2 genannten Gebieten aufgehalten haben und von dort ausgewiesen oder geflüchtet sind."

„Butenhamborger" erhielten in Hamburg nur dann den Flüchtlingsstatus, wenn sie in den Gebieten östlich von Oder/Neiße oder außerhalb des Deutschen Reiches in den Grenzen von 1937 evakuiert gewesen waren und dort einen ständigen Wohnsitz gegründet hatten. Der Verlust von Hab und Gut z.B. galt dagegen in Schleswig-Holstein oder Niedersachsen grundsätzlich als Grund für die Anerkennung der Flüchtlingseigenschaft. Es bestand vermutlich die Befürchtung, daß die damit eventuell verbundenen Sozialleistungen für 285.000 Butenhamborger eine zu hohe finanzielle Belastung für Hamburg werden würden. Im November 1949 waren 80.450 Flüchtlingsausweise ausgegeben worden.

Mit der „Bekanntmachung zur Ausstellung von Flüchtlingsausweisen vom 10.12.48" und dem Anlegen einer Flüchtlingskartei begann in Hamburg eine geplante Eingliederungspolitik. Sie galt im Selbstverständnis des Amtes für Flüchtlingshilfe als „erste Etappe des Lastenausgleichs", da damit erstmals Flüchtlinge als gesonderte Bevölkerungsgruppe erfaßt wurden.

Ein Gesetz für die „Heimatvertriebenen"

Trotz der einstimmigen Befürwortung eines Antrages der SPD-Fraktion zur Erstellung eines Flüchtlingsgesetzes im Januar 1949 in der Bürgerschaft war das politische Engagement letztlich gering. Der Senat begründete das schleppende Verfahren nach fast einem Jahr mit dem geringen Stellenwert des „Flüchtlingsgesetzes": Da die wenigen Flüchtlinge in Hamburg Arbeit gefunden hätten und nur zu einem geringen Teil in den Lagern untergebracht wären, seien keine besonderen Vorkehrungen notwendig, hieß es aus dem Senat.

Das Flüchtlingsgesetz mit der genauen Bezeichnung: „Gesetz über Aufnahme und Eingliederung von deutschen Flüchtlingen (Heimatvertriebenen) in die Hansestadt Hamburg" trat schließlich am 3.7.50 in Kraft. Zur Konkretisierung bzw. zur Erweiterung des anspruchsberechtigten Personenkreises war eine Durchführungsverordnung vorgesehen, die am 21.4.1951 vom Senat erlassen wurde.

Der flüchtlingspolitische Sprecher der SPD-Fraktion, Gerhard Brandes, betonte, daß die Behörden mit diesem Gesetz veranlaßt werden sollten, Flüchtlingen ohne Vorbehalte den Weg zur Eingliederung zu ebnen, wobei die Eingliederung im wesentlichen unter ökonomischen und arbeitsrechtlichen Gesichtspunkten betrachtet werden müsse. Es sei daher ein Fehler gewesen, das Flüchtlingsamt der Sozialbehörde anzugliedern. Brandes konnte sich jedoch nicht durchsetzen. Die anfallenden Aufgaben blieben weiterhin, soweit bestimmte Aufgabengebiete nicht in den Zuständigkeitsbereich anderer Behörde fiel, bei der Sozialbehörde. Mit seiner Forderung nach Krediten für den Existenzaufbau fand Brandes nicht nur die ausdrückliche Unterstützung seiner eigenen Fraktion, sondern auch die der CDU und FDP.

Im § 3 wurden Vertriebene und einheimische Bevölkerung formal gleichgestellt. Der

HAMBURGISCHES GESETZ- UND VERORDNUNGSBLATT
TEIL I

| Nr. 33 | DONNERSTAG, DEN 6. JULI | 1950 |

Tag	Inhalt	Seite
3. 7. 50	Gesetz über die Aufnahme und Eingliederung deutscher Flüchtlinge (Heimatvertriebener) in der Hansestadt Hamburg.	147
6. 7. 50	Gesetz über Sondermaßnahmen für arbeitslose Jugendliche unter 18 Jahren.	149

Gesetz
über die Aufnahme und Eingliederung deutscher Flüchtlinge (Heimatvertriebener) in der Hansestadt Hamburg.

Vom 3. Juli 1950.

Der Senat verkündet das nachstehende, von der Bürgerschaft beschlossene Gesetz:

§ 1

(1) Flüchtling (Heimatvertriebener) im Sinne dieses Gesetzes ist, wer als deutscher Staatsangehöriger oder deutscher Volkszugehöriger am 1. September 1939 oder in einem späteren Zeitpunkt den Wohnsitz oder den dauernden Aufenthalt außerhalb des Bereiches der vier Besatzungszonen und der Stadt Berlin hatte und dorthin nicht zurückkehren kann.

(2) Nicht als Flüchtling gilt, wer nach dem 31. Dezember 1937 seinen Wohnsitz oder dauernden Aufenthalt in ein von der deutschen Wehrmacht besetztes oder in den deutschen Einflußbereich einbezogenes Gebiet verlegt hat, um die durch die Maßnahmen des Nationalsozialismus geschaffene militärische oder politische Lage auszunutzen.

(3) Den Flüchtlingen können gleichgestellt werden Personengruppen, auf welche die Bestimmungen dieses Gesetzes nach einer vom Senat zu erlassenden Durchführungsverordnung anzuwenden sind.

(4) Als Flüchtling im Sinne der Absätze 1 bis 3 kann nur anerkannt werden, wer sich mit Zuzugs- oder Aufenthaltsgenehmigung im Gebiete der Hansestadt Hamburg ständig niedergelassen hat.

§ 2

(1) Flüchtlinge im Sinne dieses Gesetzes erhalten auf Antrag einen Flüchtlingsausweis. Der Flüchtlingsausweis ist eine öffentliche Urkunde. Mit seiner Aushändigung ist die Anerkennung als Flüchtling erfolgt.

(2) Der Flüchtlingsausweis kann dem Inhaber nur entzogen werden, wenn

a) die im § 1 und den zu seiner Durchführung erlassenen Bestimmungen niedergelegten Voraussetzungen für die Erteilung des Flüchtlingsausweises geändert werden,
b) die gesetzlich bestimmten Voraussetzungen bei der Erteilung nicht erfüllt waren oder
c) der Flüchtlingsausweis mißbräuchlich verwendet worden ist.

§ 3

Flüchtlinge sind der einheimischen Bevölkerung gleichgestellt.

§ 4

(1) Mit der Erteilung der Zuzugs- oder Aufenthaltsgenehmigung erwerben die Flüchtlinge im Gebiet der Hansestadt Hamburg das gleiche Aufenthalts- und Wohnrecht wie die einheimische Bevölkerung. Ein weiterer Aufenthalt darf nicht deshalb versagt werden, weil die Bedingungen, unter denen die Aufenthaltsgenehmigung erteilt war, weggefallen sind.

(2) Zuzugsgenehmigungen für Flüchtlinge sind zu erteilen, wenn
a) durch sie die Wiedervereinigung der engeren Familie (Ehegatten, minderjährige Kinder, Eltern) ermöglicht wird oder alleinstehende sonstige Familienmitglieder bei ihren Angehörigen zusätzliche Unterkunft finden können, sofern hierdurch weiterer erfaßbarer Wohnraum nicht in Anspruch genommen wird,
b) Kriegsgefangene nach Hamburg entlassen worden sind.

§ 5

(1) Bei der Zuteilung von Wohnraum und Siedlungsgelände sind Flüchtlinge im gleichen Maße wie die einheimische Bevölkerung zu berücksichtigen.

(2) Notunterkünfte, wie Lager und Bunker, gelten nicht als angemessener Wohnraum.

§ 6

(1) Die zuständigen Behörden sind verpflichtet, die Eingliederung der Flüchtlinge in das Erwerbsleben mit allen geeigneten Mitteln zu fördern.

(2) Prüfungen und sonstige Befähigungsnachweise, die Flüchtlinge außerhalb der Grenzen des Deutschen Reichs nach dem Stand vom 1. Januar 1938 abgelegt haben, sind den in reichs- oder landesrechtlichen Vorschriften vorausgesetzten, entsprechenden Prüfungen und Nachweisen gleichgestellt, wenn die im Ausland für diese gestellten Anforderungen den inländischen im wesentlichen gleichkommen.

§ 7

Die Sozialbehörde ist für die aus diesem Gesetz sich ergebenden Aufgaben zuständig, soweit sie nicht in den Aufgabenkreis einer anderen hamburgischen Behörde fallen.

§ 8

Der Senat wird ermächtigt, Verordnungen zur Durchführung dieses Gesetzes zu erlassen.

§ 9

Das Gesetz tritt mit der Verkündung in Kraft.

Ausgefertigt Hamburg, den 3. Juli 1950.

Der Senat

HAMBURGISCHES GESETZ- UND VERORDNUNGSBLATT

TEIL I

| Nr. 12 | MITTWOCH, DEN 2. MAI | 1951 |

Erste Durchführungsverordnung
zum Gesetz über die Aufnahme und Eingliederung deutscher Flüchtlinge (Heimatvertriebener) in der Hansestadt Hamburg.

Vom 24. April 1951.

Auf Grund des § 1 Absatz 3 und des § 8 des Gesetzes über die Aufnahme und Eingliederung deutscher Flüchtlinge (Heimatvertriebener) in der Hansestadt Hamburg vom 3. Juli 1950 (Hamburgisches Gesetz- und Verordnungsblatt Seite 147) wird folgende Durchführungsverordnung erlassen:

Artikel I
Zu § 1 Absatz 1 des Gesetzes

Deutscher Volkszugehöriger im Sinne dieses Gesetzes ist, wer sich selbst als Angehöriger des deutschen Volkes bekennt, sofern dieses Bekenntnis durch bestimmte Tatsachen, wie insbesondere Sprache, Erziehung, Kultur usw. bestätigt wird.

Artikel II
Zu § 1 Absatz 3 des Gesetzes

Den Flüchtlingen (Heimatvertriebenen) im Sinne des § 1 Absatz 1 des Gesetzes werden gleichgestellt:

1. Personen deutscher Staats- oder Volkszugehörigkeit, die ihren Wohnsitz oder dauernden Aufenthalt in der sowjetischen Besatzungszone oder im sowjetischen Sektor von Berlin haben oder gehabt haben, diese Gebiete wegen einer drohenden Gefahr für Leib und Leben oder für die persönliche Freiheit verlassen mußten und nach den jeweils geltenden Bestimmungen auf Grund behördlicher Genehmigung oder einer nach diesen Bestimmungen erfolgten Zuweisung in die Hansestadt Hamburg zum ständigen Aufenthalt aufgenommen wurden.

   Sie sind den Flüchtlingen (Heimatvertriebenen) im Sinne des § 1 Absatz 3 des Gesetzes nur insoweit gleichgestellt, als nicht durch bundesrechtliche Vorschriften anderes bestimmt ist.

   Sie erhalten einen besonderen Flüchtlingsausweis.

2. Personen deutscher Staats- oder Volkszugehörigkeit, die nach dem 31. Januar 1933 den Ort ihres Wohnsitzes oder dauernden Aufenthaltes in den unter § 1 Absatz 1 bezeichneten Gebieten wegen politischer, religiöser oder rassischer Verfolgung durch den Nationalsozialismus verlassen haben, nicht vor dem Zusammenbruch des nationalsozialistischen Regimes zurückkehren konnten und denen die Rückkehr wegen ihrer deutschen Staats- oder Volkszugehörigkeit verwehrt ist.

3. Personen deutscher Staats- oder Volkszugehörigkeit, die infolge von Maßnahmen der Militärregierungen der drei westlichen Besatzungsmächte den Ort ihres Wohnsitzes oder dauernden Aufenthaltes auf unbestimmte Zeit verlassen mußten.

4. Personen deutscher Staats- oder Volkszugehörigkeit, die infolge der Kriegsereignisse aus Hamburg in die unter § 1 Absatz 1 bezeichneten Gebiete evakuiert sind, ohne im Evakuierungsorte einen Wohnsitz oder dauernden Aufenthalt zu begründen, im Evakuierungsgebiet ihr Hab und Gut verloren haben, von dort geflüchtet sind, vertrieben oder ausgewiesen wurden und in die Hansestadt Hamburg zurückgekehrt sind.
Sie sind den Flüchtlingen (Heimatvertriebenen) im Sinne des § 1 Absatz 1 des Gesetzes nur insoweit gleichgestellt, als nicht durch bundesrechtliche Vorschriften anderes bestimmt ist.
Sie erhalten einen besonderen Flüchtlingsausweis.

Artikel III
Zu § 1 Absatz 4 des Gesetzes

(1) Als Flüchtling im Sinne dieses Gesetzes kann nur anerkannt werden, wer nach den für den Zuzug in das Bundesgebiet und seine Länder geltenden gesetzlichen Bestimmungen in der Hansestadt Hamburg Aufnahme gefunden hat.

(2) Unter dieser Voraussetzung wird der ständige Aufenthalt in der Hansestadt Hamburg mit der vorschriftsmäßigen polizeilichen Anmeldung begründet.

Artikel IV
Zu § 2 des Gesetzes

(1) Der Flüchtlingsausweis ist auf vorgeschriebenem Vordruck und unter Vorlage entsprechender Nachweise bei den Bezirkssozialämtern oder den Sozialabteilungen der Ortsämter zu beantragen, in deren Bereich der Antragsteller wohnt. Ueber den Antrag auf Ausstellung (§ 2 (1) des Gesetzes) sowie über die Entziehung (§ 2 (2) des Gesetzes) des Flüchtlingsausweises entscheidet der Leiter des Bezirkssozialamts oder der Leiter der Sozialabteilung des Ortsamts nach Zustimmung der Sozialbehörde.

(2) Flüchtlingsausweise, die vor Inkrafttreten dieser Verordnung auf Grund der Bekanntmachung des Senats über die Ausstellung eines Flüchtlingsausweises vom 10. Dezember 1948 (Amtlicher Anzeiger Seite 625) ausgestellt worden sind, gelten als Flüchtlingsausweise im Sinne des § 2 des Gesetzes, solange sie nicht aus Gründen des Absatzes 2 des § 2 des Gesetzes den Inhabern entzogen werden.

(3) Bei Meinungsverschiedenheiten entscheidet die Sozialbehörde.

Artikel V

Die Bekanntmachung des Senats über die Ausstellung eines Flüchtlingsausweises vom 10. Dezember 1948 (Amtlicher Anzeiger Seite 625) wird mit Inkrafttreten dieser Verordnung aufgehoben.

Artikel VI

Diese Verordnung tritt mit dem Tage ihrer Verkündung in Kraft.

Gegeben in der Versammlung des Senats, Hamburg, den 24. April 1951.

Gesetzgeber hob dabei die Gleichstellung bei der Vergabe von Wohnraum und der Anerkennung von Prüfungs- und Befähigungsnachweisen hervor. Die Behörden sollten mit nicht näher konkretisierten „geeigneten Mitteln" die Eingliederung in das Erwerbsleben fördern.

Wie bereits bei der Diskussion um den Flüchtlingsausweis, war es wiederum die Definition der anspruchsberechtigten Personengruppe, die am meisten Diskussionen ausgelöst hatte. Sie wurde nun an die Formulierung im Soforthilfegesetz – ein Bundesgesetz, daß dem Lastenausgleich vorausging – angelehnt.

„(1) Flüchtling (Heimatvertriebener) im Sinne dieses Gesetzes ist, wer als deutscher Staatsangehöriger oder deutscher Volkszugehöriger am 1. September 1939 oder in einem späteren Zeitpunkt den Wohnsitz oder den dauernden Aufenthalt außerhalb des Bereiches der vier Besatzungszonen oder der Stadt Berlin hatte und dorthin nicht zurückkehren kann.

(2) Nicht als Flüchtling gilt, wer nach dem 31. Dezember 1937 seinen Wohnsitz oder dauernden Aufenthalt in ein von der deutschen Wehrmacht besetztes oder in den deutschen Einflußbereich einbezogens Gebiet verlegt hat, um die durch die Maßnahmen des Nationalsozialismus geschaffene militärische oder politische Lage auszunutzen.

(3) Den Flüchtlingen gleichgestellt werden Personengruppen, auf welche die Bestimmungen dieses Gesetzes nach einer vom Senat zu erlassenden Durchführungsverordnung anzuwenden sind.

(4) Als Flüchtling im Sinne der Absätze 1 bis 3 kann nur anerkannt werden, wer sich mit Zuzugs-oder Aufenthaltsgenehmigung im Gebiete der Hansestadt Hamburg ständig niedergelassen hat."

Das Verfahren, es allein der Entscheidungsgewalt des Senats zu überlassen, mit der Durchführungsverordnung den Kreis derer zu erweitern, die die Anerkennung als Flüchtling erhalten konnten, stieß in der Bürgerschaft sowohl bei der KPD als auch bei der CDU, als auch bei der Besatzungsmacht auf Widerspruch, weil es bedeutete, daß die Bürgerschaft, also das Parlament, nicht mehr Stellung nehmen konnte.

Auch um die Begriffsdefinitionen – um die Frage, wie denn Flüchtlinge korrekt zu bezeichnen seien – gab es Diskussionen. So wurde der Begriff „Heimatvertriebener" auf die Forderung der DP und des „Landesverbandes der vertriebenen Deutschen" (LVD) in das Gesetz aufgenommen. Dem ging die Argumentation voraus, daß der von dem Vorgang der Flucht hergeleitete Begriff „Flüchtling" aktives freiwilliges Handeln impliziere; die Heimat sei aber unter Zwang und nicht freiwillig verlassen worden. Die KPD blieb mit ihrer Forderung allein, den Begriff „Aussiedler" zu verwenden. Sie war auch die einzige Partei in der Bürgerschaft, die sich vehement gegen die Gleichbehandlung von „Ostvertriebenen" und „Ostzonenflüchtlingen" wehrte, da nach ihrer Meinung unter den „Ostzonenflüchtlingen" viele wären, die politische Flüchtlinge aus der SBZ wären, die vielfach Spionage oder illegale Geschäfte betrieben hätten und Konzernherren oder Junker gewesen seien.

Obwohl alle übrigen Parteien sich bereits auf der Bürgerschaftssitzung im November 1949 aus moralischen Motiven für die Gleichstellung von „Ostzonenflüchtlingen" und Vertriebenen eingesetzt hatten, und auch außerhalb des Parlaments, so z. B. in Kreisen der Kirche, diese Forderung erhoben wurde, fand sie – u. a. auf Empfehlung des bürgerschaftlichen Flüchtlingsausschusses – erst in der Durchführungsverordnung vom April 1951 Eingang.

Obwohl diese Gleichstellung erst 1951 realisiert wurde, war Hamburg das erste Bundesland, das – sicherlich unter dem Eindruck des im August 1950 verabschiedeten Notaufnahmegesetzes für SBZ-Flüchtlinge – die anerkannten politischen Flüchtlinge aus der SBZ/DDR den Vertriebenen gleichstellte. Die Angst vor der Sogwirkung, aber auch grundlegende politische Erwägungen hatten, nach Meinung des Leiters der Flüchtlingsfürsorge, Friedrich Brunnenberg, dazu geführt, diese Gleichstellung nach dem Willen der Mehrheit der Bürgerschaftsmitglieder nicht bereits mit dem Gesetz durchzuführen.

Und noch auf einem anderen Gebiet spielte Hamburg eine Vorreiterrolle. Hamburg war zunächst das einzige Land, das von seinem „Flüchtlingsgesetz" die Nutznießerinnen und Nutznießer des Nationalsozialismus ausschloß. Dazu zählte das Gesetz diejenigen, die nach dem 31.12.1937 ihren Wohnsitz oder dauernden Aufenthalt in ein von der deutschen Wehrmacht besetztes oder in den deutschen Einflußbereich einbezogenes Gebiet verlegt hatten, um die durch die Nationalsozialisten geschaffene politische und militärische Lage auszunutzen. Einzig von der DP kam dagegen parlamentarischer Widerspruch. Sie wollte diesen Paragraphen „nur bei Verbrechen gegen die Menschlichkeit" angewendet wissen. Sie forderte statt dessen gemeinsam mit dem LVD, in die Durchführungsverordnung eine Klausel aufzunehmen, nach der Emigranten nur dann der Flüchtlingsstatus zuerkannt werden sollte, wenn sie keine Kommunisten seien. „Butenhamborger" wurden in der Durchführungsverordnung wie in der Bekanntmachung über die Ausstellung von Flüchtlingsausweisen behandelt.

Im April 1950, als die endgültige Fassung des „Flüchtlingsgesetzes" vorlag, kritisierte die Abt. „General Office" der britischen Besatzungsbehörden, daß versprochene Hilfeleistungen nicht im Gesetz enthalten seien. Ebenso traf, als die Durchführungsverordnung noch nicht vorlag, der Ausschluß der politischen Flüchtlinge aus der DDR auf Kritik. Die für Vertriebene vorgenommene Beschränkung auf diejenigen, die nicht nach Hause zurückkehren konnten, galt als verfehlt. Das „General Office" hob auch die Widersprüche zum Grundgesetz heraus. Art 1 (3) des „Flüchtlingsgesetzes", nach dem der Vertriebenenstatus nur bei geltender Zuzugsgenehmigung oder Aufenthaltsgenehmigung anerkannt wurde, widerspreche dem Art. 11 des Grundgesetzes GG von der Freizügigkeit.

Die sowohl in der Durchführungsverordnung als auch im Gesetz geforderte Gleichstellung von Vertriebenen mit den Einheimischen war sehr allgemein gehalten und enthielt für die durchführenden Behörden keine konkreten Verpflichtungen. Auch die im November 1949 angekündigten genauen Regelungen für die Verwaltung fanden in der Durchführungsverordnung letztlich keinen Niederschlag. Das zwar nicht realisierte, doch im Entwurf vorliegende einheitliche Flüchtlingsgesetz des Zonenausschusses für die britische Zone vom Februar 1948 war in seinen Ausführungen weitaus konkreter und detaillierter. Wie die KPD-Abgeordnete Magda Langhans bei der ersten Debatte um das „Flüchtlingsgesetz" bereits formulierte, hatte es letztlich allenfalls die Funktion, den Betroffenen das „Gefühl des Nurgeduldetseins" zu nehmen.

Am 19.5.1953 trat das Bundesvertriebenengesetz in Kraft. Damit gab es für alle Bundesländer eine einheitliche gesetzliche Regelung. Die landesrechtlichen Vorschriften für Vertriebene wurden aufgehoben.

DIE KONKURRENZ: FLÜCHTLINGE UND „BUTENHAMBORGER"

Da das Wachstum großer Städte in hohem Maße auf der Zuwanderung beruht, war der Zuzug Fremder auch den Hamburgerinnen und Hamburgern seit jeher wohlbekannt. Die Formel vom städtischen Leben in städtischer Freiheit – „Stadtluft macht frei" – gilt zwar nicht unbegrenzt, doch im Vergleich zum Dorf sind in einer Großstadt die zwischenmenschlichen gesellschaftlichen Beziehungen weniger eng und somit auch weniger reibungsempfindlich. Nach dem II. Weltkrieg reagierten wie anderenorts auch die Hamburger und Hamburgerinnen im Laufe der Zeit jedoch zunehmend ablehnender auf die Neubürgerinnen und Neubürger:

„(...) die Kluft, die zuerst noch zwischen den Einheimischen und dem Flüchtling durch das Mitgefühl überbrückt war, ist durch die Fülle der eigenen Schwierigkeiten der Einheimischen erneut ausgeweitet worden." hieß es 1947 aus dem Statistischen Landesamt. Doch schon 1945 hatten von britischen Militärbehörden bereit gestellte Kartoffelsonderrationen für Flüchtlinge, die in Lagern untergebracht waren, in der Hamburger Bevölkerung Unmut ausgelöst. Daraufhin erhielten die Sonderrationen nur noch jene Flüchtlinge, die sich länger als sieben Tage in Hamburg aufhielten.

In einigen Dörfern Schleswig-Holsteins oder Niedersachsens überschritt die Zahl der Flüchtlinge die der Einheimischen. Die damit einhergehende Angst einheimischer Dorfbewohnerinnen und Dorfbewohner, vor einer Überfremdung, spielte für das Verhältnis der Großstädter zu den Neubürgern naturgemäß keine Rolle. Die den Hamburgerinnen und Hamburgern, wie anderen Bewohnern von Großstädten, zugeschriebene größere Offenheit gegenüber Neubürgerinnen und Neubürgern wurde jedoch überschattet: Flüchtlinge konkurrierten in ihren Augen unmittelbar mit evakuierten Hamburgern um Wohnungen und Arbeitsplätze, damit um den Aufenthalt und den Zuzug nach Hamburg.

Evakuierte sahen sich gegenüber den Flüchtlingen in der Defensive und forderten Gleichbehandlung und Gerechtigkeit. Während 1946 fast 285.000 „Butenhamborger", wie die Evakuierten in Hamburg plattdeutsch bezeichnet wurden, außerhalb der Hansestadt lebten, hatten sich bereits 80.000 Flüchtlinge offiziell in Hamburg niedergelassen. Jedoch kam den Flüchtlingen nicht die rückkehrhemmende Bedeutung zu, wie viele der „Butenhamborger" vermuteten. Denn gerade in den ersten Jahren nach dem Krieg war der größte Teil – an die 217.000 – der „Butenhamborger" eigenständig in die Stadt zurückgekehrt, darunter vor allem Arbeitskräfte und weniger das „soziale Gepäck", wie zeitgenössische Darstellungen gern formulierten.

Es erschien vielen Einheimischen, als würde die Aufnahme von Flüchtlingen die Rückführung der „Butenhamborger" verhindern. *„Man dürfe die in der Bevölkerung umgehende Klage, daß unausgesetzt Ortsfremde einströmen, die evakuierten Hamburger aber kaum zurückkehren können, nicht übersehen ... Etwa 300.000 Hamburger warten auf die Möglichkeit zur Rückkehr, sie werden zudem von den Gastländern bedrängt, die sich endlich ihrer entledigen wollen."* Rudolf Schulz-Bischof, Leiter des Wohnungsamtes am 13.6.1947 an das Landesarbeitsamt.

Auf den Leserbriefseiten der Zeitungen artikulierte sich die Empörung mancher Hamburgerinnen und Hamburger über die vermeintliche Privilegierung von Flüchtlingen. Die in den Selbstdarstellungen Hamburgs gern gepriesene „Hanseatische Weltoffenheit" trat dabei in den Hintergrund. So behauptete ein Kapitän im Februar 1950 in der „Hamburger Allgemeinen Zeitung", daß 150.000 Flüchtlinge in die Hansestadt geschmuggelt worden seien, während 200.000 Zwangsevakuierte vor der Tür ständen.

„Auch ist die Behauptung längst widerlegt, daß Flüchtlinge vom Hamburger Senat keinerlei Gelder erhalten, um sich ein Geschäft gründen zu können. Der ausgebombte Hamburger Handwerksmeister muß sich selber helfen, um sein Geschäft wieder aufbauen zu können, dagegen gibt es Flüchtlingshandwerksmeister, die über 20.000.- DM bar erhielten, also ihr Geschäft mit Leichtigkeit wieder aufbauen konnten und so dem Hamburger Handwerk schwerste Konkurrenz machen. Außerdem: Die Soforthilfe hilft doch in erster Linie Flüchtlingsgruppen; die Hamburger können sich die Nase wischen."
Leserbrief vom 10.2.1950 in der Hamburger Allgemeinen Zeitung

„Man kann es nicht fassen, daß in unseren alten wiederaufgebauten Wohnungen, trotz der Anforderung der alten Mieter durch die Hauseigentümer vom Wohnungsamt Ostflüchtlinge eingewiesen werden, die vor 1943 nie in Hamburg gewesen sind. Zuerst hätten doch die wirklichen Hamburger Recht auf ihre alten Wohnungen."
Leserbrief vom 9.3.1950 in der Hamburger Allgemeinen Zeitung

„Warum wird einem Butenhamborger, der ein Haus in Hamburg hat, der Einzug in eine freiwerdende Wohnung in seinem eigenen Grundstück verweigert und ein Flüchtling hereingesetzt?"
Leserbrief vom 4.2.1952 in der Hamburger Freien Presse

„Während die Flüchtlinge jenseits der Oder-Neiße-Linie durch die Gewaltmaßnahmen der Polen aus ihrer Heimat vertrieben wurden, sind die Evakuierten Hamburgs (Butenhamborger) durch Bomben, Phosphor und Feuer gewaltsam aus Hamburg fortgejagt worden. Wenn nun der Flüchtling aus dem Osten zur Zeit durch die politischen Ereignisse nicht in seine Heimat zurück kann, darf dieses kein Grund sein, den von ihrer Heimatstadt entfernt lebenden Hamburgern ihre Vaterstadt zu verschließen."
Resolution der Butenhamborger Vereinigung Niedersachsen, Lüneburg vom 23.7.1952.

Sowohl Flüchtlinge als auch „Butenhamborger" einschließlich ihrer Angehörigen und Freunde stellten für die Parteien ein nicht zu vernachlässigendes Wählerinnen- und Wählerpotential dar. Während auf den Landsmannschaftsveranstaltungen die Senatsvertreter Vertriebenenforderungen unterstützten, argumentierte der Zweite Bürgermeister Paul Nevermann am „Tag der Evakuierten" im Juli 1952 ganz im Sinne seiner Zuhörerschaft:

„Was für ein Wahnsinn, wenn Hamburg Ostflüchtlinge aufnehmen muß, denen wir hier keine Heimat geben können, und unsere Landsleute warten in anderen Ländern vergeblich auf die Rückkehr in die Vaterstadt."

Hamburger Volkszeitung vom 22.6.1946:
Unser Gespräch mit Senator Heitgres
„Jeder Zweite heimatlos, elend und hungrig"

In unserer letzten Ausgabe brachten wir einen Bericht über „Besuche, die wir den Flüchtlingen in Bunkern und Lagern machten". Nachdem wir uns über die Lebensbedingungen der Flüchtlinge orientiert hatten, lagen uns dennoch einige Fragen sehr am Herzen.

1. Frage an den Senator Heitgres: In der Straßenbahn, beim Einkauf und überall in der Öffentlichkeit, wo die Flüchtlingsfrage besprochen wird, hört man so oft von irgendeinem Menschen sagen: „Ach, die Flüchtlinge, die wissen schon, warum sie ‚getürmt' sind. Hätten doch bleiben können, wo sie waren."

Antwort: „Die allgemeine Auffassung, daß Flüchtlinge aus dem Osten alle Nationalsozialisten gewesen seien, ist durchaus nicht am Platze.
Wenn auch die Vergangenheit der aus den Ostgebieten zwangsweise Evakuierten im allgemeinen nicht festzustellen ist, so muß doch betont werden, daß innerhalb dieser Bevölkerungsschichten wohl derselbe Prozentsatz Antifaschisten zu finden ist, wie in den übrigen Gebieten Deutschlands."

2. Frage: Wo rührt aber diese falsche Einstellung her?

Antwort: „Es ist eine Tatsache, daß es höheren Verwaltungs- und Ministerbeamten gelungen ist, in hiesigen Gebieten wichtige Positionen zu besetzen, insbesondere bei den Reichsbehörden und auch in der Wirtschaft, da sie alte Verbindungen ausnützen. Das Wirken dieser Nazis hat sich natürlich benachteiligend auf die Einschätzung aller übrigen Flüchtlinge aus dem Osten ausgewirkt. Es zeigt sich hier wieder das alte Bild, daß der kleine Mann der Benachteiligte ist."

3. Frage: Wie kommt es, daß die nach Bayern evakuierten Hamburger nicht in ihre Heimatstadt zurückkönnen, aber statt dessen eine große Anzahl fremder Ansiedler in Hamburg Zuflucht bekommen hat?

Antwort: „Für Hamburg besteht laut Anweisung des Hauptquartiers vollständige Zuzugssperre. Die jetzt aus Bayern evakuierten Hamburger werden nach Neumünster geführt und von dort in verschiedene Kreise Schleswig-Holsteins weitergeleitet. Es wird von verschiedenen Seiten Klage geführt über schlechte Aufnahme und unmögliche Quartiersverhältnisse. Dazu ist zu sagen: Schleswig-Holstein hat jetzt schon 1,2 Millionen Flüchtlinge und erwartet in Kürze noch weitere Zuwanderungen von 180.000 aus den an Polen abgetretenen Gebieten. Meine Bemühungen gingen darauf hinaus, die Stadt Hamburg zu veranlassen, mit der bayrischen Regierung eine Verständigung zu treffen, daß alle Hamburger, die, da sie zum größten Teil schon seit 1943 evakuiert sind, in Bayern Wohnraum besitzen, in Bayern verbleiben sollten, im Hinblick darauf, daß sie ja inzwischen Möbel und Inventar sowie zum großen Teil auch eine wirtschaftliche Sicherung besitzen.. Statt dessen soll die gleiche Zahl der aus dem Sudetengebiet nach Bayern Eingewiesenen durchgeschleust und in Gebieten der britischen Zone untergebracht werden. Bisher ist es allerdings zu dieser Regelung nicht gekommen."

4. Frage: Wie waren bisher die Lebensbedingungen unserer Hamburger in Bayern?

Antwort: „Auf jeden Fall günstiger als in Hamburg. Erstens sind die Zerstörungen in Bayern bedeutend geringfügiger, und zweitens hat Bayern nur rund 10 bis 25 Prozent der Einwohnerzahl an Flüchtlingen untergebracht, während in Schleswig-Holstein in einigen Kreisen 100 und mehr Prozent aufgenommen wurden."

5. Frage: Aus Briefen und Gesprächen bekommt man das Gefühl, daß die Hamburger, die in der Provinz untergebracht sind, sich nicht genügend von den Verwaltungsstellen betreut fühlen.

Antwort: „Ich habe mich ununterbrochen darum bemüht, eine Zuzugsmöglichkeit für unsere Landsleute zu erwirken. Durch die Verlegung des britischen Hauptquartiers nach Hamburg ist die Militärregierung nicht in der Lage, hier irgendeine Lockerung der Bestimmungen zuzulassen. Selbstverständlich bemüht sich das Amt für Flüchtlingshilfe, das Los unserer Hamburger zu erleichtern, und soweit die deutsche Hilfsgemeinschaft in der Lage ist, setzt sie sich auch für Hilfsmaßnahmen dieser Hamburger ein.

Aus der weiteren Aussprache mit Herrn Senator Heitgres war zu ersehen, daß die Betreuung der Flüchtlinge in den Bunkern und Lägern in den Händen der Sozialverwaltung liegt. Herr Senator Heitgres unterstrich, daß die Zusammenarbeit mit diesem, Herrn Senator Dr. Nevermann unterstehenden Amt eine ausgezeichnete ist.

AUSBLICK

„Wertvolle Zuwanderung"

Hamburgische Bevölkerungsstatistik 1951-53

Jahr	Bevölkerung	davon Vertriebene*	Flüchtlinge**
1946	1.403.300	52.990 – 3,7 %	27.332 – 1,9 %
1947	1.462.448	67.564 – 4,6 %	39.341 – 2,7 %
1948	1.510.259	85.656 – 5,7 %	49.876 – 3,3 %
1949	1.558.402	99.570 – 6,4 %	57.978 – 3,7 %
1950	1.605.606	115.606 – 7,2 %	68.031 – 4,2 %
1951	1.658.038	137.677 – 8,3 %	80.531 – 4,8 %
1952	1.687.190	149.699 – 8,9 %	88.174 – 5,2 %
1953	1.722.819	162.694 – 9,4 %	104.569 – 6,0 %

* Personen aus den Gebieten östlich von Oder/Neiße oder von außerhalb des Deutschen Reiches

** Personen aus der SBZ bzw. späteren DDR.

Statistisches Jahrbuch der FHH 1953/54, S. 7

Trotz der Zuzugsbeschränkungen verzeichnete Hamburg im Vergleich zum Bundesgebiet bis zur Einführung der Freizügigkeit 1950 fast das größte Bevölkerungswachstum, der prozentuale Anteil der Flüchtlinge war jedoch gering. Es zeigte sich allerdings anfang der 50er Jahre, nach dem die Zuzugsbeschränkungen fortgefallen waren und Freizügigkeit herrschte, eine zunehmende Annäherung der Stadt an den Bundesdurchschnitt.

Die hamburgischen Zuzugsbedingungen hatten im Hinblick auf den Arbeitsmarkt ein günstiges Alters- und Geschlechterverhältnis zur Folge. Da die Mangelberufe häufig zu den traditionell männliche Berufen zählten, wie z.B. im Baubereich, kamen überproportional männliche Flüchtlinge nach Hamburg. Hamburg verzeichnete den höchsten Anteil an Männern an der Gesamtbevölkerung in den Besatzungszonen. 52,7 % der Vertriebenen waren männlich und 47,3 % weiblich. Bei der übrigen Bevölkerung war das Verhältnis annähernd umgekehrt: 46,9 % waren männlich und 53,1 % weiblich, da viele Män-

Der Anteil der Flüchtlinge an der Gesamtbevölkerung im Gebiet
der Bundesrepublik im Vergleich zu Hamburg

	Bundesrepublik	Hamburg
1946	15,9 %	5,6 %
1947	16,4 %	7,3 %
1948	17,4 %	9,0 %
1949	18,4 %	10,1 %
1950	19,5 %	11,4 %
1951	20,0 %	13,1 %
1952	20,4 %	14,1 %
1953	20,9 %	15,4 %

Statistisches Bundesamt (Hrsg.): Statistisches Jahrbuch der Bundesrepublik Deutschland 1954, S. 50.

Altersgruppen der Flüchtlinge in Hamburg 1950

Alter	männlich	weiblich	insgesamt	in %
90-94	11	24	35	0,04
80-89	151	300	451	0,6
70-79	662	1.224	1.886	2,2
61-69	2.241	2.130	4.731	4,8
50-60	6.728	5.740	12.468	13,6
45-49	4.553	3.333	7.886	8,6
40-44	4.883	3.775	8.658	9,4
35-39	5.083	3.852	8.777	9,5
25-29	5.956	6.380	12.336	13,5
22-24	3.311	2.760	6.071	6,6
15-21	3.701	3.350	7.051	7,7
10-14	2.820	2.681	5.501	5,9
5-9	2.847	2.707	5.554	6,0
0-4	882	839	1.721	1,9
			91.701	100,00 %

Statistisches Landesamt der FHH (Hrsg.) Ergebnis der Volkszählung vom 30.9.1950.
Hamburg in Zahlen 1952/10, S. 166.

ner an der Front ihr Leben gelassen hatten oder sich noch Kriegsgefangenschaft befanden. Zwischen 1946 und 1950 nahm der Anteil der Frauen gegenüber den Männern durch Familienzusammenführungen zu.

Da die Altersgruppe der voll im Erwerbsleben Stehenden überwog, waren 1950 55,6 % der Vertriebenen, aber nur 45,7 % der übrigen Bevölkerung erwerbstätig. Die Zuwanderung wirkte also ausgleichend auf den kriegsbedingten Frauenüberschuß in Hamburg und erhöhte den Anteil der im erwerbstätigen Alter stehenden jüngeren Einwohnerinnen und Einwohner.

Eingliederung

„In Hamburg werden Gegensätze nicht so sichtbar wie in Niedersachsen und Schleswig-Holstein, wo der bittere Mangel unmittelbar neben bürgerlicher und bäuerlicher Sicherheit steht," meinte Heinrich Albertz im Dezember 1947. Im Gegensatz zur Wahrnehmung der hanseatischen Stadtväter, die nur zu gern die Integration der Flüchtlinge auf dem Arbeitsmarkt als alleiniges Kriterium gelungener Eingliederung heranzogen, beschrieb der damalige niedersächsische Flüchtlingsminister mit dieser banal anmutenden Bemerkung trefflich die Lage der Flüchtlinge in Hamburg, differenzierte sie doch zwischen Augenschein und Wirklichkeit.

Das großstädtische Aufnahmemilieu Hamburgs bot mit seiner pluraleren Struktur, die der Herkunft eine geringere Rolle im gesellschaftlichen Leben zuweist und dadurch, daß bereits fünf Monate nach Kriegsende fast jeder Flüchtling über einen Arbeitsplatz verfügte, ungleich bessere Bedingungen als dörfliche Aufnahmeregionen.

Dennoch wäre es vorschnell, soziale Ungleichheiten zwischen Einheimischen und Flüchtlingen aus dem Blick zu verlieren: Ungleich waren die allgemeinen Lebensbedingungen, wie die Position auf dem Arbeitsmarkt; und ebenso waren Flüchtlinge gegenüber Einheimischen als „Befürsorgte" eines von personellen und inhaltlichen Kontinuitäten zum Nationalsozialismus geprägten Apparat der Sozialverwaltung benachteiligt.

Soziale Ungleichheit entstand auch dadurch, daß ebenso in Hamburg wie in der übrigen Bundesrepublik ein großer Teil der Vertriebenen berufsfremd beschäftigt war (1950: 20 %). Trotz der selektiven Zuzugsbedingungen in Hamburg entsprach diese Quote dem Bundesdurchschnitt. Damit einher ging ein beruflicher Abstieg, sowohl in Bezug auf das Durchschnittseinkommen, als auch im sozialen Status.

Das Hamburger Zuzugsrecht bevorzugte unselbständig arbeitende Personen. Wenn Selbständige nicht gerade in einem Mangelberuf arbeiteten, hatten sie es schwer, in Hamburg Fuß zu fassen.

Für die Ansiedlung von Vertriebenenunternehmen, von denen es bereits 1946/47 einige erfolgreiche Fälle gab, gab es im Gegensatz zu anderen Bundesländern keine Konzepte. Sie verlief ohne gravierende staatliche Eingriffe und war trotz zinsgünstiger Kredite oder des möglichen Erlasses der Grunderwerbssteuer letztlich der Eigeninitiative überlassen. 1950 gab es rd. 3.000 Vertriebenenunternehmungen; das waren 3,3 % der hamburgischen Unternehmungen. Jedoch waren nur 1,9 % der Hamburger Beschäftigen bei ihnen tätig. Bis auf Handwerksbetriebe waren sie durchschnittlich kleiner als einheimische Betriebe.

Während die Erwerbsquote bei den Vertriebenen bis in die 50er Jahre weit über der der Einheimischen lag, war die Arbeitslosenrate bundesweit am niedrigsten, selbst als Hamburg diesbezüglich die Spitzenposition einnahm.

Erklärtes Ziel der Hamburger Flüchtlingspolitik war die möglichst reibungslose Assimilierung der Flüchtlinge. Sie sollten sich einfügen in die Stadt, jedoch nicht ihr Gepräge verändern. So hat es eine Förderung spezieller Flüchtlingsindustrien in Hamburg nie gegeben. Ebensowenig wurden Wohnquartiere im Gegensatz zu anderen Bundesländern ausschließlich für Vertriebene geschaffen, selbst als Bundesmittel für den Wohnungsbau dies nahegelegt hätten, wurde geleitet von dem Ziel der Assimilierung auf die Durchmischung der Neubauwohnkomplexe geachtet.

Zuzugsbeschränkungen galten auch für andere zerstörte Großstädte, den Bedarf an Arbeitskräften, für die keine Wohnungen vorhanden waren, gab es dort ebenso, ebenso das mehr oder minder erzwungene Hineinpressen in Arbeitsverhältnisse. Das besondere an Hamburg als Stadtstaat, später als Bundesland, war jedoch die Möglichkeit des ausschließlichen Nutznießertums und der besseren Steuerungsmöglichkeiten dieses Prozesses.

Die Formel von „der Stadt der kurzen Wege" galt auch für das Landesarbeitsamt. Die Einweisung in das Land Hamburg bedeutete gleichzeitig Einweisung in den Ort der Wohnsitznahme. Damit wurden alle nach Hamburg kommenden Personen direkt dem Arbeitsamt gemeldet, mit der Folge einer effektiveren Arbeitsvermittlung und Erfassung als in Flächenländern. Außerdem brauchte keine räumliche Lenkung dieser Arbeitskräfte zu Erfolgen.

Die ökonomische Eingliederung vollzog sich als organischer Prozeß im Zuge des Wiederaufbaus. Die Flüchtlinge erschwerten nicht den Wiederaufbau, sondern wurden vielmehr zur Ingangsetzung der Produktion und zum Erhalt der Funktionsfähigkeit des öffentlichen Dienstes gebraucht.

Hanseatische Weltoffenheit?

Hamburg gelang es von der Aufnahme der ersten Flüchtlingszuwanderung in den letzten Kriegswirren bis zum geregelten Aufnahme- und Umsiedlungsverfahren sowie dem Notaufnahmeverfahren Anfang der 50er Jahre sich die für sie notwendigen Arbeitskräfte herauszufiltern.

Falls man dem Vorgang von Aufnahme und Eingliederung einen Schlüsselwort zuordnen wollte, so ist dies der Begriff „Arbeit":

Wenn es nicht gelang, nur arbeitsfähige Flüchtlinge und Vertriebene aufzunehmen, wie unmittelbar vor und nach Ende des Krieges, dann war die Wiederherstellung der Arbeitskraft das zentrale Ziel fürsorgerischer Betreuung. Dabei war Arbeit das sowohl aus therapeutischen als auch aus ökonomischen Gründen eingesetzte Mittel. Die Auswahl der Flüchtlinge nach ihrer ökonomischen Verwertbarkeit, nach ihrer Leistungsbereitschaft und die Abwehr der sozial Schwachen, wie Fürsorgeempfänger oder Rentner, war eine Politik, die erfolgreich war, und für die teilweise die Wohnungs- und Nahrungsmittelknappheit eher ein willkommener Anlaß als der Grund war.

Senat und Behörden kamen bei einer Besprechung über „Flüchtlingsbenachteiligung" im Oktober 1950 zu dem Schluß, daß der Assimilierungsprozeß so weit fortgeschritten sei, daß von einer Gleichstellung von Einheimischen und Flüchtlingen gesprochen werden könne. Der Blick dürfte hier wohl nur auf die Arbeitslosenstatistik, nicht jedoch auf die im Vergleich zur einheimischen Bevölkerung schlechteren Lebensbedingungen gefallen sein. Die vier für die Situation der lohnabhängigen Vertriebenen charakteristischen Faktoren:
– hohe strukturell bedingte Arbeitslosigkeit,
– ein überdurchschnittlicher Prozentsatz an berufsfremd Beschäftigten,
– ein überdurchschnittlicher Prozentsatz an Pendlern,
– häufige Trennung von den Familien,
trafen, bis auf den ersten, auch für Hamburg zu. Soziale Ungleichheiten konnte für viele Vertriebene durch eines abgefangen werden: Sie hatten eine berufliche Perspektive, zumindest einen Arbeitsplatz und für diejenigen, die die Zuzugshürde genommen hatten, war die Großstadt kein „zufälliger Ort der Ansiedlung, sondern meistens das Ziel von Wünschen und ausführlichen Planungen." (Albrecht Lehmann)

Alte städtische Sozialstrukturen waren durch den Krieg zerstört worden, so daß die Zuwanderinnen und Zuwanderer nicht auf festgefügte Verhältnisse trafen. Sie bildeten z. B. in Wohnlagern, in denen sie ein Drittel der Bewohnerinnen und Bewohner stellten, oder in Neubaugebieten mit den Hamburgerinnen und Hamburgern – so auch rückgekehrten „Butenhamborgern" – ein neues soziales Milieu.

Aus der Perspektive Hamburgs kann die Zuwanderung der Vertriebenen und Flüchtlinge als reine Arbeitskräfteeinwanderung typologisiert werden. Im Gegensatz zu anderen Großstädten ist auch das Zuwanderungsgebiet im wesentlichen gleich geblieben. 1890 kamen 17% der Hamburger Bevölkerung aus Gebieten östlich der Elbe.

RITA BAKE

BILDER DES ERINNERNS

Im Sommer 1996 startete ich einen Aufruf im Hamburger Abendblatt, um Interviewpartnerinnen und -partner zu finden, die bereit waren, über ihre Aufnahme in Hamburg nach Über 50 Personen, ausschließlich Frauen, meldeten sich. Meine Gesprächspartnerinnen hatten nach ihrer Flucht entweder direkt in Hamburg, in Hamburger Randgebieten oder zunächst in Schleswig-Holstein Unterkunft gefunden, um dann in den 50er Jahren nach Hamburg zu ziehen.

Zum Zeitpunkt der Flucht waren die Gesprächspartnerinnen Kinder oder Jugendliche gewesen, einige auch schon junge berufstätige Frauen. Mit den meisten von ihnen führte ich Gespräche. Einige hatten aber auch schon vor vielen Jahren ihre Erinnerungen – meist für ihre Familie – aufgeschrieben, für andere bot dieser Aufruf Anlaß, ihre Erfahrungen zu Papier zu bringen.

Zwei Themenschwerpunkte kristallisierten sich bei den Gesprächen und den Niederschriften heraus: Die Schwierigkeiten mit der Integration, dem Angenommen-Werden durch die „Einheimischen" – ein Begriff, der für viele Flüchtlinge/Vertriebene nichts von seiner Aktualität verloren hat – und der erlittene Heimatverlust.

Die Gesprächspartnerinnen, die auf den folgenden Seiten vorgestellt werden, bilden nur eine kleine Auswahl. Auch sind die Interviews stark gekürzt, für die bessere Lesbarkeit bearbeitet und nach den Themen „Integration" und „Heimatverlust" untergliedert.

Einmal Flüchtling – immer Flüchtling?

Die Aufnahme in der Fremde verlief zuerst oft recht wohlwollend. „Wenn die Sache zum Schlimmsten kommt, dann kommt nach Hamburg," schrieb z. B. ein Onkel an seine Nichte. Die Flüchtlinge wurden als Gäste aufgenommen, glaubten doch sowohl die Gastgeber und Gastgeberinnen als auch die Besucherinnen und Besucher, daß sie nur für kurze Zeit das Gastrecht in Anspruch nehmen würden. „Ich kam nicht auf den Gedanken, nicht wieder zurückkehren zu können," sagte eine meiner Gesprächspartnerinnen. „Ostdeutsche auf Zwangsurlaub" wurden deshalb die Flüchtlinge auch anfangs manchmal genannt.

Als sich dann herausstellte, daß die Flüchtlinge/Vertriebenen nicht nur Gäste waren, sondern bleiben würden, begannen die Konflikte. „Wir waren unseren Verwandten, bei denen wir untergekommen waren, etwas zu viel," brachte eine Interviewpartnerin die damalige Situation auf den Punkt.

Die Konfrontation zwischen Einheimischen und Flüchtlingen steigerte sich noch, als sich die Lage nach dem Krieg in Westdeutschland verschlechterte: Wohnungsmangel, Lebensmittelknappheit und Arbeitslosigkeit erschwerten das alltägliche Leben. Die Folge: Konkurrenzverhalten trübte die zwischenmenschlichen Beziehungen.

Mit amtlichen Verordnungen und Hilfestellungen allein war die Integration nicht zu schaffen. Auch psycho-soziale Prozesse spielten dabei eine entscheidende Rolle, die wiederum – sowohl in Herkunfts- als auch in Aufnahmegebieten von politischen und geographischen (Stadt/Land) Gegebenheiten beeinflußt wurden. Nach Hamburg z. B. – dem Tor zur Welt – kamen schon seit eh und je Zuwanderinnen und Zuwanderer. So bedeutete der Zuzug von Flüchtlingen, die nach dem 2. Weltkrieg Hamburg als Zufluchtsstätte gewählt hatten, für die „Einheimischen" nicht Neues – im Gegensatz zur Landbevölkerung, die solch einen Zuzug in diesem großen Ausmaß noch nicht kennengelernt hatte. Doch fiel den Neubürgerinnen und Neubürgern die Integration in Hamburg auch leichter, als denen, die auf dem Lande Zuflucht fanden. Sie verlief wohl anders – aber leichter? Mittellose Zuwanderinnen und Zuwanderer hatten es z. B. in Hamburg stets schwer Fuß zu fassen – im Gegensatz zu den betuchten zugewanderten Kaufleuten. Dieses „haste nichts, dann bist du auch nichts" nagte auch an den Flüchtlingen der Nachkriegszeit. Der Verlust des sozialen Status saß tief – besonders natürlich bei denen, die Besitz verloren hatten. Und so ist es auch nicht verwunderlich, daß so mancher Flüchtling, der hier mangels verfügbarem Besitzes nicht seinen ehemaligen sozialen Status erringen konnte, sich damit rächte: „indem er seinen bescheidenen Hof nachträglich zum ‚Gut in Schlesien' hoch stilisierte", schreibt Dieter Franck in seinem Buch „Jahre unseres Lebens 1945-1949". Allerdings nützte ihm dies oft nur wenig. Es kursierten Witze unter den Einheimischen, die vielen von ihnen bis heute noch präsent sind, wie: „Warum ist die Lombardsbrücke um einen Meter abgesunken? Weil ein Flüchtling mit seinem Lastenausgleich hinüber gefahren ist." Oder: „Was ist der Mond? Er ist ein Flüchtling, denn mal hat er einen Hof, mal hat er keinen." Dennoch vollzog sich in Hamburg die Integration der Flüchtlinge leichter als auf dem Lande, denn in Hamburg fanden nur diejenigen Aufnahme, die auch einen Arbeitsplatz einnehmen konnten. Damit waren sie nicht zu Bittstellern abgestempelt.

Der Standesdünkel so manch eines geborenen Hamburgers erschwerte wenn nicht verhinderte sogar eine freundschaftliche Verbindung zwischen Flüchtlingen und Einheimischen. Bereits die Klänge eines ungewohnten Dialektes, die Konfrontation mit anderen deutschen Sitten und Gebräuchen ließen viele Einheimische den Verlust ihrer Identität befürchten. Mißtrauen gegenüber den Flüchtlingen und die starre Verteidigung der eigenen Interessen waren die Folge. Dieses Mißtrauen gipfelte in dem Vorurteil, daß jemand, der seine Heimat, seinen Besitz, seine Freunde und Verwandte verließ und sich in eine ungewisse Zukunft begab, Dreck am Stecken haben müßte, vielleicht sogar ein Nazi gewesen sein könnte. Diese Argumentation konnte gut von den eigenen schwarzen Flecken auf der sogenannten weißen Weste ablenken. Natürlich gab es auch unter den Flüchtlingen, ebenso wie unter den Einheimischen, ehemalige NSDAP-Mitglieder. Schleswig-Holstein war sogar, mit Hilfe alter Kameraden, zum Zufluchtsort mancher Nazi-Größe geworden. Und natürlich hatten viele, sowohl Einheimische als auch Flüchtlinge, wirtschaftlich von den Nazis profitiert.

Auf diese Repressalien hin entwickelten viele Flüchtlinge Schuldgefühle. Sie erfuhren, daß sie nicht erwünscht waren und empfanden sich daher als Eindringlinge. Andere reagierten mit stillem Leiden. Sie wollten niemandem zeigen, daß sie sich verletzt fühlten.

Aber auch Flüchtlinge/Vertriebene konnten den Einheimischen gegenüber Vorurteile, Neid und Ressentiments entwickeln. Gerade in einer Zeit, in der sowohl für die Einheimischen als auch für die Flüchtlinge kaum materielle Werte vorhanden waren und sich bei den Flüchtlingen das Gefühl der Wurzellosigkeit ausbreitete, blühte der Neid auf beiden Seiten. Flüchtlinge befanden: „Für die Einheimischen wird alles getan, nur für uns nicht." Und die Einheimischen behaupteten das gleiche über die Flüchtlinge. Daneben gab es aber auch viel Hilfsbereitschaft auf beiden Seiten.

Im Selbstverständnis der jungen Bundesrepublik galt die Integration der Flüchtlinge als Nachkriegswunder. Und so schrieb 1972 das „Hamburger Abendblatt" unter ihrer kleinen Rubrik: Hamburger ABC. „Vertriebene: In den Jahren nach dem 2. Weltkrieg nahm Hamburg rd. 440.000 Vertriebene bzw. Flüchtlinge aus den Ostgebieten auf. Sie sind inzwischen weitgehend integriert; viele fühlen sich als Hamburger." Nach außen hin schien die Integration auch gelungen zu sein. Die Flüchtlinge lebten in Wohnungen, hatten Arbeit und konnten sich materielle Güter leisten. Allerdings, riskiert man einen Blick auf die Art der Arbeit, so stellt man fest – wie Albrecht Lehmann schreibt: „daß Angestellte, Beamte, Arbeiter bis in die 1970er Jahre hinein unter den Flüchtlingen statistisch gesehen überrepräsentiert waren. Ihr Anteil unter den Selbständigen war entsprechend geringer." Und Albrecht Lehmann zieht daraus den Schluß: „Der materielle Vorteil, den – ‚ererbtes Kapital'– etwa Immobilienbesitz in guter Lage – den Nachkommen verschafft, läßt sich nur selten in einer Generation ‚aufholen'. Auch für die Nachkommen dieser Einwanderer aus dem Osten wird es mehrere Generationen bedürfen, bis sie sich nach Maßstäben der Bevölkerungsstatistik etabliert haben." Kann angesichts dieser und der noch darzustellenden Tatsache, daß viele Flüchtlinge/Vertriebene bis heute unter diesen Repressalien leiden, immer noch guten Gewissens von einer gelungenen Integration gesprochen werden?

Das viele Reden über eine Integration der Flüchtlinge wirkte nahezu wie eine Wechselwirkung und hatte tatsächlich bei vielen Flüchtlingen zur Folge, daß sie sich anpaßten. Denn wer wollte schon als nicht-integrierbar gelten? Dem „Nicht-Integrierbaren" haftete schließlich der Geruch des Asozialen, des Gescheiterten an. Das wollte niemand. Und so packten sie kräftig mit an beim Wiederaufbau mit der Hoffnung, ihres alten Sozialstatus wiederzuerlangen.

Eine wirtschaftliche Integration konnte aber nur dann reibungslos vonstatten gehen, wenn seelische Verletzungen ignoriert wurden. Und so ist es nicht verwunderlich, daß selbst zwischen Eltern und Kindern nicht über die erlittenen Repressalien gesprochen wurde. Dieses Schweigen verhinderte eine Verarbeitung des erfahrenen Leids. „Ich hatte es bisher verdrängt, ich konnte vergeben, aber vergessen kann ich es nie," schrieb eine Gesprächspartnerin.

In den Herzen vieler meiner Interviewpartnerinnen gruben sich Bilder des Erinnerns ein, die voller Leid sind. Bei einigen haben sich daraus sogar Traumata entwickelt. Aber es gab auch andere Gesprächspartnerinnen, die sich von Anfang an in Hamburg wohl gefühlt und keine Repressalien erfahren hatten. Diesen letzteren Interviewpartnerinnen wird man nicht gerecht, wollte man hier lediglich einen Verdrängungsprozeß sehen. So banal es auch klingt: Wir Menschen sind nun einmal sehr unterschiedlich, geprägt von den unterschiedlichst erlebten Geschichten, die uns im Laufe unseres Lebens widerfahren sind. Deshalb gibt es auch kein: So und nicht anders wurden die Flüchtlinge von den Einheimischen behandelt, so und nicht anders haben diese reagiert, und so und nicht anders erinnern sich die Flüchtlinge. Allen gemein ist zwar das Erinnern. Aber jeder Mensch hat seine eigenen, individuellen Bilder des Erinnerns. Denn was sich in der Erinnerung festsetzt, hängt von vielen individuellen Faktoren ab. Da wäre z. B. das „Nervenkostüm", welches mit entscheidend dafür ist, wie Schicksalsschläge verkraftet werden. Gleichzeitig spielen das Alter, die körperliche Konstitution, die Erziehung, die uns mehr oder weniger gelehrt hat, mit Konflikten umzugehen, die in der Familie – genauso mehr oder weniger – praktizierte Heimatverbundenheit, die übermittelten Werte und Traditionen eine wichtige Rolle bei der Bewältigung von Flucht, Vertreibung und Neuorientierung.

Und noch ein weiterer Aspekt, der für die Einschätzung erlittener Repressalien berücksichtigt werden sollte, muß an dieser Stelle erwähnt werden. Ich möchte hier, als ein im Nachkriegsdeutschland geborenes Kind von Flüchtlingen, auf einen Umstand der Vergangenheitsbewältigung hinweisen, der mich schon früh hellhörig gemacht hat und der mich heute dazu veranlaßt bei Schuldzuweisungen mehr die vielen Grautöne als die allseits beliebte Schwarz-Weiß-Malerei zu sehen.

Zuerst einmal ist das, was sich in der Erinnerung an Vorwürfen eingegraben hat, für die Betroffenen real existent. Da ist es egal, ob die historische Realität ein anderes Bild gibt. So wird kaum bedacht, daß manch eine Behinderung und Ungerechtigkeit gar nicht aus Schikane gegenüber den Flüchtlingen erfolgte, sondern aus ökonomischen und gesellschaftspolitischen Gegebenheiten. So ließen z. B. behördliche Vorschriften manchmal kein anderes Handeln zu.

Ebenso sitzen oft Verletzungen so tief und wird die Entwurzelung als so groß empfunden, daß viele Flüchtlinge mit diesen Wunden nur leben können, wenn sie eigenes Fehlverhalten, das Scheitern in Schule, Beruf und beim Versuch soziale Anerkennung zu erlangen auf die Einheimischen als die Sündenböcke und -ziegen abwälzen können. (Ähnliches Verhalten im umgekehrten Fall kann sich auch bei Einheimischen zeigen. Hier gibt es dann andere Faktoren – wie Angst vor Überfremdung – die eine Sündenbock-Theorie für viele überlebensnotwendig macht.)

Ein sehr nachdenklich stimmender Aspekt von Flucht, Vertreibung und dem Problem der Integration ist die Übertragung der aus diesem Erlebten resultierenden Ängste und Unsicherheiten auf die Kinder, die zwar auch die Flucht erfahren hatten, aber noch dank ihrer kindlichen Neugier unbeschwerter auf alles Neue zugingen. Sie wurden jedoch von ihren Müttern, die voller Ängste steckten, sich überfordert fühlten und große

Schwierigkeiten hatten, sich in der „Fremde" einzuleben, mit Aussprüchen gebremst wie: „Wir gehören nicht dazu, du siehst wir werden nicht akzeptiert."

Die gefühlsmäßig nicht erfolgte Integration trifft auch noch die nächste Generation, die die Flucht nur durch Erzählungen kennengelernt haben. Nicht verarbeitete Erlebnisse auf der Flucht können übertriebene Ängste hervorrufen, und die erfahrenen Repressalien nach der Flucht führen manchmal zu einem besonders ausgeprägten Mißtrauen gegenüber Einheimischen. Diese aus Flucht, Vertreibung und erschwerter Neuorientierung resultierenden Verhaltensweisen wirken sich oft auch auf die Nachgeborenen aus. So werden Kinder überängstlicher Mütter überbehütet und damit in ihrer kindlichen Entwicklung beeinträchtigt. Kinder, deren Eltern ein ausgeprägtes Mißtrauen gegenüber Einheimischen einwickelten, bekommen oftmals Schwierigkeiten, ein gesundes Ver- und auch Mißtrauen gegenüber Fremden aufzubauen, was manchmal sogar die Unfähigkeit, tiefe Freundschaften zu gründen, hervorruft.

Albrecht Lehmann setzt in diesem Zusammenhang in seinem Buch „Im Fremden ungewollt zuhaus" Parallelen zu dem durch den Krieg erfahrenen schmerzhaften Verlust von Menschen und dem Aufkommen der westdeutschen Friedensbewegung: „Wer nach Gründen für das Aufkommen der westdeutschen Friedensbewegung – des Vietnamprotests und des Protests gegen den Golfkrieg – sucht, der sollte die Folgen des Erzählens aus der Kriegs- und Nachkriegszeit in Betracht ziehen. Die ausgehenden 1950er Jahre waren eine Zeit, in der das Reden über einen Krieg und eine neuerliche Vertreibung nicht verstummen wollte. Der Koreakrieg lag erst ein paar Tage zurück. Der Zweite Weltkrieg war überall noch in Trümmergrundstücken sichtbar (…). Das ist das historische Umfeld einer Kindheit, vor dem diese Erzählung ihre Aussagekraft gewinnt. Die Erinnerung der Mutter an den Verlust der Heimat hat sich auf das Kind übertragen. So ist nicht Heimweh zur ‚Erbkrankheit' geworden, wie es sich manche unserer Heimatpädagogen und Vertriebenen-Politiker gewünscht hatten, sondern Kriegsangst; ein Gefühl der Furcht, das als kulturelles Leitmotiv inzwischen die Generationen der heutigen Schulkinder erreicht hat."

Hermann Rockmann
Flüchtlingsgespräche 1943-1963

Eine NDR-Hörfunksendung aus dem Jahre 1963.

Rockmann: Mehr als 14 Millionen Menschen wurden in annähernd zwei Jahrzehnten zu Flüchtlingen. Die wenigen Stimmen, die in den Archiven des Rundfunks aufbewahrt werden, deuten nur sehr spärlich an, was an millionenfacher Angst und Sorge in dieser Zeit zu überwinden war und bewältigt wurde. Vertriebene und Flüchtlinge haben sich assimiliert. Sie leben unter uns und haben geheiratet, sie haben Kinder geboren und ihre Sonderrechte existieren nur in wenigen Textzeilen der Gesetze, die für sie gemacht wurden. Kaum 2 ½ Millionen sind in Flüchtlingsverbänden organisiert. Einmal im Jahr vielleicht treffen sie sich, manchmal unter fragwürdigen Thesen und Parolen. Die Alten träumen sicher noch vom Kurischen Haff und vom Riesengebirge, von Königsberg und Danzig. Die Enkel wissen kaum noch etwas über Breslau und Kometow, über Zoppot und die Bernsteinküste. Die Flüchtlinge haben sich arrangiert im Kreis der Familie und der Freunde, im Bereich ihrer Berufe, in der Nachbarschaft ihrer Mitbürger. Nur wenige sind ins Elend und oft unverschuldet in die Armseligkeit hinabgestoßen worden. Andere wieder machten Karrieren als Unternehmer oder Politiker, als Künstler, Kaufleute oder Schriftsteller. Auch sie standen 1945 vor dem Nichts – wie wir alle. Ihr Flüchtlingsschicksal aber war anders, ihr Beispiel ist die Ausnahme. Ihre Bilanz aber schließt das Damals mit ein.

Rockmann:
Herr Falk (Inhaber eines Kartenverlages), wo waren Sie eigentlich 1945 bei Kriegsende etwa?

Ich war in Thüringen, Steinbach, das ist in der Nähe von Bad Meiningen. Dann mußte ich mich auf die Flucht begeben, da die Russen die thüringiische Zone besetzten. Das war ein Punkt, der sehr kritisch war; innerhalb von zwei Tagen war die Besetzung. Und ich bin mit einer Aktentasche quer durch den Wald gelaufen, bis ich in Bayern morgens irgendwo in einem anderen kleinen Ort mich wiederfand. Auf der Flucht stellte ich fest, daß ich nur Menschen traf, die auch auf der Flucht waren – und jeder suchte. Ich traf eine alte Schulfreundin, mit der ich zusammen einmal Kartographie gelernt hatte. Und ein Ausspruch gab die Initialzündung: „Stadtpläne werden gewünscht".

Rockmann:
Sie mußten die Stadt höchstwahrscheinlich neu aufnehmen?

Wir mußten völlig neu anfangen, fanden die Mitarbeiter Großteils auf der Straße. Wir schickten die Mitarbeiter dann auf die Straße, und ich fuhr vorweg mit einem Fahrrad und nahm als erstes das Zerstörte von Hamburg auf. 1946 haben wir schon bereits gedruckt und verkauft. Und wir hatten einen sehr guten Erfolg, besonders weil wir die ersten waren, die publikumswirksam Orientierungshilfen anfertigten für Zerstörtes und Nichtzerstörtes.
Nachdem nun alles fertig war, hatte ich eine Karte auf einem kleinen Papierformat hergestellt. Der praktische Fall zeigte mir aber, dies war übrigens in der Straßenbahnlinie 18, die, wie alle Verkehrsmittel seinerzeit, überfüllt war, daß selbst da noch nicht viel mit einer Karte in solch einem Format anzufangen war.
Die Karte hatte ein Format von 74 x 60 cm. Aber soviel Platz war in derzeitigen Verkehrsmitteln nicht.

Dann kam die Idee von der Zeitung: Wie ein Pocketbuch kann ich nun alle Stadtteile einzeln betrachten und trotzdem zu Hause den Plan auseinandernehmen.

Rockmann:
Wann war das etwa, Herr Falk?

Das war im Frühjahr 1946.

Rockmann:
Das war vielleicht die Sternstunde Ihres späteren beruflichen Weges. Wieviel Karten haben Sie heute nach dem System, nach dieser Methode verkauft?

Es sind heute ca. 14 Millionen.

Rockmann:
Wieviel Städte haben Sie aufgenommen?

60 Städte, zum größten Teil in Deutschland und Europa. Aber auch einige Metropolen in Süd- und Nordamerika.

Rockmann:
Würden Sie sich heute als wohlhabenden, vielleicht sogar als reichen Mann bezeichnen?

Als zufriedenen Mann, der soviel Geld hat, seine weiteren Wünsche und verlegerischen Absichten in die Tat umzusetzen.

Rockmann:
Herr Falk, was bedeuten nun diese Jahre nach dem Kriege für Sie heute?
Haben Sie einen Einfluß gehabt, haben sich daraus bestimmte Erkenntnisse gegeben? Ihnen geht es heute zwar gut, Sie sind ein zufriedener Mann, Sie sind konkurrenzfähig auf dem Markt in jeder Hinsicht. Würden Sie sagen, mir geht es heute so gut und ich bin so gesichert, daß es mir eigentlich niemals wieder schlecht gehen kann?

Das möchte ich auf keinen Fall sagen, das hängt von zuviel anderen Dingen ab, auf die man selber keinen Einfluß hat. Das Entscheidende ist aber, eine gewisse Sicherheit, die man bekommt, wenn man einmal aus Nichts etwas aufgebaut hat. Nicht nur eine Existenz für sich alleine, sondern für viele andere. Wenn ich heute einen neuen Plan herausbringe im Ausland, ist die Basis selbstverständlich eine andere. Im Prinzip ist es aber dasselbe wie 1945, 1946 mit wenige Kapital, mit Energie und mit Ideen ein neues Objekt erfolgreich im Ausland, sei es Süd- oder Nordamerika, herauszubringen.

Rockmann:
Herr Lenz (der Schriftsteller Siegfried Lenz), ich glaube, mich nicht zu täuschen, wenn ich sage, daß Sie in Ostpreußen geboren sind. Wo eigentlich?

> In Lücken, in Ostpreußen. Ich war 1945 in Dänemark. Ich bin mit meinem Schiff Ende des Krieges untergegangen und kam unmittelbar danach nach Dänemark. Das Kriegsende hat sich für mich an der dänischen Grenze vollzogen, d. h., ich wurde vom Frieden dort überrascht. Ich war mit einem Kumpel dort, wir hörten, daß in der Nähe eine Mühle, ein großes Magazin, das unmittelbar darauf gesprengt werden sollte, die letzten Vorräte los werden wollte. Dorthin zuckelten wir mit einer großen Zeltbahn, ließen sie uns vollwerfen mit herrlichen Sachen, die man nicht fristgerecht hatte ausgehen lassen können – also Schnaps, Sauerkohl, Fleisch usw.. Und damit gingen wir zur Mühle zurück, setzten uns auf eine große Pappe, die im Wasser lag und tranken so fürchterlich, daß ich mich nur noch einer 24stündigen Bewußtlosigkeit entsinnen kann. Inzwischen war die Kapitulation erfolgt, und ich erwachte gewissermaßen im Frieden. Das war an der dänischen Grenze, bereits auf deutscher Seite. Es ging ganz kurz in das große Auffanglager in die Nähe von Husum, und von dort kam ich dann allerdings sehr rasch zum englischen Korps als Dolmetscher – das war in Heide. Von Heide ging es dann auf kürzestem Wege, etwa nach einem halben Jahr, nach Hamburg, wo ich angefangen habe zu studieren. Das war naturgemäß eine sehr schwierige Zeit, denn ich hatte mich einzurichten. Es gab keine Wohnungen, ich hatte nichts zu essen. Alles, was ich mitbrachte, war ein Brotbeutel Waren, ein paar Marinetaschentücher, die mit dem roten Streifen drin, und zwei linke Schlittschuhe. Die hatte mir ein gutmütiger Mensch geschenkt, weil ich ihm im Sommer gesagt hatte, ich laufe so gerne Schlittschuhe.

Rockmann:
Man kam sehr schnell dahinter, daß man sich anpassen mußte?

> Der Mangel weckt ja sozusagen oder erregt ganz bestimmte Beschaffungskünste, möchte ich sagen. Na ja, wie lebte man damals – man hat schwarzgehandelt. Und ich habe auch in meiner bescheidenen Weise versucht, mich darauf einzurichten. Allerdings merkte ich gleich, daß man den Angeboten, den Zufallsangeboten nicht allzu sehr nachgeben durfte. Und ich habe mich in meiner Schwarzhandelsphase sofort spezialisiert auf Zwiebeln, aufs Präparieren von Alkohol, der also herrliche Bilder vor das Auge brachte – manchmal so von Fröschen und Eidechsen und alles mögliche, was darin geschwommen hatte, … Alkohol wie gesagt und Stopfnadeln. Furcht und Schrecken, glaube ich, lagen hinter mir zu dieser Zeit. Und was vor mir lag, empfand ich als ein großes Abenteuer, als eine Einladung zu einem Abenteuer. Ich war einfach jung genug, ich war womöglich unbesorgt genug und unbedarft genug, um das alles als Abenteuer anzusehen. Als Abenteuer, das einfach die In-

stinkte scharf machte, das uns beweglich hielt, das uns jeden Tag darauf brachte, nun zu erkunden, wo kriegst du was, wo ist etwas möglich, wo kriegst du was zum Anziehen, wo kriegst du was zu Essen usw.. Man mußte sich darauf einrichten. Und so habe ich beispielsweise gleich umgeschwenkt, als ich eines Tages Pech hatte in meiner Schwarzhandelei und wurde Blutspender. Ein Kumpel überredete mich dazu, Blut zu spenden. Wir gingen zum Krankenhaus, kriegten dort jedesmal unmittelbar hinterher eine Flasche Wein und verschiedene Brotmarken, Nahrungsmittelmarken, Ei- und Fleischmarken, die wir nicht allzuweit vom Krankenhaus entfernt gleich wieder in Zigaretten umtauschten. Und auf diese Weise konnte ich natürlich wieder arbeiten. Sicher, es war eine Zwischenphase, denn hinterher ergab sich wieder die Gelegenheit, mit anderen Dingen, beispielsweise mit Uhren, zu handeln oder mit Tabak und mit Zigaretten. Und auf diese Weise ging es also vortrefflich.

Rockmann:
Wann begann die journalistische Tätigkeit, wann begann die Schriftstellerei, wann bekamen Sie, jetzt als Bürger dieser Stadt, wieder Boden unter die Füße?

Das begann als ich zur Zeitung kam. Noch in meiner Studentenzeit lernte ich den Chefredakteur der Zeitung DIE WELT kennen, der mich einlud, zu ihm in die Redaktion zu kommen und mal zuzuschauen, wie sich die journalistische Arbeit vollzieht. Das habe ich damals gemacht. Und so wurde ich nach meiner Studentenzeit Redakteur. Eine Sache, die ich heute wirklich sehr hoch schätze. Zumindest bin ich dem Mann sehr dankbar.

Rockmann:
Herr Lenz, was ist aus dieser Zeit heute bei Ihnen hängengeblieben, was ist noch vorhanden an Erinnerung und vielleicht an Deutung dieses Erlebens?

Erinnerungen sehr viel. Aber an Erfahrung, als Erfahrungsbestand eine Maxime oder ein Lebensdogma: daß man nach Möglichkeit sehr disponibel leben sollte. Besitz ist so eine Sache, das habe ich damals eingesehen und gelernt, der sehr vergänglich und verrutschbar ist, woran man an keinem Fall hängen sollte – jedenfalls ziemlich bedeutungslos. Man sollte wirklich, um frei zu sein – es gibt verschiedene Arten und verschiedene Möglichkeiten der Freiheit – aber um in einer Weise frei zu sein, wie ich es mir wünsche, sollte man versuchen, so disponibel zu sein, wie damals im Jahre Null.

Rockmann:
Die Statistik ist immer noch nicht abgeschlossen, das Gespräch ist noch nicht zu Ende. Wie sagte doch die alte Frau damals kurz nach dem Kriege auf die Frage: ‚Was machen Sie, wenn wir Sie nicht hier aufnehmen?' ‚Dann nehme ich mir das Leben'. Für die Deutschen war die Stunde Null gekommen. Das große Sterben an den Fronten,

in den Konzentrationslagern und im Bombenhagel war zu Ende. Aber neues Leiden, neues Dulden begann. Den Deutschen wurde die Rechnung der Zeche fürchterlicher Kriegsjahre präsentiert. Und neue Grenzen wurden gezogen, und altes Land aufgeteilt. Die alten Besitzer wurden verjagt und vertrieben und neue Bürger wurden angesiedelt. Ein ganzes Volk war seit Stalingrad schon, und weit über die Tage des Kriegsendes hinaus bis in unsere Gegenwart hinein, auf der Flucht. Als anerkannter Flüchtling mit Ausweis A, B oder C oder als Menschen, die eben geflüchtet waren, aber häufig verzweifelt zwischen den Paragraphen und Ziffern der Verordnungen standen und nicht immer eine Antwort auf die routinierten Fragen der Behörden wußten.

In den Baracken etablierte sich die oft erbarmungslose Ordnungsmacht der Demokratie mit Listen und Karteien, mit Aufnahmekommission routinierten Trostworten, mit Gesundheitsbefund und täglichem Verpflegungssatz für Flüchtlinge. Vertriebene, Ausgewiesene, Bombengeschädigte, Kriegsgefangene, Kriegsbeschädigte, Umsiedler, Verschleppte und Zivilinternierten. Mit dem ganzen täglichen Kram der Scheine und Papiere der Eidesstattlichen Erklärungen und Geburtsurkunden. Selbst jene Lager füllten sich mit Flüchtlingen, die als Konzentrationslager das Leben und Sterben der Juden und politischen Häftlinge erlebt hatten.

....

(In seinen Flüchtlingsgesprächen läßt Hermann Rockmann auch eine Flüchtlingsfrau zu Wort kommen, die einen Behördenmitarbeiter um eine Zuzugsgenehmigung bittet.)

Flüchtlingsfrau:
„Mein Mann ist auf dem Treck im Februar 1945 verlorengegangen. Dann bin ich von den Russen verschleppt worden – meine Heimat, meine Heimat. Jetzt kommt mein Sohn aus der Gefangenschaft, und nun will ich mit meinem Sohn zusammen eine neue Heimat finden."

Behördenmitarbeiter:
„Sie haben doch drüben eine Wohnung gefunden?"

Flüchtlingsfrau:
„Ja."

Behördenmitarbeiter:
„Haben Sie an Ihrem neuen Wohnort Unterstützung bekommen?"

Flüchtlingsfrau:
„Ja, 40 Mark habe ich bekommen. Aber das hat mir nicht gelangt."

Behördenmitarbeiter:
„Aber Sie haben doch wenigstens was bekommen. Hier haben Sie doch nichts."

Flüchtlingsfrau:
„Die Stütze ist mein Sohn, meinen Mann haben sie mir weggenommen, also was soll ich machen?"

Behördenmitarbeiter:
„Aber Ihr Sohn kann doch auch drüben Arbeit finden."

Flüchtlingsfrau:
„Nein, er konnte dort nicht bleiben."

Behördenmitarbeiter:
„Warum konnte er denn nicht bleiben?"

Flüchtlingsfrau:
„Ich fürchte, daß sie ihn dort auch verschleppen."

Behördenmitarbeiter:
„Was machen Sie denn, wenn man sie hier nicht aufnimmt?"

Flüchtlingsfrau:
„Dann nehme ich mir das Leben."

Margarete Weber
„Wir waren unseren Verwandten, bei denen wir untergekommen waren, etwas zu viel. Heute kann ich das verstehen."

Margarete Weber, Jahrgang 1910, lebte bis zu ihrer Flucht in Arnswalde (Pommern). Dort war sie beim Arbeitsamt als Berufsberaterin tätig gewesen. Im Februar 1945 floh sie mit ihren Eltern zu Verwandten nach Hamburg. Diese hatten ihr geschrieben: „Wenn die Sache zum Schlimmsten kommt, dann kommt zu uns nach Hamburg, wir können Euch einige Zeit notdürftig unterbringen."

„Da wir dieses Schreiben auf der Flucht mit hatten, bekamen wir auch die Genehmigung zur Weiterleitung nach Hamburg.
Wir wurden in Hamburg sehr nett aufgenommen. Es gab eine warme Suppe und ein wenig Verpflegung. Die erste Nacht durften wir in einem Bunker verbringen.
Am nächsten Tag fuhren wir mit der Straßenbahn zu unseren Verwandten nach Hamburg-Eidelstedt. Nun hatten wir uns ja tagelang weder waschen noch umziehen können. Deshalb machten uns unsere Verwandten zuerst einmal in der Waschküche Wasser heiß. Danach legten wir uns hin und schliefen. Erst nachdem wir ausgeschlafen hatten, gings ans Erzählen. Aber man sah ja alles als Provisorium an.
In den nächsten Tagen mußten viele Behördengänge verrichtet werden. Ich erhielt eine Bescheinigung, auf der geschrieben stand: „Herr Otto Weber sowie dessen Ehefrau, Frau Marie Weber, und Tochter, Fräulein Margarete Weber, alle zuletzt wohnhaft in Arnswalde/Pommern, beabsichtigen hier in Hamburg-Eidelstedt, bei ihrem Neffen bzw. Vetter Hermann Weber zu wohnen. Einen Anspruch auf anderweitigen Wohnraum in Hamburg kann und wird nicht gestellt werden." Die Wohnung bestand aus zwei Zimmern plus Küche. Das Wohnzimmer war für uns, das Schlafzimmer haben die Verwandten behalten.
Da noch so viele Behördengänge zu erledigen waren, meldete ich mich erst 14 Tage nach unserer Ankunft bei meinem Arbeitgeber, dem Arbeitsamt, woraufhin mir wegen des so späten Kommens Vorwürfe gemacht wurden.
Weil meine männlichen Kollegen Soldaten geworden waren, hatte ich ab 1943 deren Arbeit übernehmen müssen. Auch hier in Hamburg wurde ich zuerst einmal in diesem Bereich: der Berufsberatung für Männer, eingesetzt.
Wenig später wurde ich jedoch entlassen – zum einen deshalb, weil die Männer nun zurückkamen und ihre Arbeitsplätze beanspruchten. Aber ich war auch belastet, ich war in der Partei gewesen.
Es folgte nun das Entnazifizierungsverfahren, das war auch nicht so einfach. Ich wurde in Gruppe 4 eingestuft – was Berufsverbot bedeutete. Dagegen legte ich Widerspruch ein, und so wurde ich als Mitläufer eingestuft – was bedeutete: Gruppe 5 ohne Berufsverbot.
Ich erhielt in der Nähe des Hauptbahnhofes eine Anstellung in einer Näherei, in der ich Anzüge und Mäntel aus Wolldecken zusammennähen mußte.

Neben meiner Arbeit mußte ich mich um Wohnraum bemühen. Es war bei meinen Verwandten doch zu eng. Wir mußten uns stets klein machen. Meine Eltern haben zwar nicht viel gesagt. Aber manchmal habe ich doch ein wenig aufmucken müssen. Wir spürten auch, daß wir unseren Verwandten etwas zu viel waren. Heute kann ich das verstehen. Obwohl sie sich tagsüber meistens in der Küche aufhielten und sie noch das Schlafzimmer hatten, fehlte ihnen doch das Zimmer, welches sie an uns abgegeben hatten. Aber es ließ sich nicht ändern. Ich habe mich wirklich bemüht. Doch wenn ich zum Wohnungsamt kam, hörte ich: ‚Oh, Sie haben noch ein Zimmer von 18 qm. Da gibt es viele, denen es viel schlechter geht.' ‚Und das war auch so. Wie viele haben in den Bunkern gewohnt. Da konnte man nicht mehr viel sagen, und man ging wieder weg. Als es dann endlich die Möglichkeit gab, nach Entrichten eines „Einstandsgeldes" bei einer Wohnungsbaugesellschaft Mitglied zu werden, habe ich diese Gelegenheit sofort genutzt. Aber die Gesellschaft konnte erst Jahre später mit dem Bau von Wohnungen beginnen. Und so hatte ich auch hier keinen Erfolg. Das war alles ein bißchen trostlos. Und so sagte ich mir: bei meiner 48 Stunden-Arbeitswoche kannst du dich nicht noch nebenbei um einen neuen Wohnraum bemühen. Deshalb kündigte ich meine Stellung 1950. Nun mußte ich mich beim Arbeitsamt arbeitslos melden und erhielt Unterstützung – was natürlich sehr wenig war, da mein Verdienst in der Näherei sehr gering gewesen war. Zwei Jahre war ich arbeitslos – bis 1952. Zwischendurch habe ich aber bei unserer pommerschen Landsmannschaft, die sich gerade gegründet hatte, als Aushilfe mitgearbeitet. 1952 bot sich wieder eine Arbeitsmöglichkeit, beim Arbeitsamt zu arbeiten. Ich mußte zwar als Karteikraft anfangen, aber allmählich arbeitete ich mich wieder in meine frühere Position hoch – zwar nicht als Berufsberaterin, aber als Vermittlerin. In dieser Funktion arbeitete ich bis 1970, dann schied ich mit 60 Jahren aus.
1954 erhielt ich mit meinen Eltern endlich eine eigene Wohnung. Sie bestand aus 1 ½ Zimmern, einem Bad und einer kleinen Küche. Wir waren selig. Neun Jahre hatten wir bei unseren Verwandten gewohnt. Die Wohnungsvermittlung war durch die Gewerkschaft erfolgt – ich war in der Deutschen Angestellten Gewerkschaft (DAG) – und die Wohnung gehörte der gewerkschaftseigenen Wohnungsbaugesellschaft „Neue Heimat". Um die Wohnung zu bekommen, mußte ich ein Eigendarlehen von 700 Mark aufbringen. Das haben meine Eltern und ich zusammengespart. Außerdem erhielten wir ein Darlehen vom Lastenausgleich – 3.000 Mark, welches wir bei der „Neuen Heimat" einzahlen mußten und was im Laufe der Jahre mit der Miete verrechnet wurde.
1952, als das Lastenausgleichsgesetz beschlossen wurde, habe ich mich sofort gemeldet und die Formulare besorgt. Meine Eltern bekamen auch gleich eine Hausratsentschädigung. Es war nicht viel, aber wir konnten uns davon ein paar eigene Möbel kaufen, als wir in die eigene Wohnung einzogen. Ich hätte eigentlich auch Anspruch gehabt – aber ich erhielt eine Ablehnung. Und ich muß sagen, meine Mutter lag damals im Sterben. So hatte ich auch keine Gedanken mehr dafür. Es wären vielleicht ein paar hundert Mark gewesen. Die eigentliche Entschädigung für das Haus, welches meine Eltern besessen hatten, wurde erst Jahre später ausgezahlt. Da waren meine Eltern aber schon tot. Nun ja. Ich hatte eine feste Anstellung. Die Rente meines Vaters wurde im Laufe der

Jahre auch höher. Und wir waren sparsam und streckten uns nach der Decke. Man hatte sein sicheres Einkommen, das war schon sehr viel wert.

Das Fuß fassen in Hamburg fiel schwer. Da bewahrheitete sich das alte Sprichwort: ‚Hast du nichts, dann bist Du nichts', das ist wirklich so. Da muß man eben schweigen und ausharren. Was soll man da viel machen. Aber bei der Wohnungssuche hatte ich nicht das Gefühl, daß wir als Flüchtlinge schlechter behandelt wurden. Obwohl leider viele Flüchtlinge sagten: ‚Für uns wird nichts getan, alles nur für die Einheimischen.' Und die Einheimischen behaupteten: ‚Ja, für uns wird nichts getan, alles nur für die Flüchtlinge.' Es baute sich dadurch ein etwas dunkles Gewölk auf. Das lag wohl auch daran, daß nun von überall alles ankam. Als noch Kriegszustand gewesen war und wir in Hamburg angekommen waren, waren wir sehr freundlich aufgenommen worden. Aber nachher brach doch alles auseinander. Vor allem bei den Wohlfahrtsämtern. Da kam ja nun alles an: die Hamburger, die Ausgebombten, die Vertriebenen, die Flüchtlinge, da kam ja alles zusammen.

Und da niemand wußte wohin und die Zukunft nicht rosig aussah, gab es viel Neid. Gleichzeitig gab es aber auch Hilfe von wildfremden Menschen. So erhielt ich in der Zeit, als in Hamburg die Lage sehr kritisch war und die Kampagne gestartet wurde, Flüchtlinge aus Hamburg nach Schleswig-Holstein zu verfrachten, einen wichtigen Tip von einem wildfremden Menschen. Obwohl wir bei unseren Verwandten untergebracht waren, sollten auch wir raus aus Hamburg. Meine Eltern waren alt und gebrechlich, und ich dachte: mein Gott, bei diesen Zeiten, wo landest du da nur. Hier haben wir uns wenigstens ein bißchen eingelebt. In dieser schwierigen Situation erhielt ich einen wertvollen Tip von einer mir fremden Frau, mit der ich in der Straßenbahn ins Gespräch gekommen war und der ich erzählt hatte: ‚Ja so geht's. Wir sollen raus aus Hamburg, wir sind Flüchtlinge.' ‚Ach', erwiderte sie, ‚wissen Sie, da gehen Sie mit ihren Eltern mal ins Völkerkundemuseum. Dort ist eine Dienststelle eingerichtet und sagen dort, daß Sie das nicht können.' Das habe ich dann auch getan. Ich nahm meine Eltern an die Hand und wurde bei dieser Dienststelle vorstellig. Dort erklärte ich: ‚Wir können nicht wieder woanders hin. Das ist praktisch nicht möglich. Wo soll ich mit den alten Leuten hin.' Daraufhin erhielten wir die Genehmigung, in Hamburg zu bleiben.

Auch auf meiner Arbeitsstelle im Arbeitsamt gab es solche und solche Menschen. Welche, die auf die Flüchtlinge nicht gut zu sprechen waren, aber auch andere, die uns halfen. Da war z. B. ein kleiner Mann, der zwar nichts direkt zu mir sagte, aber doch zu den anderen: ‚Die vielen Flüchtlinge, die hätten doch gar nicht zu flüchten brauchen. Es braucht doch nur der zu flüchten, der Dreck am Stecken hat. Die anderen hätten doch ruhig dableiben können.' Nun, jeder dachte zuerst an sich. Aber es gab auch andere: Mein Vater benötigte dringend einen Stock. Und als ich in meiner Dienststelle herum hörte, ob mir jemand einen Stock geben könnte, ich würde auch etwas zum Tauschen haben, konnte mir ein Kollege helfen. Der hatte sogar eine Mütze für meinen Vater. Also, man hat sich doch notdürftig geholfen. Aber jeder war sich selbst der Nächste.

So war es auch schwer, neue Kontakte zu knüpfen – aber auch, was besonders schwierig war, alte Freunde wieder zu finden. Nun, man muß sehen: Es war nach 1945 ganz

Deutschland unterwegs. Es kamen die Flüchtlinge und Vertriebenen. Man konnte nicht alle aufnehmen. Hamburg war ja auch schwer geschädigt. So gab man ihnen ein paar Lebensmittelkarten und schickte sie weiter. Dann kamen die Kinder aus der Kinderlandverschickung, die suchten ihre Eltern, die Eltern suchten ihre Kinder. Und dann haben sich Gott sei Dank diese Landsmannschaften gebildet und die Ortsverbände, und es wurden Heimat-Ortskarteien erstellt. Das war sehr wichtig. An diese Stellen konnte man sich wenden, und manchmal hatten sie einen Tip. Man fand ganz allmählich, aber das hat jahrelang gedauert, wieder zusammen. Aber dies war doch so wichtig. Schließlich war man ja wurzellos, die Stellung, berufliche Arbeit, das Haus, Hausrat, die persönlichen Verbindungen, alles war weg. Es hat jahrelang gedauert, bis ich wieder Kontakt mit den Menschen, die mir nahestanden, gefunden habe. Und einige sind und bleiben verschollen."

Karin Schröter
„Bist Du katholisch – bist Du Flüchtling?"

Frau Schröter schrieb in einem Brief an mich: „ Es heißt, sage nie etwas, wenn Du es nicht genau weißt – und wenn Du es genau weißt, dann frage Dich, warum sage ich es. Ja, ich sage es, weil ich es bis heute nicht verarbeitet habe. Ich hatte es bisher verdrängt, ich konnte vergeben, aber vergessen kann ich es nie. Die Überheblichkeit und Härte der Norddeutschen tat sehr weh."

„1952 schrieb ich in der Schule eine Jahresarbeit. Ich betitelte sie: : ‚nur ein Jahr – Heimat verloren – Heimat gefunden.' Mein Vater bat mich damals, die Problematik ‚Einheimische/Flüchtlinge' unter den Tisch fallen zu lassen. Er litt für sich, er starb 1955. Meine Mutter hat es nie verkraftet, entschuldigte aber alles. (Sie starb im September 1994.) Sie meinte stets, wir seien ja schließlich Eindringlinge gewesen, die eine ruhige Gesellschaft gestört hätten, eben Fremdkörper. Wir könnten nicht erwarten, daß wir mit offenen Armen empfangen würden. Frau Schröter flüchtete 1944 mit ihren Eltern aus Breslau. Sie kamen auf dem Lande zwischen Buxtehude und Stade unter.
„1950 zogen wir nach Hamburg. 1953 trat ich meine Lehrstelle in einer großen Firma an. Mein Vater riet mir, nie zu sagen, daß ich aus Breslau sei. Tatsächlich wurde ich eines Tages in einer größeren Abteilung gefragt: ‚Bist Du katholisch, bist Du Flüchtling?' Was hatte ich für ein Glück, daß ich evangelisch bin. Die zweite Frage beantwortete ich: ‚Meine Mutter ist eine geborene Hamburgerin.' Das wurde akzeptiert. Eine Kollegin in der selben Abteilung jedoch galt als der ‚Abschaum'. Sie war katholisch, aus Waldenburg/Schlesien und sehr klug.
Ein Jahr nach Beendigung der Lehre wurde ich, für mich überraschend, in die Personalabteilung versetzt. Eine Kollegin, die meine Herkunft herausbekommen und die sich auch für diesen Posten interessiert hatte, reagierte voller Haß: ‚Man wisse ja, daß die Flüchtlinge bevorzugt werden würden.' Von nun an grüßte sie mich nicht mehr."

Käthe Kuhlmann
„Ich habe mich anpassen können, und somit habe ich keine Schwierigkeiten gehabt."

Käthe Kuhlmann, geb. 1922, lebte bis 1945 in Woldegk (Mecklenburg). Durch diese Ackerbürgerstadt mit seinen 4.000 Einwohner und Einwohnerinnen zogen im Winter 1944/45 täglich Pferdetrecks, die aus den verschiedenen Gebieten des deutschen Ostens kamen. Als die Front immer näher rückte, floh auch Käthe Kuhlmann. Ihr Weg führte nach Hamburg, wo sie Verwandte hatte.
Durch eine Cousine erfuhr Frau Kuhlmann, daß die Alsterdorfer Anstalten Schwestern ausbildeten. Sie bewarb sich dort und wurde aufgenommen.

„Bei meinem neuen Arbeitgeber, den ‚Alsterdorfer Anstalten' (heute Evangelische Stiftung Alsterdorf), wurde ich sehr gut aufgenommen. Vielleicht lag dies auch daran, daß ich wegen meiner Steno- und Schreibmaschinenkenntnisse überall eingesetzt werden konnte, wo Not am Mann war. So schrieb ich neben meiner pflegerischen Tätigkeit zeitweise für die Oberin oder vertrat die Sekretärin des Chefarztes der Inneren Abteilung sowie des Anstaltsleiters.
Ich konnte im Schwesternhaus wohnen und erhielt dort auch Verpflegung und Schwesternkleidung. So brauchte ich mir um die Bedürfnisse des täglichen Lebens selbst in dieser schwierigen Zeit keine Sorgen zu machen. Die Vergütung war allerdings recht knapp bemessen. Daher fiel es mir sehr schwer, meine Eltern und meine Schwester, die in der DDR geblieben waren, finanziell zu unterstützen. Darum entschloß ich mich 1951, wieder in meinen alten Beruf bei der Post zurückzukehren. Dort verdiente ich etwas mehr.
Auch als Flüchtling hatte ich hier nirgends Schwierigkeiten. Etliche meiner Mitschwestern in den ‚Alsterdorfer Anstalten' waren ebenfalls Flüchtlinge. Von Anfang an habe ich mich in Hamburg sehr wohl gefühlt und nie daran gedacht, in meine Heimatstadt zurückzukehren. Sie war zu etwa 70% zerstört. Mein Elternhaus, in dem ich meine eigene Wohnung gehabt hatte, existierte ebenfalls nicht mehr. Ein neuer Anfang wäre dort sehr schwierig und emotional belastend gewesen. Trotzdem habe ich die Verbindung zu Mecklenburg nie verloren. Der Kontakt zu Verwandten, Schulkameraden und Freunden besteht noch heute."

Eva-Maria Duhnkrack
„Der soziale Status ging zuerst einmal verloren, bis die anderen dann merkten: ach, das ist ja die Tochter von dem…"

Eva-Maria Duhnkrack, geborene Azzalino, 1925 in Magdeburg geboren, kam aus einer Schiffahrtsfamilie. Ihr Vater besaß eine Schiffahrtsspedition und Schleppkähne. Die Firma wurde 1945 enteignet, der Vater verhaftet. Die Familie sah den Vater nie wieder.
Einige der Schiffe lagen während des 2. Weltkrieges auch im Hamburger Hafen. Frau Duhnkracks Schwester und Mutter flohen nach Hamburg. Frau Duhnkrack, die Landkartenzeichnerin bei der Wehrmacht gewesen war, kam in amerikanische Gefangenschaft, aus der sie am 17.5.1946 entlassen wurde. Sie fuhr dann zu ihrer Mutter und Schwester nach Hamburg, die dort auf einem ihrer Elb-Kähne im Hafen untergekommen waren. Dort lebten sie bis 1948.

„Auf dem Schiff war es sehr eng. Wir hausten in einer nicht winterfesten Kajüte. Da war es im Winter so kalt, daß wir nachts immer einfroren – unsere Bettdecken, alles war eingefroren. Wenn wir zugefroren waren, klopften wir an die Bordwand, und dann kam unser Schiffsführer und hat uns frei gehauen. Wir bekamen zwar eine Zuteilung von Kohlen. Aber die reichte nicht aus, weil wir auch mit den Kohlen kochen mußten.
Da mein Vater in der Schiffahrt ein sehr bekannter Mann gewesen war, gab es doch immer wieder Menschen, die uns halfen, wenn es uns mies ging. Trotzdem ging unser sozialer Status zuerst einmal verloren, bis die anderen merkten: ‚Ach, Sie sind das, das ist die Tochter von …' Aber dennoch, eigentlich fühlte man sich immer nur geduldet. Denn manche lassen einen das schon spüren, wenn man nichts besitzt. Vor allem die Hamburger, die nichts verloren hatten – in Hamburg ist das besonders schwer.
Ich fühlte mich vollkommen entwurzelt. Wir besaßen ja auch gar nichts. Wir hatten überhaupt keine materiellen Dinge. Wir besaßen zum Beispiel nur zwei Teller und konnten also noch nicht einmal zusammen essen. Wir hatten auch nur zwei Bettdecken, die uns nicht gehörten, und wir waren doch drei Personen. Ich weiß noch, daß wir mal Bettdecken von meiner Tante bekommen konnten. Die hatte sie an eine ausgebombte Freundin in Oberhausen gegeben. Und als diese sie nicht mehr benötigte, wurden sie uns zur Verfügung gestellt – das war im Winter und es setzte Frost ein. Ich fuhr hin, um diese Bettdecken zu holen. Die Federbetten waren in einen festen Bettsack gesteckt worden, dennoch war es ein großes, sperriges Paket. Und es war sehr mühsam, mit diesem Paket in den mit Menschen überfüllten Zug zu kommen. Aber das Schwierigste stand mir noch bevor. Als ich in Hamburg ankam, war es dunkel, 22 Uhr. Ich versuchte im Dunkeln zur Veddel zu kommen und zog dabei meinen schweren Sack hinter mir her. Als ich dort ankam, wo unser Schiff liegen sollte, war es weg. In der Zwischenzeit hatte nämlich Eisgang eingesetzt, und man hatte das Schiff an eine andere Stelle bringen müssen. Ich war völlig verzweifelt. Glücklicherweise brannte auf einem Schiff noch Licht.

Ich klopfte dort an, wurde hineingelassen und setzte mich zuerst einmal hin und heulte. Ich durfte dann das Bettzeug dort lassen und mich auf die Suche nach unserem Schiff machen. Da die Engländer die Brücken beleuchtet hatten und ein großer Scheinwerfer den Hafen ableuchtete, konnte ich einigermaßen was sehen. Und so fand ich an einer Stelle mehrere Reihen Schiffe, einige mit offenen Ladeluken, andere mit geschlossenen. Über den offenen Schiffen lagen nur einzelne Bretter, um zu den anderen Schiffen zu gelangen. Es war ganz schön gefährlich über solche offenen Schiffe zu steigen.
Für uns war es sehr schwer Wohnraum zu bekommen. Wir hatten ja nur eine Aufenthalts- und keine Zuzugsgenehmigung. Eine Aufenthaltsgenehmigung bedeutete gar nichts: nur daß man geduldet war. 1948 erhielten wir durch Bekannte die Möglichkeit, in einer nicht winterfesten Laube unterzukommen. Als wir dann später eine Zuzugsgenehmigung bekamen, weil sich jemand für uns bei der Handelskammer stark gemacht hatte, wurde uns auch eine schwer vermietbare Wohnung in Hamburg-Farmsen zugewiesen. Die Wohnung war schrecklich, sehr verkommen – eben schwer vermietbar. Durch Jugendfreunde wurden wir dann mit einer Frau bekannt gemacht, deren Mann im Krieg gefallen war, und die in ihrem Haus in Blankenese Leute aufnehmen mußte. Sie setzte alles daran, daß wir zu ihr ziehen konnten. Wir haben uns fabelhaft verstanden. In diesem Haus sind sogar noch meine Kinder geboren.

Helga Z.
„Kontakt zu anderen hat sie nie geschlossen. Sie bekam aber auch keinen Kontakt."

Helga Z. erlebte 1945 die Flucht als Sechsjährige. Sie floh mit ihrer Mutter aus Prenzlau (100 km von Berlin entfernt) über Schwerin nach Segeberg in Schleswig-Holstein. Obwohl dieser Bericht nicht die Hamburger Verhältnisse schildert, wurde er dennoch aufgenommen. Denn hier handelt es sich um das Thema: Übertragen der eigenen Zukunftsängste auf das eigene Kind – ein Aspekt, der nicht an regionale Ggebenheiten gebunden ist.

„Es fiel meiner Mutter sehr schwer, sich in Segeberg einzuleben. Sie war sehr unglücklich und wollte sich mit mir das Leben nehmen. Aber ich bin ein sehr positiv denkender Mensch – ein Kind ist vielleicht dem Leben grundsätzlich positiver eingestellt. Ich habe immer gesagt: ‚nein, das will ich nicht, ich will leben. Das schaffen wir schon.' Ich habe ihr Unterstützung gegeben.
Wir wurden nie besonders gut behandelt. Es wurde z. B. angezweifelt, ob wir überhaupt Deutsche wären, wir kämen ja von der polnischen Grenze, seien also Polen und deshalb würden bei uns auch ‚polnische Verhältnisse' herrschen. Meine Mutter und ich haben in den Nachkriegsjahren niemals Anerkennung gefunden. Das hat sich stark auf mein Selbstbewußtsein ausgewirkt.

Obwohl meine Mutter später als Buchhalterin in einer Mercedes-Vertretung in Segeberg arbeitete und es uns finanziell gut ging, hat sie innerlich immer um ihre Heimat getrauert und um die Menschen, die sie dort gelassen hatte. In der Tat hat sie während der über 40 Jahre, die sie in Segeberg gelebt hat, niemals Freunde bekommen. Sie hat nur in ihren alten Kreisen verkehrt, mit den Freunden, die sie aus ihrer Prenzlauer Zeit kannte. Deren Nähe hat sie gesucht. Sie kamen aus ihrer Heimat, und mit ihnen konnte sie Erinnerungen austauschen. Kontakt zu anderen hat sie nie geschlossen. Sie bekam aber auch keinen Kontakt. Sie wurde zwar in ihrem Arbeitsumfeld anerkannt, aber sie wurde nicht eingeladen, sie stand außerhalb der Gesellschaft. Sicherlich hat sie dazu auch beigetragen. Sie war nicht sehr kontaktfreudig, und sie hat immer gewartet, daß die Menschen auf sie zukommen. Sie hatte keinen Schritt auf andere zugemacht. Wie sollte sie das aber auch: waren doch in ihrer Erinnerung die Menschen in Prenzlau viel besser und netter gewesen. Meine Mutter hat in der Gegenwart funktioniert, aber in der Vergangenheit gelebt. Dieses Verhalten meiner Mutter wirkte sich damals auch auf mich aus. Ich konnte als Kind auch keine Beziehungen eingehen. Ich hatte zwar eine junge Freundin aus der Nachbarschaft. Aber ich fühlte mich nicht zugehörig. Überdies war meine Mutter auch immer davon ausgegangen, dies sei nur ein vorübergehender Aufenthalt. Man bräuchte hier also keine Wurzeln schlagen. Wir gehörten hier nicht hin, wir waren nur auf der Durchreise.
Ich habe mich immer als Flüchtling gefühlt. Meine Mutter hat mir dies ja auch jeden Tag gesagt: ‚Wir gehören nicht dazu, wir sind Flüchtlinge. Du siehst, wir werden gar nicht akzeptiert. Und weil wir nicht akzeptiert werden, kannst du da auch nicht Fuß fassen.‘ "

Christine Rehder (Waldow)
„Ich denke, daß ich mich in der Erziehung meiner Kinder sehr viel schwerer getan habe, als die jungen Frauen, die keine Vertreibung und Flucht mitmachen mußten."

„Mit größter Wahrscheinlichkeit wäre mein Lebensweg wesentlich unproblematischer verlaufen, wenn ich nicht die Zeit der Vertreibung aus dem Sudetengau mit daraus resultierenden Folgen (schulischer und finanzieller Art) zu verarbeiten, zu ertragen, oder wie immer man diese bedrückende Situation auch nennen mag, erlebt hätte.
Geprägt bin ich in meinem Verhalten mit Sicherheit vornehmlich durch die Erlebnisse während und einige Jahre nach der Vertreibungszeit.
In diesem Zusammenhang ist besonders das Erlebnis auf der Flucht zu nennen, als meine Mutter für eine Nacht spurlos verschwunden war. Es herrschte damals Standrecht. Auf jeden sich bewegenden Menschen konnte nachts geschossen werden. Mein Vater und ich

haben damals jeden Abfallhaufen an einem fremden Bahnhof nach meiner Mutter durchsucht, angstvoll in jede Hofeinfahrt hinein geschaut. Glücklicherweise war meine Mutter am nächsten Morgen wieder da. Doch die Erleichterung, die Freude, wurden schnell überschattet von neuen schlimmen Situationen, die ich miterleben mußte. Wie war es, als meine Eltern und ich in einer fremden Scheune auf dem Heuboden liegend nachts mit klopfenden Herzen die Gewehrschüsse hörten, die um das verlassene Gehöft herum abgegeben wurden? Als die Gefahr vorbei war, gab es keine Zeit für eine Verarbeitung oder ein beruhigendes Gespräch zwischen meinen Eltern und mir. Es galt, so schnell wie möglich dieses Gehöft verlassen und mit dem armseligen Gepäck weiter ins Unbekannte starten. Auch später sprachen meine Eltern mit mir nicht über die vielen schlimmen Erlebnisse, die ich während der Zeit des Herumirrens und auch noch, nachdem wir eine neue Bleibe gefunden hatten, in der Schule erleben mußte. Es war, als wenn ein Heftpflaster ihre Lippen verschlossen hielt. Und so setzte sich irgendwann die Angst in mir fest, so daß ich später immer wieder mit Angst auf eine Situation reagierte, in der ich nicht wußte, wo meine Angehörigen sich befanden. Diese Angst habe ich sicherlich ungewollt an meine Töchter weitergegeben.

Ich denke, daß ich mich in der Erziehung meiner Kinder sehr viel schwerer getan habe, als die jungen Frauen, die keine Vertreibung und Flucht mitmachen mußten. Ich war viel ängstlicher als man hätte sein dürfen und habe es auch an der notwendigen Gelassenheit fehlen lassen. Ich war immer in Panik, wenn ich nicht wußte, wo meine Kinder waren. Ich besitze eine große Portion Zivilcourage. Denn handeln, das ist es, was ich möchte. Handeln auch in Situationen, in denen ich anderen durch meinen Einsatz helfen kann. Panikbesetzt sind für mich die Situationen, in denen ich nichts anderes tun kann als abzuwarten und mir die Hände für das Handeln gebunden sind.

Meine Ängste und Blessuren, die durch die unselige Vertreibung und die dabei erlebten Schrecken zu erklären gewesen wären, wurden nie zur Kenntnis genommen. Mit großer Verwunderung lese ich jetzt in der ‚PSYCHOLOGIE HEUTE' 95 einen Artikel mit der Überschrift: ‚Die Schrecken sind tief eingelagert'. Ein Gespräch mit dem Psychoanalytiker Tilmann Moser über die Nachwirkungen von Nationalsozialismus und Krieg in Psychotherapien. Es wird dort gefragt, wie es kommt, daß noch 50 Jahre nach Ende des Krieges die Erfahrungen der NS-Zeit und des Krieges im ‚Seelischen Untergrund' von Patienten anzutreffen sind. Die Antwort von Herrn Moser lautet: ‚Sie sagen noch. Aber es kommt zum Teil zum ersten Mal. Die Geschehnisse sind eingelagert wie die unterirdischen Giftmüll-Deponien, und zwar infolge einer individuellen wie kollektiven Verdrängung. An der Oberfläche hat man zwar immer gesagt: Wir Deutschen sollen uns erinnern, und Erinnerung führt irgendwann zu einer Bewältigung. Aber man weiß inzwischen, daß in den Familien das große Schweigen herrschte, daß es keinen Austausch zwischen den Generationen gab. Mehrere wichtige Bücher über dieses Problem haben das Schweigen schon im Titel. Und nun tauchen diese Dinge nach fünf Jahrzehnten auf. Dies scheint fast anthropologisch eine Zeitspanne zu sein, in der der Schrecken der Erinnerung nachläßt (...).' Für mich sind diese und weitere Ausführungen von Herrn Moser eine Bestätigung dessen, was ich hier niedergeschrieben habe.

Der ganze Erdball ist heute überzogen von Kriegen. Wir Menschen haben nichts dazugelernt. Ich breche heute noch in Tränen aus, wenn ich lese, in welchem Elend sich die Zivilbevölkerung in den Kriegsgebieten befindet. Wir, die Vertriebenen und Flüchtlinge aus Deutschland befanden uns 1945 in keiner anderen Lage. Aber in den Schulen hat man nach dem Krieg den heranwachsenden jungen Menschen das Elend unserer Zivilbevölkerung kaum nahe gebracht.

So ist es auch nicht verwunderlich, wie meine ehemalige Schulkollegin bei einem Treffen auf eine ihr von mir eigentlich entgegengebrachte Solidaritätsbekundung reagierte: Sie ist – wie man so schön sagt – ‚Einheimische'. Sie erzählte empört, daß ihr Vater nach dem Tode ihrer Mutter sämtliche von der verstorbenen Mutter eingebrachten Gegenstände wie: Tafelsilber, Möbel, Wäsche usw. der neuen Ehefrau, mit der sie keinen Kontakt habe, vermacht hatte. Als ich mich mit ihr solidarisch erklärte und sagte: ‚Evelyn, dann bist Du ja insofern nicht besser dran als ich. Bei mir sind nur die Tschechen die Nutznießer unseres Vermögens gewesen,' da wurde mir von allen anderen Anwesenden regelrecht über den Mund gefahren. Was ich wohl glaube, das sei doch etwas ganz anderes. Evelyn sei bitteres Unrecht geschehen. Mir standen die Tränen in den Augen. Sogar 50 Jahre nach dem verlorenen Krieg wurde von inzwischen über 60jährigen Menschen nicht eingesehen, daß Flüchtlinge, Vertriebene und Ausgebombte sehr viel mehr Leid zu verarbeiten hatten, als die, die jede Nacht im eigenen Bett hatten schlafen dürfen. Es galt nichts! Aber es war ja sogar im Elternhaus und in den Schulen als nicht erwähnenswert gesehen worden. Was wollte ich von den sich mittlerweile nur noch dem eigenen Genuß sich widmenden Rentnerinnen erwarten?

Als es in den 90er Jahren mit der Ausländerfeindlichkeit Formen anzunehmen begann, habe ich mich mit Leuten und Lehrern usw. unterhalten, die ebenfalls nach 1945 aus ihrer Heimat geflüchtet oder vertrieben worden waren. Übereinstimmend habe ich zu hören bekommen, daß sie damals nicht gerne gesehen gewesen wurden, daß einige sich bis heute nicht heimisch fühlen, daß Abstand von Einheimischen genommen werden mußte, die von den Flüchtlingen als Lebenspartner ins Auge gefaßt worden waren, da die Eltern des eventuell Zukünftigen einer Verbindung mit einer Vertriebenen oder Flüchtling nicht zustimmten. Kurzum: Wir waren nach 1945 die Türken von heute.

ALS FREMDE ZUHAUSE IN HAMBURG

Viele Reiseunternehmen haben sie in ihrem Standardprogramm: die Reisen in die „alte Heimat". Da wird z. B. die organisierte neuntägige Busreise ins Samland mit Ausflügen nach Königsberg, Rauschen, Schneidemühl und an die Kurische Nehrung angeboten – alles für 1.300.- DM. Solche Reisen buchen nicht nur sogenannte Heimweh-Touristen. Es reisen auch ihre Kinder und Enkelkinder. Sie wollen die Städte und Landschaften sehen, von denen ihnen ihre Eltern immer wieder berichtet haben. Solche Erzählungen bereicherten so manche Sonntagsnachmittags-Kaffeestunde, und häufig wurden zur optischen Untermalung noch alte Photos aus einem abgeschabten Pappkarton hervor gekramt. Eine ganz besondere Unterweisung in Geographie, oft weitaus einprägsamer, als so mancher schulische Heimatkunde-Unterricht. Die Namen der Städte, Dörfer und Landstriche im „Osten" sind uns nachgeborenen Kindern aus Flüchtlingsfamilien häufig geläufiger als manch ein Landstrich der Bundesrepublik Deutschland. Der Volkskundler Albrecht Lehmann, der selbst aus einer Familie stammt, die 1945 aus Schlesien nach Niedersachsen gekommen war, äußert sich darüber treffend in seinem Buch „Im Fremden ungewollt zuhaus": „... in den Familien blieben die Erfahrungen des Heimatverlustes und seiner Folgen über die Jahrzehnte hin am Leben. Diese Geschichte ist dort endlos und in steter Wiederholung in allen nur denkbaren Gefühlstönungen durchgesprochen worden. Zuerst in der Hoffnung auf Rückkehr. Lange Zeit voll Wehmut. Zeitweilig mit Aggressionen gegen die Vertreiber. Die Flüchtlingserinnerung durchlebte im Erzählen zwischen Eltern und Kindern die Geschichte der Nachkriegszeit (...). Vielfach sind es die Kinder und Enkel, die nun allein oder gemeinsam mit den Älteren aufbrechen, um ihre ‚Wurzeln' zu suchen. Es dürften inzwischen Hunderttausende sein, die sich auf die Reise in die eigene Erinnerung oder in die Erinnerung ihrer Eltern oder Großeltern begeben haben."

Solch eine Reise erleben Erinnerungs-Touristen oft sehr unterschiedlich. Eine meiner Gesprächspartnerinnen hat gute Erfahrungen gemacht: „Von der Bevölkerung wurden wir sehr freundlich aufgenommen. Im ehemaligen Haus meiner Großeltern trafen wir eine polnische Akademiker-Familie, mit der sich sehr freundschaftliche Beziehungen entwickelt haben. Wir besuchen uns gegenseitig und sind auch schon zusammen durch Westeuropa gereist. Darüber hinaus besteht ein lebhafter Gedankenaustausch."

Andere kehren aber auch recht ernüchtert zurück: „In all den Jahren hatte ich viel Heimweh im Herzen und das Verlangen, die Heimat wiederzusehen. Wir haben sie vor vier Jahren besucht, und unser Verlangen ist gestillt. Es ist nicht mehr das Land, die Stadt, das Haus, in dem wir lebten und zu Hause waren. Die gepflegten, überall in der Welt beliebten Badeorte, mit den wunderschönen Anlagen sind verwildert und verkommen. Alles ist verfallen. Nur in Breslau hat man viel restauriert und völlig neu aufgebaut – eine fremde Stadt. Eine fremde Atmosphäre. Die Generation, die da groß wurde, sieht das Land völlig anders als wir. Ihre Eltern kamen als Fremde und da fehlt die Liebe zum Eigenen. Wenn wir auch hier unter dem Verlust sehr gelitten haben und Hamburg uns die Heimat nie ersetzen kann, bleibt doch Schlesien für uns verlorene Vergangenheit," schrieb Frau Preusser.

Frau Preusser fand ihre Heimat nicht mehr so vor, wie sie sie in Erinnerung gehabt hatte. Diese Erinnerung ist aber für viele lebensnotwendig, um nicht von den eigenen Wurzeln abgeschnitten zu werden. Solch eine Amputation von Herzensdingen tut man sich dann auch nur einmal an.

Wieder andere trauen sich erst gar nicht solch eine Reise in die Vergangenheit anzutreten: „Viele hatten Sehnsucht nach ihrer Heimat. Ich bin nicht wieder zurückgefahren. Aber ich hörte von vielen, die später, als sie älter waren, noch einmal in ihre Heimat zurückführen, daß sie einen Schock bekommen hatten, als sie ihre Heimatstadt wiedersahen. Meine Heimatstadt wurde ziemlich zerschossen, und es sind neue Straßen angelegt worden. Man würde sich dort zuerst gar nicht zurechtfinden. Einiges ist zwar erhalten geblieben. Die Landschaft ist meistens unverändert geblieben. Sie soll zum Teil, weil nicht viel getan wurde, noch wunderschön sein. Aber ich habe mir gesagt, das wäre für dich zu schmerzlich, laß es lieber. Es ist nicht mehr meine Heimat. Meine Heimat ist untergegangen. Aber Hamburg ist auch nicht mehr zur neuen Heimat geworden. Obwohl ich mir Mühe gegeben habe, sehr große Mühe, Hamburg kennenzulernen. Ich habe Kurse an der Volkshochschule belegt. Wir haben hier in Hamburg Wanderungen gemacht. Wir haben die Umgebung kennengelernt. Ich habe mich redlich bemüht. Und ich muß sagen, ich habe ganz gern in Hamburg gelebt. Jedoch, zur Heimat ist Hamburg nicht mehr geworden," äußerte sich Frau Weber.

Aus diesen Worten spricht die Furcht vor einer Realität, die der Erinnerung nicht stand halten würde. Denn wie Albrecht Lehmann schreibt: „Wenn (…) Heimat konkret werden soll, dann darf ein bestimmtes Haus, Geburtshaus oder Familieneigentum nicht fehlen." Die Konfrontation mit einer Realität, die so völlig von der Erinnerung abweicht, erzeugt große Enttäuschung, sowie das Gefühl, die Heimat zum zweiten Mal verloren zu haben. Und es wird lange dauern, bis die alten Erinnerungen die neuen Bilder verdrängt haben werden und man sich wieder in seinen alten Erinnerungsbildern zu Hause fühlt.

Leichter wird der Heimatverlust bewältigt, wenn man noch Verwandte, Freunde und Bekannte in der alten Heimat hat, zu denen Kontakt gehalten werden konnte. „Ich habe die Verbindung zu meiner alten Heimat nie verloren. Ich habe sie schon dadurch behalten, weil ich dort noch Angehörige, meine Schulkameradinnen und Freunde hatte. Ich habe immer irgendwie zu Mecklenburgern Verbindung gehalten. Das war eine Selbstverständlichkeit," erzählte Käthe Kuhlmann.

Für die Beantwortung der Frage: Warum die einen den starken Wunsch haben, ihre alte Heimat wiederzusehen, für andere jedoch solch eine Erinnerungsreise überhaupt nicht in Frage käme, bringt Albrecht Lehmann die „ökonomische Dimension des Gedächtnisses" ins Spiel: „Zur Ablehnung einer Reise in den Osten (…) kam es vor allem bei

Leuten, deren Familien dort früher keinen ansehnlichen Besitz hatten. Wer tatsächlich Haus und Hof verloren hat, der gibt sich selten mit einem Erinnerungsbild zufrieden." Nun, ich möchte aus eigener Familiengeschichte dagegen halten, daß auch diejenigen ein tiefes Heimweh verspüren, die weder Haus noch Hof besessen hatten, sondern, wie in meinem konkreten Fall Besitz in Form eines Motor- Binnenschiffes, welches sogar in den Westen mit hinüber gerettet werden konnte. Dennoch war die Sehnsucht groß, die Heimat – und das waren die Dünen, Wälder, die Kurische Nehrung und das Frische Haff – noch einmal wiedersehen zu dürfen.

„Der Verlust der Heimat ist so bedeutend, als sterbe die Mutter," sagte einmal Pastor Albertz. Dieser Satz macht die Dimension der Trauer deutlich. Revanchistisches Gedankengut – auch wenn es dies immer noch gibt – spielt bei der Trauer um den Heimatverlust zuerst einmal keine Rolle. Mit dem Revanchismus vieler Vertriebenenverbände hatte sich die Nachkriegsgeneration stark auseinandergesetzt und wurde deshalb oft auch sehr hellhörig, wenn sie den Gesprächen ihrer Eltern über die verlorene Heimat lauschte. Dafür scheint auch Albrecht Lehmann ein Gespür gehabt zu haben, denn er benennt in seinem Buch diese Auseinandersetzung: „Der Generationenkonflikt, der in den späten 1960er Jahren im Hörsaal und auf der Straße ausgetragen wurde, hatte in den Wohnzimmern und Schulklassen begonnen. Und er setzte sich dort fort. Die offenere Ostpolitik in der Ära Brandt gab den alten Themen neues Gewicht. Gewöhnlich war es ein Kampf der Söhne und Töchter gegen die Väter. An den Müttern war es, zu vermitteln. Mit der Zeit ist zwischen Eltern und Kindern Ruhe eingekehrt. Die Eltern und die erwachsenen Kinder haben inzwischen andere Probleme."

Was verloren wurde, zeigt sich in der Definition von Heimat. Heimat ist das: „Dasein innerhalb eines überschaubaren, bergenden Bereichs, der dadurch bestimmt wird, daß das Kind und der Jugendliche der elterlichen Liebe und Erziehung oder vergleichbarer Erlebniseindrücke an diesem Orte teilhaftig werden und der erwachsene Mensch an diesem Ort in Beziehungen zu Menschen des eigenen Berufs- und Lebenskreises steht," so das Wörterbuch der deutschen Volkskunde.

Voraussetzung für das Gefühl von Heimatverlust ist natürlich die Stimmigkeit des Erlebten. Es ist zu fragen, ob ein Mensch Heimatverlust empfindet, der in dem Ort seiner Kindheit weder Geborgenheit in der Familie erlebte, noch Freunde besaß, oder in einem politischen Umfeld groß wurde, das für ihn stets eine Bedrohung darstellte?

Das Elternhaus, in dem man sich geborgen fühlte, die Landschaft, in der man seine Kindheit verbrachte, die Straße, in der gespielt wurde, spielen also eine ganz zentrale Rolle bei der Frage: wo ist meine Heimat? Und so äußert sich denn auch eine meiner Gesprächspartnerinnen: „Hamburg ist meine zweite Heimat geworden. Ich habe hier geheiratet und in dem Haus in Blankenese, wo wir untergekommen waren, habe ich mich sehr wohl gefühlt. Ich habe viele Freunde in Blankenese. Aber mein Herz hängt trotzdem an Magdeburg. Dort hatte ich eine wirklich glückliche Zeit, ein schönes Elternhaus." Und auch Marion Gräfin Dönhoff schreibt in ihrem Buch „Namen, die keiner mehr nennt. Ostpreußen – Menschen und Geschichte": „Es ist ein Buch des Abschieds. Abschied von den Bildern meiner Jugend."

Dieses Empfinden, die Heimat seiner Kindheit verloren zu haben, spüren allerdings nicht nur die Flüchtlinge/Vertriebenen aus den „ehemaligen deutschen Ostgebieten". Solch ein Gefühl des Verlustes kann sich auch bei denjenigen einstellen, die z. B. ihre Kindheit jenseits der Hamburger Staatsgrenzen verbracht haben und nun als Erwachsene in der Hansestadt leben.

Sicherlich spielt es bei der Verarbeitung des Heimatverlustes eine Rolle, ob die alte Heimat besucht werden durfte. Dennoch sollte bei den Erzählungen der Flüchtlinge über den erlittenen Heimatverlust gefragt werden: Ist das Gefühl des Heimatverlustes ausschließlich die Folge von Flucht und Vertreibung, oder spielen hier nicht auch noch andere Faktoren eine Rolle, die für all diejenigen Gültigkeit haben können, die nicht ihr Leben lang in ein und demselben Ort zugebracht haben? Da wäre z. B. der schmerzhaft spürbare Verlust des Ortes und der Landschaft der Kindheit. Dieser Verlust führt zur Suche nach den eigenen Wurzeln, der eigenen Geschichte und damit auch nach Antworten zur Lebensbiographie der Eltern, die leider oft nicht mehr befragt werden können. So schreibt der Schriftsteller Siegfried Lenz in seinem Roman „Heimatmuseum": „...Wenn Sie also glauben, daß Heimat eine Erfindung hochfahrender Beschränktheit ist, dann möchte ich Ihnen aus meiner Erfahrung sagen, sie ist weit eher eine Erfindung der Melancholie. Herausgefordert durch Vergänglichkeit, versuchen wir, den Zeugnissen unseres Vorhandenseins überschaubare Dauer zu verschaffen, und das kann nur an begrenztem Ort geschehen, in der ‚Heimat'..."

OLIVER VON WROCHEM

IM ZWIESPALT DER BINDUNGEN: ERFAHRUNGSEBENEN DER INTEGRATION

„Also ich glaube, daß es in der ersten Flüchtlingsgeneration keine Integration geben konnte, es sei denn, von ein paar glücklich gelaufenen Situationen abgesehen. Ich kenne aber solche nicht. Das war eine wirtschaftliche Integration, man brauchte ja alle Leute zum Wiederaufbau und hat sie beruflich eingegliedert, und die Wohnsituation hat sich gebessert, aber unter einer wirklichen Integration würde ich was anderes verstehen: Sich als Gleiche unter Gleichen ohne Hemmschwellen zu bewegen. Und natürlich ohne so starke emotionale Bindungen nach rückwärts, das spielt immer eine Rolle, auch bei den Ausländern heute. Die Bindung an die verlassene Heimat ist einfach so groß, und so war das bei den Flüchtlingen auch. Wobei die Situation für die Flüchtlinge sicher günstiger gewesen ist, sich, wenn sie wollten, zu integrieren, weil die ganze Aufbauzeit und Nationalität die gleiche war." (Bente Hagen, Jahrgang 1937)

„Integration heißt ja, sich in der neuen Lebenswelt zurechtzufinden, sich zu etablieren und unauffällig zu leben, nicht? Das ist gelungen. Wir hatten eine einheitliche Ausbildung auf dem Gymnasium, wir hatten eine einheitliche Kulturgeschichte. Wir haben nur den Wohnsitz gewechselt, zwar zwangsläufig –, aber ein Bauer in Schleswig-Holstein hat sich gar nicht so unterschieden von dem pommerschen Bauern und von dem Mecklenburger. Die zweiten und dritten Bauernsöhne gingen nach Hamburg, so ein Mecklenburger Bauernsohn, der ging ‚na de Bohn', oder wenn die Bahn nicht wollte, ‚ging he na de Stratenbohn'. Und die Pommern und die Schlesier gingen nach Berlin. Die Berliner, das sind im Grunde Pommern und Schlesier. Die sind alle im achtzehnten und neunzehnten Jahrhundert eingewandert. Die vom Land kamen, den Hof nicht kriegen konnten. Oder die vor hundert Jahren als Arbeiter ihr Glück versuchten. Das kann man überhaupt nicht vergleichen mit Leuten, die aus der Türkei kommen oder aus Jugoslawien. Weil die aus einem ganz anderen Kulturkreis kommen. Oder meinen Sie, daß das Menschliche dies alles überbrücken kann?" (Erwin Berghofer, Jahrgang 1927)

Das Schicksal der Flüchtlinge aus den Ostgebieten ist mit dem Mauerfall und der Wiedervereinigung wieder verstärkt in den Blick gerückt. Aktualität gewann die Thematik dadurch, daß im November 1989 mit der – noch halbherzigen – Anerkennung der Oder-Neiße-Linie als Grenze ein Schritt getan wurde, den Verlust der deutschen Gebiete als historische Folge des deutschen Angriffskrieges zu akzeptieren. Zugleich gab es für die ehemalige DDR nun die Möglichkeit, das Schicksal der dort als „Umsiedler" bezeichneten Flüchtlinge anhand von Quellen zu untersuchen. Die politischen Veränderungen in den ehemaligen Ostblockstaaten ermöglichten es, vermehrt in die Orte der eigenen Vergangenheit zu reisen. Bei vielen Betroffenen rückten die damaligen Ereignisse wieder näher.

Wie die Umwälzungen auf das Selbstverständnis der Flüchtlinge und ihr Verhältnis zur „neuen Heimat" rückgewirkt haben, suchte ich 1997/98 mit lebensgeschichtlichen Befragungen im Auftrag der „Forschungsstelle für Zeitgeschichte in Hamburg/Werkstatt der Erinnerung" zu erkunden. Wir wollten ermitteln, welche Erinnerungen die Flüchtlinge an ihre Aufnahme in Hamburg haben, welchen Faktoren sie rückblickend eine die Integration hemmende bzw. befördernde Wirkung zumessen und ob sie sich und ihre Kinder als wirtschaftlich, sozial und psychisch integriert betrachten. Unser Augenmerk galt besonders den Erinnerungen an Arbeits- und Wohnverhältnisse, ihrem heutigen Verhältnis zur „alten Heimat", ihren Beziehungen zu Einheimischen und ihrer Familiensituation. Damit versprachen wir uns Antwort auf die umstrittene Frage, ob die Integration der Flüchtlinge erfolgreich verlaufen sei.

Annäherung an die Gruppe der Befragten

Die befragten acht Männer und dreizehn Frauen gehören den Geburtsjahrgängen 1914 bis 1937 an. Wir erhielten Kontakt zu ihnen im Rahmen sozialer Betreuungsarbeit und über persönliche Beziehungen, im Schneeballsystem sowie über die Landsmannschaften Ostpreußen und Schlesien. Die Internierten wuchsen je zur Hälfte in städtischem und in ländlichem Milieu auf. Sechs Personen stammen aus dem Großbürgertum, vier Personen aus kleinbürgerlichen Verhältnissen. Die anderen kommen aus bäuerlichem Milieu: Ihre Eltern besaßen meist Höfe um die 50-75 Hektar, nur wenige waren Kleinbauern oder Landarbeiter.

Die Interviewten stammen aus Ostpreußen, Schlesien, Pommern und Danzig. Eine in Schlesien geborene Frau kam früh in die Mark Brandenburg. Die Bandbreite dessen, was sich hinter dem gängigen Begriff „Vertriebene" verbirgt, zeigt auch das Schicksal zweier Frauen, die in Berlin bzw. im Rheinland geboren wurden, aber mit ihren Familien 1930 und 1938 nach Ostpreußen gezogen waren. Die befragten Frauen flüchteten auf verschiedenen Wegen in „den Westen" und erlebten die sowjetische Besatzung nicht mit. Nur eine Frau ist nach dem Einmarsch der Roten Armee aus Pommern vertrieben worden. Zwei der internierten Männer gerieten als Soldaten in westliche Kriegsgefangenschaft. Drei jüngere Männer erlebten die sowjetische Besatzung in Ostpreußen und Pommern, drei weitere in der „SBZ", wohin sie mit ihren Eltern oder allein geflüchtet, bzw. aus Kriegsgefangenschaft hin entlassen worden waren. Alle Namen sind im folgenden zum Schutz der Personen geändert.

Die Gespräche fanden bei den Interviewten statt. Es war bekannt, daß es um die Integration in Hamburg gehen sollte. Meist hatten sie sich intensiv vorbereitet; alte Aufzeichnungen hervorgeholt, Landkarten studiert. Die Erinnerungsberichte sind, selbst bei ähnlichen Ausgangslagen der Flüchtlinge, sehr individuell. Dennoch werden in ihnen

Merkmale von Integrationserfahrungen deutlich, die über die interviewte Gruppe hinausweisen auf die Möglichkeiten und Grenzen von gesellschaftlicher Integration.

Die Art und Weise, wie sich die befragten Männer in der Interviewsituation an die vergangenen Ereignisse annäherten, unterschied sich fundamental von derjenigen der Frauen. Die Männer rückten meist sich selbst ins Zentrum der Erzählung, versuchten jedoch gleichzeitig, die individuellen Erfahrungen in größeren politischen Zusammenhängen aufzuheben. Dagegen sprachen die Frauen von ihrer Geschichte oft vermittelt über Vater, Geschwister und Ehemänner. Einzig im Zusammenhang mit den Fluchterfahrungen und dem Überlebenskampf in den unmittelbaren Nachkriegsjahren traten sie selbst als Handelnde ins Zentrum des Geschehens: Das ist ein später Ausdruck der Selbständigkeit, in welche die Frauen damals gezwungen wurden. Weiterhin fiel auf, daß die Frauen sehr viel weniger kritische und emotionale Bereiche aussparten als die Männer. In drei Fällen wurden Ehepaare gemeinsam interviewt, eine Situation, in der diese Erinnerungskonstellation mitunter zu Konflikten führte. Die unterschiedliche Annäherung spiegelte sich im Gehalt der Interviews: Auch die erinnerten Erfahrungen von Frauen und Männern waren in vielen Bereichen grundverschieden.

„Die jungen hatten es leichter"? Alters- und geschlechtsspezifische Aspekte der Integration

Die Frage des Alters wurde in den Interviews von den Befragten der Jahrgänge ab 1923 mehrmals thematisiert: Sie betonten wiederholt, die älteren Jahrgänge hätten starke Probleme gehabt, sich in das neue Umfeld zu integrieren. „Junge Leute sind weniger bodenständig als ältere, die doch ein Leben lang verwurzelt waren in dem Gebiet, wo sie gelebt und gewirkt haben." Ähnliche Aussagen waren häufig. Mehrere Frauen berichteten, daß ihre Eltern sich nie mit dem Verlust der Heimat abfinden konnten. Zumal, wenn die Eltern überzeugte Nationalsozialisten waren. So erzählte die 1924 geborene Hilke Seibold:

„Mein Vater war, nennen Sie es 150%ig überzeugt, oder noch mehr. Es war in diesen letzten Tagen, in diesen Zwischentagen, bis die Engländer kamen, da verlangte er von uns noch, wenn wir ins Zimmer oder ins Haus reinkamen, mit einem ‚deutschen Gruß' zu grüßen. Und da habe ich dann einmal gesagt: ‚du, die Zeit ist vorbei.' Da war er still, etwas, was ich von ihm gar nicht kannte. Das ganze Kriegsende und alles, also da brach eine Welt für ihn zusammen."

Die individuellen Erfahrungen in den Jahren nach dem Krieg und bis heute waren sehr stark von dem geprägt, was die Einzelnen im Dritten Reich und danach, bis zur Ankunft in Hamburg, erlebt hatten, welche Perspektiven sie sich bereits aufgebaut hatten und welche Möglichkeiten sich ihnen auftaten.

Dabei war der Zeitpunkt der Aufnahme in Hamburg ganz entscheidend. Die Erinnerung an die Aufnahme in Hamburg bei den zu Beginn der 50er Jahre und später Hinzukommenden steht im Zeichen eines Normalisierungs-Prozesses, der wie bei den Einheimischen durch einen Zugewinn an materieller Sicherheit geprägt war, mit dem die Flucht und Entbehrungen überlagert wurden. Für die nun nach Hamburg Zuziehenden war der Ortswechsel freiwillig. Hauptgrund für die späte Übersiedlung war, daß sie in Hamburg Arbeitsplätze angeboten bekommen hatten. Offene Anfeindungen gab es jetzt keine mehr, auch, weil es den Einheimischen wegen des wirtschaftlichen Aufschwungs leichter fiel, zu teilen, und sie den Flüchtlingen infolge des Kalten Krieges positiver begegneten. Dennoch blieben bei vielen Flüchtlingen gravierende Fremdheitsgefühle.

Bei den in den ersten Jahren nach dem Krieg nach Hamburg Geflüchteten zeigen sich Konflikte in weit größerem Maße. Es gab kaum Wohnungen, wenig Arbeit, und die Einheimischen sahen in den Flüchtlingen oft nur Konkurrenten um das Vorhandene. Für die Flüchtlinge war es schwer, sich in der ungewohnten Umgebung zu orientieren. Im Hinblick auf die Befragten trifft die Meinung „die älteren Jahrgänge hatten es schwerer" nicht zu, im Gegenteil. Eines der überraschendsten Ergebnisse der Interviews war, daß der Neuanfang für die nach 1927 geborenen Flüchtlinge oft ein kaum zu bewältigendes psychisches Problem darstellte. Besonders für die jungen Frauen gilt: Nur mit Mühe konnten sie mit dem auf der Flucht Erlebten und dem Druck, der auf den Flüchtlingsfamilien lastete, leben. Die Integrationserfahrungen waren alters- wie geschlechtsspezifisch. Das möchte ich im folgenden anhand einzelner Schicksale von Flüchtlingen unterschiedlicher Altersgruppen, die alle zwischen 1945 und 1948 nach Hamburg kamen, näher erläutern. Fast alle von ihnen hatten Verwandte oder Freunde in der Stadt, weshalb es nahe lag, hierher zu flüchten.

Mit Arbeit und Selbständigkeit vertraut: Die bis 1923 geborenen Flüchtlinge

Die vor 1923 Geborenen hatten vor Kriegsende eine Berufsausbildung abgeschlossen und sich eine von ihren Eltern unabhängige Existenz aufgebaut. In ihren Erzählungen spielen die Eltern und Geschwister nur eine untergeordnete Rolle: Sie berichten über ihr eigenes Leben, nicht das ihrer Verwandtschaft. Für alle vier Interviewten war der Krieg das zentrale Ereignis, wenngleich sie auf ganz unterschiedliche Weise damit konfrontiert waren. Im Zentrum ihrer Erzählung zur Nachkriegszeit stehen Arbeitsuche, Partnerschaft und Wohnsituation. Der Berufseinstieg erfolgte rasch. Die beiden Männer zeigen sich stark geprägt durch die Kriegserfahrungen. Sie haben keine eigenen Fluchterfahrungen. Die Integration wurde bei ihnen dadurch erleichtert, daß sie beim Militär Kontakte zu Westdeutschen knüpften. In beiden Fällen ergaben sich noch während des Krieges bzw. kurz darauf eheliche Verbindungen zu einheimischen Frauen. Zudem waren sie von Kriegsgefangenschaft nur am Rande betroffen.

Herbert Blättler, 1919 als Sohn einer einfachen Bauernfamilie im Dorf Großlenkrug im Kreis Angerburg/Ostpreußen geboren, hatte vor seiner Rekrutierung zur Wehrmacht eine Lehre als Fleischer abgeschlossen. Blättler hatte eine Tante in Hamburg, die nach dem ersten Weltkrieg aus Ostpreußen ausgewandert war. Er kam noch 1945 nach Hamburg:

„In Heiligenhafen lagen wir ungefähr sechs Wochen in Gefangenschaft. In der Zwischenzeit haben die Engländer Fahrkolonnen aufgestellt, und ich habe mich mit einigen Leuten von uns dazu gemeldet, weil ich ja nicht nach Ostpreußen zurückkonnte. Wir kamen nach Hamburg und haben Schutt weggefahren, Hamburg mit aufgeräumt von den Bombenangriffen. Da lagen wir im Überseeheim auf der Veddel, und nach 1 ½ Jahre kamen wir nach Harburg in die Scharnhorst-Kaserne. Wir durften uns aber frei bewegen, so daß ich schon im August, 45 meine Frau kennenlernte und 1947 geheiratet habe, noch als Kriegsgefangener in Hamburg. 1948 sind wir aus der Kriegsgefangenschaft entlassen worden, und dann habe ich 1950 in Hamburg meine Meisterprüfung gemacht. 1951 ließ ich mich von der Fahrkolonne entlassen und arbeitete dann in einzelnen Fleischereien als Geselle, bis ich 1955 eine Filiale zu leiten bekam. 1957 habe ich mich selbständig gemacht und das Geschäft bis 1979 geführt. Meine Frau war eine geborene Hamburgerin und arbeitete bei einer großen Firma 45 Jahre lang als Direktionssekretärin." Anfang 1948 bekam das Paar eine Tochter. Eine eigene Wohnung bezog die junge Familie 1951. Die Eltern von Blättler waren von der Roten Armee auf der Flucht überrannt worden. Sein Vater starb 1951 in Ostpreußen, seine Mutter kam 1955 durch einen Ausreiseantrag in die Bundesrepublik.

Hans Wellner wurde 1914 in Breslau geboren und wuchs in der Großstadt auf. Die Schule besuchte er bis zur Obersekunda, dann arbeitete er als Kassierer bei einer Sparkasse. 1938 wechselte er zu einer Bank nach Ostpreußen, seine Mutter folgte ihm dorthin. Sein Vater starb auf ungeklärte Weise in einer nationalsozialistischen „Heil- und Pflegeanstalt". Zur Wehrmacht eingezogen, hatte Wellner als Soldat eine Hamburgerin kennengelernt, mit der er einen Sohn bekam. 1945 ließ er sich aus britischer Gefangenschaft nach Hamburg entlassen und fand bei Gericht Arbeit. Seine Frau, 1943 ausgebombt und daraufhin zu Wellners Mutter nach Ostpreußen gezogen, konnte, weil ihre Flucht in den Westen mißglückt war, erst 1947 ausreisen. Bald darauf bezog die Familie eine eigene Wohnung, und ein zweiter Sohn wurde geboren.

Die zwei befragten Frauen der Jahrgänge bis 1923 waren ohne ihre Eltern in den Westen geflüchtet und es gelang ihnen, bald soziale Kontakte zu knüpfen. Beide waren bis zur Flucht berufstätig gewesen. Nach dem Krieg arbeiteten sie in Hamburg als Krankenschwestern.

Erna Loose wurde 1914 in Ostoberschlesien geboren, ihre Mutter starb als Erna 5 Jahre alt war. Mit 14 Jahren nahm ihre Stiefmutter sie aus der Schule, setzte sie als Haushaltshilfe ein und verbot ihr, eine Ausbildung zu absolvieren. Von 1935 bis 1936 arbeitete Erna als Kindermädchen in einer jüdischen Familie. 1936 zog ihre Familie nach Deutschoberschlesien. 1938 meldete sich Erna freiwillig zum Reichsarbeitsdienst ins Sudetenland, wo sie bis zum Kriegsende blieb. Mit einem Flüchtlingstreck kam sie bis nach Niedersachsen. Dort fand sie auf einem Bauernhof Unterkunft.

„Und dann habe ich mich in Hamburg beworben um eine Ausbildung als Krankenschwester. Das war kurz vor der Währungsreform, da habe ich sofort eine Zusage zum Herbst gekriegt. Als es dann soweit war, konnten sie mich plötzlich nicht mehr gebrauchen. Denn nach der Währungsreform waren Arbeitskräfte genug da. Vor der Währungsreform hatte ja kein Mensch gearbeitet, weil man mit dem Geld nichts hatte anfangen können. Der Oberin [des Krankenhauses Ochsenzoll] war ich zwar sofort genehm und sympathisch. Aber dem Betriebsrat war ich zu alt. Dann gab's aber noch eine Schulschwester, die mochte mich wohl auch und hat auf den Betriebsrat eingeredet, und so habe ich den Ausbildungsplatz doch noch bekommen. Ich war von 1948 bis 1950 als Schülerin im Krankenhaus Ochsenzoll. Dann arbeitete ich ein Jahr auf der Inneren Station. Den Rest meines Berufslebens habe ich im OP zugebracht. Schon während der Schülerinnenzeit und auch als ich arbeitete, gab es dort kaum Hamburger. Die Schwesternschaft bestand aus einem zusammengewürfelten Volk, das nach dem Krieg dorthin gekommen war. Wir haben uns da gut gefühlt, gut eingelebt, und 12,50 Mark im Monat verdient, mit freier Kost und freier Verpflegung, ach, und Klamotten haben wir ja auch noch gekriegt. 12,50 Mark reichte für Briefmarken. Man konnte in dieser Zeit sowieso nichts unternehmen, es war noch nichts mit Theater. Als ich Geld verdiente, war mir das schon wert, es für Theater auszugeben. Ich empfand Hamburg als schöne Stadt, und dann noch die vielen Möglichkeiten, die es da gab. Also ich habe mich hier schnell und gut eingelebt." Bis 1962 arbeitete Erna Loose in AK-Ochsenzoll und lebte auf dem Krankenhausgelände. Sie blieb ledig.

Ulla Dammert, Jahrgang 1921, wuchs in Breslau auf und blieb bis zum Kriegsende dort. Beeinflußt durch ihren Vater, einem „Alten Kämpfer" der NSDAP, schloß sie sich früh dem „Bund Deutscher Mädel" an und meldete sich im April 1939 freiwillig zum Reichsarbeitsdienst. Von 1940 bis 1942 absolvierte sie eine Krankenschwester-Ausbildung und arbeitete zuletzt als Stationsleiterin. Sie flüchtete 1945 nach Hamburg, weil ihr Bruder mit einer Hamburgerin verlobt war und daher loser Kontakt zu dessen zukünftiger Verwandtschaft, der Familie Hallmann, bestand.

„Ich bin dann nachts am Bahnhof angekommen. Und da fuhr noch ein Zug nach Harburg, mit dem bin ich gefahren. Vor dem Harburger Bahnhof war ein großer Platz, da waren die Rote-Kreuz-Baracken. Da hab' ich nach dem Weg gefragt, und bin dann hier lang gegangen, und da war alles zertrümmert, und der Mond schien in die Trümmer rein. Hab' mich durchgefragt, und bin bei Hallmanns nachts um drei angekommen. Die haben mich dann aufgenommen. Durch Hallmanns haben wir uns denn alle wiedergefunden. Meine Mutter ist in Bayern gelandet, und meine Schwester hat da einen Amerikaner kennengelernt, die ist ausgewandert. Meine Mutter ist leider 1953 ganz bitterböse an Krebs gestorben. Mein Bruder Achim, der wurde krank durch die vielen Entbehrungen. Der kam in ein Heim, der ist auch verstorben. Also, es war ein Drama. Ich arbeitete dann ab 1945 im Krankenhaus Hittfeld als Krankenschwester. Dort lernte ich meinen Mann, einen Hamburger, kennen. Wir haben ziemlich bald geheiratet, weil seine Eltern in diesen großen Häusern wohnten, den Eisenbahnereigenheimen, auf die das Wohnungsamt reflektierte. Da hat meine damalige Schwiegermutter zu ihrem Sohn gesagt: ‚Wenn das ernst ist mit der Krankenschwester, heirate doch, dann kriegt ihr die Wohnung in unserem Haus.' Und so haben wir geheiratet, obwohl ich sehr skeptisch war. Mein Mann war nämlich ein Träumer. Ich hatte meine Bedenken. Die waren auch berechtigt. Zweieinhalb Jahre später habe ich die Ehe aufgelöst, meine Tochter war anderthalb Jahre alt. Und dann war's bitter. Na ja, und so allmählich haben wir uns doch hochgerappelt Stück für Stück. Meine Tochter ist mit sechs Jahren zur Schule gekommen. Ja, und dann haben wir uns hier so durchgewurstelt. Und nun hatte ich immer Heimweh." Ulla Dammert lebte bis 1957 zur Untermiete, dann in einer Zweizimmerwohnung.

Die durch die Flucht erlebte Selbständigkeit ist Freiheit und Last zugleich: Frauen der Jahrgänge 1923-1925

Die Berichte der Jahrgänge 1923-1925 waren stark von den Erfahrungen im Dritten Reich, besonders der Kriegszeit geprägt. Alle befragten Frauen dieser Jahrgänge waren geflüchtet, von traumatischen Vertreibungserfahrungen blieben sie verschont. Die mehrheitlich auf eigene Faust durchgestandene Flucht steht ganz im Zentrum der Erzählung. Alle Befragten waren damit konfrontiert worden, daß sie plötzlich für ihre Eltern sorgen, diese teilweise ernähren mußten, weil der Vater gestorben bzw. noch in Kriegsgefangenschaft war oder keine Anstellung fand. Diese frühe Verantwortung wird als Belastung geschildert, aber auch als Selbstbestätigung. Es wurde wiederholt betont, daß die Umkehrung der Verantwortungsverhältnisse auch für die Eltern schwer zu verkraften war. Die Befragten arbeiteten jahrelang hier und dort, bevor sie sich etablieren konnten. Diese ungesicherten Arbeitsverhältnisse galten auch für die Einheimischen, wurden aber angereichert durch die als Flüchtling empfundene Diskriminierung in der Nachkriegszeit. Auch nach der Heirat arbeiteten die meisten Frauen weiter. Fünf der Frauen stammen aus gutbürgerlichen Verhältnissen. Sie waren in Insterburg/Ostpreußen zur Schule gegangen und hatten 1942 Abitur gemacht, bevor sie flüchteten. Sie waren von der Zeit im „Bund Deutscher Mädel" und im Reichsarbeitsdienst geprägt, die sie als sehr positiv schildern. Sie verbinden damit Unabhängigkeit von den Eltern und Mobilität. Viele von ihnen konnten nach dem Krieg angestrebte Berufe, bzw. Bildungswege nicht einschlagen, weil ihnen ein Studienplatz verwehrt blieb oder sie für die Eltern sorgen mußten.

Elisabeth Hormann wurde 1924 in Masuren geboren und wuchs in Insterburg als Tochter eines Reichsbahningenieurs und einer Friseuse auf. 1943 begann sie ein Medizinstudium. Sie flüchtete über die Ostsee nach Hamburg. „Ende April holte uns mein Vater nach Hamburg. Er hatte bei seinem jüngeren Bruder ein Zimmer für uns erstehen können, am Beseler Platz, Othmarschen, in der ersten Etage. Der Bruder war Nationalsozialist, und deshalb hatte man bei ihm Zimmer beschlagnahmt, die er für Flüchtlinge und Ausgebombte zur Verfügung stellen mußte. Er mußte auch einen Wintermantel abgeben und einen Anzug. Das sollte so'ne Art Bestrafung sein. Wir zahlten natürlich Miete. Wir hatten uns einen kleinen Kanonenofen auf Tauschwegen besorgt, der wurde mitten ins Zimmer gestellt und bekam ein Abzugsrohr nach draußen. Da kochten wir morgens, mittags nachmittags, abends, und gleichzeitig heizte der kleine Ofen das Zimmer. Unser Verhältnis zum Bruder meines Vaters war sehr gespannt, weil er keinerlei Verluste erlitten hatte, und wir komplett mittellos waren. Und klar, wenn der eine alles hat und der andere gar nichts, dann ist das Verhältnis natürlich nicht so gut. Freunde haben uns Sachen gegeben, eine Tasse oder auch Teller, während der eigene Bruder kaum was für uns übrig hatte."

Frau Hormann konnte ihren Berufswunsch nicht verwirklichen: „Universität war nicht, nirgendwo, wir sind rumgereist, Göttingen, Lübeck, Kiel, nichts war, Arbeit schon gar nicht, tja, was macht man nun? Ich war Flüchtling, hatte keinen Zuzug für Hamburg, ich mußte unter der Hand versuchen, irgendwo unterzuschlüpfen. Quartiere gab es schlecht, zu Essen gab's nicht, man mußte ja gemeldet sein, sonst bekam man keine Lebensmittelkarten." Nach einer Dolmetscherausbildung, die sie 1946 abschloß, fand sie Arbeit: „Ich arbeitete beim Engländer als Übersetzerin. Und 1949 wurde mein Mann aus der Kriegsgefangenschaft entlassen und gab als Wohnort seine Heimatstadt Dortmund an. Dies war ein schwerwiegender Fehler. Denn als er nach Hamburg wollte, bekam er keinen Zuzug und deshalb auch keine Arbeitsstelle. Also mußte er als fertiger Arzt kostenlos arbeiten, das über fünf Jahre. Und so arbeitete ich, verdiente das Geld, und er versuchte halt, irgendwann reinzurutschen. Dann sind wir umgezogen in eine kleine 2 ½ Zimmer-Wohnung. Da gab es eine Notküche im Souterrain, und meine Mutter mußte kochen." 1955 fand Herr Hormann eine bezahlte Stelle als Arzt und das Ehepaar kaufte ein kleines Haus, in das sie mit Elisabeths Eltern einzogen. Elisabeth Hormann hörte erst nach der Geburt des Sohnes 1962 auf zu arbeiten.

Den Frauen dieser Generation fiel es relativ leicht, sich beruflich umzustellen. Aufgrund ihres Flüchtlingsstatus' erhielten sie manchmal Arbeitsverhältnisse, an die sie niemals gedacht hätten, wie das folgende Beispiel zeigt:

Hannelore Kroepelin wurde 1924 als einziges Kind eines wohlhabenden Möbelfabrikantenehepaares geboren und sollte später das Geschäft übernehmen. Sie floh über die Ostsee bis nach Verden/Aller, wo ein Bruder ihrer Mutter als Soldat stationiert war. Dort traf sie ihre Familie wieder. Bis 1947 arbeitete sie für die Besatzungsarmee und als Arzthelferin; in dieser Zeit versorgte sie ihre Familie. 1948 kam sie nach Hamburg. „Ich lernte einen jungen Mann kennen, der versprach mir, er würde mir behilflich sein, daß ich in Hamburg unterkomme. Und der brachte mich auch in sein Elternhaus, ich wurde da aufgenommen wie Tochter im Haus. Ein befreundetes Ehepaar waren die damaligen Besitzer des „Alodria" auf der Reeperbahn. Sie boten mir an: ‚Wenn ich wollte, könnte ich dort für eine Woche hinter der Bar mit aushelfen. Ich würde Menschen kennenlernen und Geld verdienen.' Zu dem Zeitpunkt hatte ich eine Bar noch nicht mal von außen gesehen, geschweige denn von hinten. Ich hab mich angehübscht und bin also hinter diese Bar gekrochen. Die Tür ging auf, die Männer kamen rein. In dem Moment verschwand ich schon mit dem Kopf unter dem Bartresen. Also ich kriegte das nicht hin. Da war natürlich Verdienst gleich null. Ich hatte an einem Abend noch nicht mal genug Trinkgeld, daß ich mit der S-Bahn zurückfahren konnte. Na gut, und dann war mein letzter Abend da: Es kommen ältere Herren rein. Nun blieb ich schon auf meinem Hocker sitzen, nun kam es schon gar nicht mehr drauf an. Und da setzte sich ein älterer Herr zu mir und sagte, also Sie hab ich in der letzten Woche hier noch nicht gesehen. Nein sag ich, und wenn Sie nächste Woche kommen, dann sehen Sie mich auch nicht mehr. Und habe mich nun mit ihm unterhalten. Hatte schon an meine Mutter geschrieben: also Hamburg ist nichts, ich werde dann stempeln. Er war Fachstellenleiter im Kaffeehandel und verwies mich an einen von seinen anderen Herren. Das war mein späterer Chef. Der sagte zu mir, ich solle mich am nächsten Vormittag im Büro vorstellen. Er bat mich aber, nicht zu sagen, daß ich in der Bar gearbeitet habe, weil er einen Sohn in der Firma hatte. Er wollte nicht, daß bekannt wurde, daß er abends auf der Reeperbahn war. So bekam ich eine Stellung als Empfangsdame im Büro."

Für Frau Kroepelin endeten die aufregenden Jahre der Selbständigkeit desaströs. Das hier dargestellte Abenteuer hatte sehr negative Folgen:

„Und denn hab ich fürchterlich eins abbekommen. Ich hatte wirklich eine große Liebe. Ich hatte nicht an Heiraten gedacht. Es war einfach nur schön, das wir ins Kino gingen, und es war jemand da, der lieb und nett war, und wir konnten uns erzählen und wir konnten Tanzen gehen, und ich wurde in seinem Freundeskreis aufgenommen. Aber seine Eltern durften von unserer Liebe nichts wissen. Er war der Sohn meines Chefs. Als die Eltern das gewahr wurden (6 Sek. Pause). Mit dem Vater wäre ich vielleicht noch ganz gut zurechtgekommen, aber mit seiner Mutter ... Und da schickten die ihren Sohn nach Brasilien."

I [Interviewer, d. V.]: „Hui. Und das waren Hamburger jetzt."

K: „Ja. Und sie war wirklich so eine Hamburgerin. Also sie schickten ihn weg. Ich bin umgekippt, das war für mich ganz furchtbar. Ich war für sie eine Büroangestellte. Und das war für ihren Sohn eben unter allem Niveau."

Hildegard lernte kurz darauf ihren zukünftigen Mann kennen, der zwei Kinder aus erster Ehe hatte:

„Und dann machte ich den großen Fehler, daß ich eine Nacht bei ihm geblieben bin. Und das konnte ich nicht richtig verkraften. An einen immer zu denken und mit dem anderen so ein Tächtelmächtel anzufangen, also das hat mir schwer zu schaffen gemacht. Ich bin da eigentlich nicht ganz ehrlich gewesen, meine Gedanken waren immer bei dem anderen. Gut, wir haben uns nachher zusammengerauft. Aber wenn die Kinder nicht gewesen wären, dann bin ich ziemlich sicher, daß ich keine Frau Kroepelin geworden wäre."

I: „Haben sie denn diesen Menschen wiedergetroffen?"

K: „Ja, da war ich schwanger. Ja Mensch, du kannst ja nicht ein Kind von einem andern im Bauch haben und dann. Er hat nachher eine Bankierstochter geheiratet. Wie ich schrieb, daß ich vorhabe zu heiraten, da ist der drüben natürlich völlig ausgerastet und wollte sich gleich in einen Flieger setzen und herkommen. Hat die Mutter bekniet, und da hat die wohl große Bedenken gekriegt und kam mich besuchen. Ich war noch nicht verheiratet. Sie fragte mich, ob ich eigentlich wüßte, was ich täte. Aber es war da einfach zu spät. Jetzt hatte ich ja Familie. Ich hatte einen Mann, ich war jetzt Stiefmutter, ich kriegte mein Kind. Dann haben wir gebaut und ich hatte gar keine Zeit mehr, um dumme Gedanken im Kopf zu haben."

I: „Wie sind Sie aufgenommen worden von der Familie ihres Mannes?"

K: „Gut. Ja. Der alte Kroepelin, der war auch unten am Kaffee-Kai. Als der hörte, daß sein Sohn heiraten will, da hat er sich wohl erkundigt, und da waren zwei Herren, die mein Elternhaus kannten und wußten, aus welchem Stall ich kam."

Ohnmacht und frühe Verantwortung: Jahrgänge ab 1927

Die Befragten der Jahrgänge ab 1927 waren nach dem Krieg eng mit ihren Familien verbunden. Viele der Männer waren als Jugendliche noch eingezogen worden und hatten die Kriegsgefangenschaft miterlebt. Die meisten von ihnen waren mit Flucht oder sowjetischer Besatzung konfrontiert worden. Flucht und Krieg hatten die Heranwachsenden nur schwer fassen können, weil sie die Vorgänge um sich herum nur begrenzt hatten nachvollziehen können. Um so härter traf es sie, wenn sie als Jugendliche den Tod oder die Vergewaltigung von Freunden und Angehörigen mit ansehen mußten und selbst Opfer von Gewalttaten wurden. Die Jüngeren unter ihnen waren noch Kinder gewesen, als sie mit ihren Eltern hatten fliehen müssen. Vielfach gelang es ihnen in den Wirren der Nachkriegszeit nicht, die Schulausbildung abzuschließen. Besonders in der „SBZ" scheint das ein Problem gewesen zu sein – mit der Folge, daß ihnen Wunschberufe unerfüllt blieben. Sie mußten sich die Möglichkeit einer Lebensperspektive hart erkämpfen. Mitunter konnte dies auch eine dauerhafte Trennung von den Eltern und Verwandten bedeuten. Oft standen sie eh allein da, weil ihre Eltern, bzw. nahe Verwandte im Krieg und unter der Besatzung getötet worden waren.

Erwin Berghofer wurde 1927 in Berlin geboren, seine Eltern kamen beide aus Pommern. Seinem Vater gehörte ein großer Hof in Wittenfelde, wo die Familie bis zur Vertreibung lebte. Erwin hatte noch kein Abitur, als die Rote Armee einmarschierte. Sein Vater verstarb im Juli 1945 in sowjetischer Gefangenschaft. Erwin Berghofer wurde Zeuge zahlreicher Vergewaltigungen von Kindern. Im Juni 1945 wurde die Familie aus Polen vertrieben, zu Fuß ging es bis nach Berlin, dann weiter nach Hamburg zu einer Halbschwester des Vaters.

„Wir konnten von Glück sagen, daß unsere Verwandten hier waren, sonst hätten wir hier nicht landen können. Die Großstädte waren zerstört, wahnsinnig zerstört. Hamburg war ein einziger Trümmerhaufen, und man konnte hier nur leben, wenn man diese Lebensmittelmarken bekam, und die bekam man nur, wenn man einen Zuzug bekam, und den bekamen wir eigentlich nicht. Das haben also meine Verwandten hintenrum gedreht, daß wir einen Zutritt bekamen und damit auch Stammkarten für Lebensmittelmarken, sonst wäre das Leben gar nicht möglich gewesen. Das war die Zeit des Schwarzhandels. Mein Onkel, der hat schwarz gehandelt, er hat den Beamten auf der Meldebehörde bestochen. Wahrscheinlich ein Pfund Kaffee hingegeben, und dann hat der Beamte die Anmeldung ausgeschrieben. So lief das.

Also meine Tante stammte auch aus Pommern. Sie war aber schon vorm Krieg in Hamburg tätig gewesen und hatte sich hier verheiratet. Mein Onkel hatte eine Papierwarengroßhandlung und hat mich dort zunächst angestellt. Wir haben uns nicht vertragen, das war furchtbar. Während des Krieges waren wir natürlich begehrte Verwandte vom Lande gewesen. Da kamen die Verwandten aus Hamburg und kriegten Eier und Lebensmittel, und damit haben sie in der Großstadt ihre Tauschgeschäfte gemacht. Und jetzt waren wir arm und hatten nichts mehr. Nun war Ende. Dann zeigt sich das wahre Gesicht. Ich habe in der Papierwarengroßhandlung keine reguläre Ausbildung machen dürfen. Ich war praktisch nur der Bote und der Idiot, nicht? Der Clown da, nicht? In dem Haus wohnte ein Bankier, zu dem hatte ich guten Kontakt, der hatte eine Privatbank in Hamburg und wollte mich als Banklehrling aufnehmen. Das hat meine Tante verhindert. Sie wollte das nicht. Ich sollte für sie als Sklave arbeiten für immer und ewig, nicht? Und der Bankier sagte dann: ‚Ich hätte Sie als Lehrling eingestellt, aber Sie wissen ja, wie die Tante ist. Ich möchte den Frieden hier im Hause wahren." Erwin Berghofer zog daraufhin aus und fand nach einer Weiterbildung Arbeit in der städtischen Verwaltung. Erst Ende der 50er Jahre konnte er sich eine eigene Wohnung leisten. 1957 heiratete er eine Hamburgerin, kurz darauf kam das erste Kind.

Doch gab es auch in dieser Generation Fälle, wo die Integration unproblematisch verlief, wie der Lebensbericht von Martin Krieck aus Danzig zeigt. Krieck war in sowjetische Gefangenschaft geraten, aufgrund seines Alters, Jahrgang 1927, aber bald entlassen worden. Seine Großeltern, seine Mutter, sein Bruder und seine Schwester waren bei der Bombardierung Dresdens getötet worden. Martin kam zuerst bei Verwandten des Vaters in Mecklenburg unter, wo er das Abitur nachholte. 1948 ging er nach Hamburg, weil sein Vater dort Arbeit bei der Polizei gefunden hatte.

„In Hamburg merkte ich sehr schnell, daß man sich hier gut einleben kann. Ich war als Danziger nicht nur Ostdeutscher, sondern fühlte mich als Norddeutscher. Aus der Norddeutschen Tiefebene kommend, wozu ja auch Danzig zählt. Und als solcher fand ich in jeder Weise schnell Anschluß bei Menschen, auch außerhalb des Elternhauses. Sehr wichtig war, daß ich bald eine Arbeit in Hamburg fand. In einer Druckerei als Hilfsarbeiter. Ich brauchte mich also nicht mehr vom Wohnungsamt und Arbeitsamt immer erfolglos hin und her schicken zu lassen. Wie es damals vielen ging, weil Hamburg aus naheliegenden Gründen eine Zuzugsbeschränkung hatte und wegen des mangelnden Wohnraumes den Zuzug hier unter Kontrolle halten mußte. Bereits nach einem halben Jahr konnte ich eine Sparkassenlehre beginnen. Und damit begann eigentlich meine berufliche Integration im engeren Sinne. Von da an empfand ich mein Leben schon als höchst normal. Diese Lehre bei der Sparkasse habe ich 1950 bereits nach anderthalb Jahren beenden können, wechselte dann zur Dresdner Bank, wo etwas sehr wichtiges für mich passierte. Ich lernte dort nämlich meine Frau kennen. Nach weiteren anderthalb Jahren wechselte ich zur Landeszentralbank, hatte dort einen erfolgreichen Berufsweg, und was für damalige Zeiten sehr wichtig war, wir bekamen bereits 1955 eine Zweizimmer-Wohnung in Hamm angeboten, die wir natürlich gerne bezogen haben. Was unter damaligen Umständen auch der Anlaß für unsere Heirat war. 1957 wurde unser erstes Kind geboren, eine Tochter. Es folgten zwei weitere Kinder. Mein Sohn 1960 und unsere jüngste Tochter 1965."

Für die ab 1927 geborenen Frauen prägte die Familiensituation nach dem Krieg ihre Integrationserfahrungen mit. Einerseits rechtfertigen sie im Gespräch die Schwierigkeiten der Eltern, sich neu zu orientieren. Andererseits weisen viele darauf hin, daß die Eltern sie daran hinderten, eigene Wege zu gehen und ihre Wünsche zu verwirklichen. Die Konflikte zwischen Eltern und Kindern blieben unterschwellig. In vielen Fällen mußte die jüngere Generation für ihre psychisch und körperlich angegriffenen Eltern sorgen. In einem Fall hat der Vater Selbstmord begangen. Dies alles bedeutete eine große Belastung für die Heranwachsenden. Der Schritt in die Selbständigkeit war für die Männer und Frauen dieser Jahrgänge daher entscheidend.

Zwischen den Welten: Bente Hagen, Jahrgang 1937

Bente Hagen, in Schlesien geboren und aufgewachsen in der Mark Brandenburg, betont, daß ihre eigenen Erfahrungen in der Nachkriegszeit von denen ihrer Eltern abwichen.

„Von meinen Eltern habe ich schon vermittelt bekommen, wir haben alles verloren und die Einheimischen, die wollen uns im Grunde nicht. Die lehnen uns ab. Ich selbst hab das nicht ganz so stark empfunden, weil ich einige Freundinnen hatte, die in Lübeck zuhause waren." Bente Hagen kritisiert ihre Eltern und die Vertriebenenverbände dafür, daß sie sich zeitlebens auf die „alte Heimat" bezogen: „Da wird etwas hochgehalten, etwas kultiviert, wogegen ich mich schon bei meinen Eltern zur Wehr gesetzt habe, dieses, wir sind ja Schlesier, wir sind ja Flüchtlinge, also dieses sich selber einengen auf so einen Minimalteil der Persönlichkeit, die Herkunft." Die Probleme, sich in der neuen Umgebung zurechtzufinden, waren bei Bente wie bei den anderen jüngeren Interviewten vielfach dadurch gegeben, daß ihre Eltern sich isolierten und ihnen so den Kontakt zu Einheimischen erschwerten. „Meine Eltern haben dieses Gefühl, nicht willkommen zu sein, im Grunde Zeit ihres Lebens aufrecht erhalten und haben auch keine intensiveren Kontakte zu Nichtflüchtlingen gehabt." So fiel es ihr selbst schwer, unbefangen zu sein, zumal ihr die Großstadt Hamburg „total fremd" war und sie lange dachte, wieder zurückkehren zu können in das Dorf ihrer Kindheit. Noch Mitte der 50er Jahre spürte sie im Gymnasium eine Kluft zwischen sich als Flüchtlingskind und den Einheimischen. „Wir wurden nicht etwa abgelehnt, aber es war eine Kluft zwischen uns Flüchtlingskindern und den Einheimischen. Und zwar einfach schon vom ganzen Background her. Also wir wohnten damals in einer kleinen 2 ½ Zimmer Wohnung, während meine Klassenkameradinnen in Uhlenhorst in großen Altbauwohnungen wohnten. Wenn es darum ging, daß Klassenkameraden zu mir nach Hause kommen sollten, – meine Mutter war sowieso nicht sehr gastfreundlich –, habe ich mich geschämt, sie in unsere kleine Wohnung einzuladen." Bentes Vater war zu dieser Zeit Oberpostdirektor und hätte sich eine größere Wohnung leisten können. Das Gefühl des Eingeengtseins löste sich erst, als Bente Hagen 1960 nach dem Studium von zu Hause auszog. Sie hatte im Gegensatz zu ihren Eltern keine festgefügte Identität, als sie nach Westdeutschland kam. Was bei ihr zurückblieb, als Folge der Flucht und der erfahrenen Isolation, ist das Gefühl der Heimatlosigkeit: „Ich würde mich nicht als Hamburgerin bezeichnen, ich würde immer sagen, ich bin heimatlos."

„Ich war noch nie von zu Hause weg".
Herkunft und Integration

In den Gesprächen zeigte sich, daß das soziale Milieu, in dem die Personen aufgewachsen waren, für die Integrationserfahrungen bedeutsamer war als die landsmannschaftliche Herkunft. Der Krieg hatte bereits einen immensen Mobilisierungsschub ausgelöst, besonders für die Jüngeren. In den meisten Fällen wechselten die Interviewten lange vor der Flucht ihren Wohnort, zogen in die Städte, bzw. landeten durch Kriegsdienst, Reichsarbeitsdienst und Fronteinsätze an von ihren Herkunftsgebieten weit entfernten Orten. Fluchtstationen und damit einhergehende Erfahrungen, bzw. die Kriegsgefangenschaft hatten die Bindung an einen bestimmten Ort weiter gelöst. Die von diesem Mobilisierungsschub Betroffenen und jene, die in den Großstädten aufgewachsen waren, konnten sich leichter in Hamburg zurechtfinden. Weniger in Bezug auf die objektive Wohn- und Arbeitssituation, als auf das Erleben der kulturellen und Milieuunterschiede von Stadt und Land, von Modernität und Tradition. So war eine Minderheit fest in ländlichen Traditionen und Milieus verwurzelt, was die Neuorientierung behinderte. Besonders problematisch war es für diejenigen, die bis zur Flucht in ländlichen Regionen gelebt hatten und aus einfachen Verhältnissen stammten.

Margarete Tetzlaf aus dem Dorf Kolischkin/Ostpreußen, Jahrgang 1924, hatte vor der Flucht auf einer kleinen Bahnstation gearbeitet. Ihr Vater, ein Landwirt, starb 1946 in sowjetischer Gefangenschaft. Sie flüchtete über die Ostsee nach Hamburg. Frau Tetzlaf hatte keine verwandtschaftlichen Bindungen nach Hamburg.

„Das war der 3. März '45, da kamen wir denn nach Hamburg. Und da war ich so erschüttert. Ich hatte ja noch nie eine solch zerbombte Stadt gesehen. Ich war ja immer vorneweg, vor den Russen, Stettin und Schwerin, jedenfalls erinnere ich nicht, daß ich da viele Trümmer gesehen habe. Und Hamburg nur Trümmer. Das war für mich so erschütternd. Ich dachte ich komm irgendwo ... ich weiß nicht ... in eine Geisterstadt oder sowas ähnliches. In Altona ist ja die Bahndirektion. Da gingen wir hin. Wir [sie selbst und zwei Frauen, mit denen sie gemeinsam geflüchtet war, d. V.] durften bleiben, wir wurden sofort aufgenommen. Und wir haben irgendwo in einer Eisenbahnerübernachtung zwei oder drei oder vier Nächte geschlafen. Dann kamen wir nach Langenhorn. Die Eisenbahn hatte ein Haus, ganz dicht am Bahnhof, mit einem Lagerschuppen. Da war Flüchtlingsgepäck gelagert, was nicht mehr befördert werden konnte. In dem Haus wohnten drei Familien, drei ältere Ehepaare. Wir sollten jede zu einem Ehepaar in Quartier kommen. Ich hatte solche Angst. Ich war da schon 22 Jahre alt. Aber ich war ja noch nie von zu Hause weg gewesen. Und aus solch einem kleinen Dorf zu kommen, und dann in solch eine Stadt zu gelangen, das war für mich schwierig. Das war unbekannt." Margaretes Schwester blieb mit sieben Kindern in Ostpreußen zurück und verübte nach Vergewaltigungen und dem Tod von fünf ihrer sieben Kinder Selbstmord. Seit 1945 arbeitete Margarete Tetzlaf bei der Bahn. 1948 holte sie ihre Mutter und den Bruder aus der SBZ nach Niedersachsen. 1951 heiratete sie einen Arbeitskollegen, einen geschiedenen Mecklenburger, dessen Mutter und Tochter kurz darauf aus der DDR nachreisten. 1954 bauten sie ein Haus.

Seit 1957 lebt das Ehepaar dort mit seinen Müttern, der Tochter des Mannes und einem überlebenden Kind der Schwester von Margarete. Mit der Geburt ihres ersten Sohnes 1963 hörte Margarete Tetzlaf auf zu arbeiten.

„Jede Nacht bin ich verfolgt worden, bin gelaufen, gelaufen, gelaufen und kam nicht weg". Vertreibungserfahrungen und Integration

Bei den Interviewten der Jahrgänge ab 1927 erschwerten Vertreibungserlebnisse oft einen Neubeginn. Es gibt aber auch Beispiele, wo die Gewalterfahrungen eine Bindung an die Heimat beeinträchtigen.

Dirk Gehler wurde 1931 in Ostpreußen, seine Frau Gilda 1933 in Pommern geboren und erlebten dort den Einmarsch der Roten Armee. Beide wurden Zeugen und Opfer von Gewalt. So berichtet Dirk Gehler: „Ich stand damals-, da war ich gerade dreizehn Jahre alt, schon am Zaun und sollte auch erschossen werden. Durch eine glückliche Fügung kam ein Offizier auf den Hof. Nach langem Hin und Her hat er mich vom Zaun weggejagt, wieder reingejagt. … Jeden Abend, am Tag auch, aber am Abend war es am schlimmsten. Kamen, haben geplündert, haben die Frauen vergewaltigt. Die haben sich in den Ställen auf dem Heuboden versteckt, dann wurde der Stall einfach angezündet. Abends war immer ein wunderbares Panorama, all die Dörfer rundherum, es gab überall Feuer." Dirks Mutter wurde eines Tages verschleppt und kehrte nicht wieder zurück. Gilda Gehler berichtet über die Besetzung: „Der erste Panzer hatte Scheefelbein schon erreicht. Wir mußten alle in den Keller. Dann kamen die Russen und, – ich mag darüber nicht reden. Ich hab soviel Greuel gesehen und erlebt. Ich war damals ja auch erst elf Jahre alt und, – ich konnte das damals nicht begreifen, daß meine Mutter mich immer so versteckt hat, daß die Frauen sich so alt gemacht haben. Aber später, als ich dann älter wurde, hab ich das mitgekriegt, daß sie die Frauen ja alle geholt haben. Und dann hörte man auch das Schreien aus den Nebenzimmern."

Während Herr Gehler trotz dieser Erinnerungen eine starke Bindung an Ostpreußen und sein Geburtsdorf bewahrt hat, ist bei Frau Gehler diese Bindung abgebrochen:

Frau G: „Ich habe den Freund meines Vaters mit seiner Frau und mit meinem Vater auf einem Handwagen zu diesen Massengräbern gefahren. Also ich mag an sowas gar nicht mehr denken, weil ich –, ich hab' die ersten Jahre nach dem Krieg –, jede Nacht bin ich verfolgt worden, bin gelaufen, gelaufen, gelaufen und kam nicht weg. Das waren Alpträume für mich."

G: „So ging's mir ja auch, bis zu unserer Heirat 1958 bin ich jeden Morgen schweißgebadet aufgewacht vor Angstträumen. Das wurde besser seitdem wir uns kennenlernten. Aber das war furchtbar. Das waren Jahre also, – jede Nacht hab' ich davon geträumt."

Frau G: „Na ja, und was man als Kind so alles gesehen hat, ich sehe sie heute noch mit ihren Schlitzaugen, ‚Ring vom Finger, Ring vom Finger'. Und wenn sie nicht schnell den Ring abzogen, dann haben sie den Finger abgeschnitten. Ich mag gar nicht daran denken. Man hat das auch verdrängt. Es ist nicht mehr so akut da."

G: „Ich fahr' nun immer in meine Heimat, da, wo ich herkomme. Ein Stückchen weiter, zwei, drei Kreise weiter, war dieser Bauernhof, wo ich den Russeneinfall erlebt habe. Es war mir nicht möglich, dorthin zu gehen. Also da war eine Sperre. Ich konnte nicht hin, bis in die 90er Jahre. Da hab ich dann gesagt: du mußt dahin, das ist Psyche, du mußt das schaffen. Und dann bin ich hingegangen, hab' das dann gesehen. Der Zaun war noch da, wo wir standen, nicht? Das prägt sich ja als Kind so ein."

Frau G: „Vielleicht hab' ich deshalb nicht mehr die Bindung zu meiner Heimat. Kann sein."

G: „Aber ich hab's ja auch erlebt."

Frau G: „Ich war auch jünger. Und ich weiß nicht, für mich ist Hamburg, also – wahrscheinlich, weil ich hier mein Leben aufgebaut habe."

„Wir waren ja die Flüchtlinge". Das Verhältnis zu den Einheimischen in der Nachkriegszeit

Immer wieder wird in den Interviews geäußert, daß es Flüchtlingsfrauen in der Stadt leichter hatten als auf den Dörfern. So berichten mehrere Frauen von aggressivem und diskriminierendem Verhalten seitens der Bauern gegenüber den Zugewanderten. Ähnliche Erfahrungen werden von Hamburg nicht berichtet, doch gab es eine Vielzahl von direkter oder verdeckter Diskriminierung aufgrund des Status' „Flüchtling". Abfällige Bemerkungen im Alltag und auf der Arbeit waren häufig. Erwin Berghofer: „Ich weiß nur, daß Vertriebene und Flüchtlinge so ein bißchen argwöhnisch betrachtet wurden. Denen wurde zuviel geholfen, sagte man. Das sagten die Einheimischen. Da kursierte zum Beispiel ein Witz: ‚Warum haben die Flüchtlinge keine Haare unter den Armen? Weil ihnen zu sehr unter die Arme gegriffen wurde.'" Vielfach wird auch folgendes erinnert: „Es hieß natürlich – oberschwellig hieß es immer: ja, ja, die Flüchtlinge, die haben ja alle Rittergüter gehabt."

Sowohl Frau Gehler als auch Herr Gehler, schildern die Nachkriegsjahre und die erste Zeit in Hamburg als beschwerlich. Frau Gehler fing im Krankenhaus Ochsenzoll an: „Ich hab manches mal gedacht, wenn du zu Hause geblieben wärst, dann hättest du ja einen ganz anderen Schulabschluß gehabt und so weiter. Das hatte ich ja alles nicht durch die Flucht. Und die Zeit war schwer, muß ich sagen."

Dirk Gehler berichtet über die erste Zeit in Hamburg: „Wir waren ja die Flüchtlinge, die aus dem Osten kamen, egal ob von Pommern, Ostpreußen oder Schlesien. Aber es waren die Flüchtlinge. Man wurde gehänselt, nicht. Und als Flüchtling war man so ein bißchen außenstehend. Wir hatten ja nichts. Gar nichts. Ich hatte keinen, mit dem Teller fing es an, Messer, Gabel, nicht? Mußte ich alles kaufen. Und da mußte ich arbeiten, ob ich wollte oder nicht."

I: „Hat sich das Verhältnis zu den Leuten im Laufe der Jahre geändert?"

G: „Ja, ach Gott ja, geändert –. Man integrierte sich irgendwie. Wenn man sich nachher kennenlernte, ob man Einheimischer war oder Flüchtling, das ging irgendwann fließend ineinander über. Dann hat man sich nach der Arbeit schon mal auf dem Tanzboden wiedergetroffen."

Wiederholt wird die schlechte Behandlung auf den städtischen Ämtern geschildert. So hatte sich Frau Dammert auf ein Zimmer beworben, „das war zwanzig Quadratmeter groß, und da hat dieser borniete Angestellte vom Wohnungsamt gesagt: ‚Das Zimmer ist viel zu groß für eine Person.' Ich sage zu ihm: ‚Ich habe ja noch eine kleine Tochter, ich bin ja nicht alleine.' Ja, warum haben Sie sich denn überhaupt scheiden lassen?' Ich hab' gedacht, ich krieg' einen Eimer Wasser über den Kopf. Mit einer Arroganz, mit einer widerlichen, ekelhaften Art. Ich war nicht einmal fähig, dem was Böses zu –, ich war so platt, ich konnte überhaupt nichts sagen." Und Erwin Berghofer berichtet: „Ich hatte auf dem Wohnungsamt Probleme, es war eben so, wir waren eben nicht dran, und es gab keine Wohnungen."

Für die in gutsituierten Verhältnissen aufgewachsenen Personen war es schmerzlich, jetzt als Bittsteller dazustehen. Besonders zwischen den Flüchtlingen und den in Hamburg ansässigen Verwandten führte dies zu Konflikten, wie die Lebensberichte von Erwin Berghofer und Elisabeth Hormann zeigen. Auch in sich herausbildenden Beziehungen zwischen Einheimischen und Flüchtlingen traten Konflikte auf. So im Falle von Frau Kroepelin, die das Veto des Hamburger Kaffeehändlers gegen eine Verbindung mit dessen Sohn auf ihren Status als Flüchtlingsmädchen zurückbezog.

Problematisch war es auch, wenn solche Verbindungen dennoch zustande kamen. Die Tochter von Margarete Tetzlaf heiratete einen Hamburger. Gefragt, wie der Kontakt zu dieser Familie sich gestaltete, erzählt Frau Tetzlaf: „Nicht so gut. Ich sagte ja schon, daß der Schwiegersohn schon vier Generationen in Hamburg war. Und er das Doppelte verdiente, was mein Mann verdiente. Und mein Mann, wie soll ich sagen? Er konnte sich nicht so ausdrücken. Mein Schwiegersohn war ihm im Sprechen sehr überlegen. Nein, die Verbindung ist nicht so toll, obwohl ich indessen an Selbstwertgefühl zugelegt hab, zum Teil auch dank dem Bildungswerk."

I: „Und mit den Schwiegereltern?"

T: „Da meine Tochter heiraten wollte, hat sie gesagt: ‚Papi, bist du Sonntag zu Hause, die Schwiegereltern wollen kommen.' Mein Mann hat sich einen schönen Pullover angezogen. Ich war ja damals noch schlanker und zog ein Dirndlkleid an. Ich hatte Kuchen gebacken. Dann kamen die Eltern mit Hut, und den nahm die Dame nicht zum Kaffeetrinken ab, was ich nun absolut nicht verstand. Und als sie geheiratet haben – meine Tochter und ich, wir hatten überlegt, wie wir die Hochzeit ausrichten. Und er sagte, hier in Hamburg ist das so, daß die Eltern des Bräutigams die Hochzeit ausrichten. Ich hab das damals nicht recht verstanden oder geglaubt, ich weiß das auch heute nicht. Jedenfalls die Hochzeit haben seine Eltern in einem Heidelokal mit allem drum und dran ausgerichtet. Elke, ich und mein Mann haben uns beredet, daß wir dafür einen Polterabend machen. Das war ein großes Fest. Wir haben aus allen Zimmern die Möbel rausgeschmissen. Wir hatten Bekannte, die in einer Band waren. Es gab Musik und Tanz, und der erste Neger war hier. Das war damals, sie hat 1964 geheiratet, das war damals nicht das Übliche. Und das war ein dolles Fest. Die Eltern meines Schwiegersohnes kamen zu vorgerückter Stunde, haben etwas gegessen, und sind dann wieder weggefahren. Bei der Hochzeit sind wir uns näher gekommen, da hab ich gemerkt, so toll ist das gar nicht. Der Schwiegervater war Geschäftsführer einer großen Firma, und ist immer viel nach Südamerika gefahren. Sie nannten ihn den schnellen Henry, er fuhr tolle Autos. Ich sag das nur, damit Sie wissen, daß das ein anderer Lebensstil war, als wir gewohnt waren. Nein, bei der Hochzeit war das schon so. Die Kinder fuhren nach dem Essen weg, Hochzeitsreise. Die anderen Gäste verkrümelten sich auch. Die Domestiken flitzten. Haben die da so gesagt. Die Angestellten, die flitzten alle. Und dann sind wir spazieren gegangen, und da hab ich mich mit der Schwiegermutter zum ersten Mal unterhalten. Wir beiden Schwiegermütter, wir haben uns nicht oft gesehen, aber wir hatten ein gutes Verhältnis. Sie hat zu meiner Tochter oder zu wem auch immer gesagt, ‚diese einfache Frau, ich mag sie so gerne.' Aber ich hab das verkraftet, ich hab das gut gefunden. Aber daß da nun wirklich Freundschaft daraus geworden wäre, das ist nicht gewesen. Da war der gesellschaftliche Abstand ..."

I: „Das lag aber nicht daran, daß Sie aus einer anderen Region kamen?"

T: „Nein –, ein bißchen doch. Wenn ich so an meinen Schwiegersohn denke, ja doch. Der scheinbar wirklich dachte, daß wir da die Wilden sind. Wir waren nicht die Wilden, bestimmt nicht."

Alte und Neue Heimat im Selbstverständnis der ehemaligen Flüchtlinge heute

Angesprochen auf die Bedeutung, die ihre „alte Heimat" für sie heute noch hat, wurde bei den Älteren eine doppelte Bindung deutlich. Einerseits Heimatverbundenheit, andererseits eine starke Bindung an das, was sich die Flüchtlinge in Westdeutschland aufgebaut haben. Der 1925 geborene Dieter Engels aus Ostpreußen versetzt sich als Schiffsbegrüßer am Wedeler Willkommhöft in die Rolle eines Einheimischen, bei anderen Anlässen schlüpft er in die Sprache und Tradition seiner alten Heimat. Hilke Seibold malt Landschaftsbilder und holt sich so ihre Vergangenheit zurück, zugleich fühlt sie sich in Hamburg heimisch: „Ich bin ja hineingewachsen jetzt in die Zeit."

Viele Jüngere suchen heute nach Spuren ihrer Vergangenheit. Zu früh in die Verantwortung für die eigenen Eltern entlassen, mit eingeschränkten Bildungsmöglichkeiten, leben viele von ihnen in starker, oft problematischer Bindung an die Kindheit und waren nicht bereit, eine ähnlich starke Bindung an die „neue Heimat" zuzulassen. So sagt Erwin

Berghofer: „Also dieser Verlust von Zuhause, alles was ich hatte, was mir lieb und wert war, meine Bücher, ich hatte mindestens 600 Bücher zu Hause, die haben die Russen vernichtet, indem sie die Bücher in den Teppich geschmissen haben und Sirup rübergekippt haben, und dann auf den Misthaufen nach draußen. Also das hat mich –, also persönlicher Besitz oder so –, eigene Sachen –, wenn einer meine eigenen Sachen wegnimmt und zerstört, wie meine Geige, die einigermaßen wertvoll war, die über die Tischkante zu hauen, das hat in mir was kaputtgemacht. Da hab ich mir gesagt: ‚Dein Herz hängst Du nie wieder an irgendwelche Sachen. Nie wieder. Nie wieder.' Und das habe ich denn auch. Hier war ein Einbruch bei mir, da haben die alles rausgeholt und hier eine dolle Verwüstung angerichtet. Das hat mich überhaupt nicht geärgert."

Häufige Treffen mit Klassenkameraden oder Nachbarn aus den Geburtsdörfern, die sowohl von unorganisierten wie von landsmannschaftlich organisierten Personen der jüngeren Generation veranstaltet werden, sind Indiz für das Bedürfnis, sich einer eigenen Geschichte zu vergewissern. Für den Seelenzustand vieler aus dieser Generation spricht folgender Satz des 1931 geborenen Dirk Gehler aus Ostpreußen: „Heimat ist das, was man spürt, wenn man es nicht mehr hat." Seit der Öffnung der östlichen Länder und der Wiedervereinigung finden die Treffen, geht man von den wenigen Interviewten aus, wieder in größerem Umfang statt. Auch Reisen in die Herkunftsgebiete sind häufig. In vielen Fällen stellt diese Rückbesinnung auf die alte Heimat das Gefühl der Flüchtlinge, in Hamburg heimisch zu sein, nicht in Frage. So wird der Kontakt zu Hamburger Freunden dadurch eher enger. Freunde aus Hamburg nehmen an Treffen im privaten Rahmen teil, wo über die Reisen berichtet wird, hören sich dort auch ostpreußische oder schlesische Geschichten an, oder gehen gar gemeinsam mit den ehemaligen Flüchtlingen auf die Reise in deren alte Heimat. Die Verbindung zwischen ehemaligen Flüchtlingen und Einheimischen vertieft sich durch diese kommunikativen Akte. Während der Antrieb zu diesen gemeinsamen Reisen bei den Alteingesessenen aber Neugier ist, mitunter auch Anteilnahme beinhalten kann, bedeutet er für die Flüchtlinge eine Herausforderung und eine Konfrontation mit ihrer Geschichte und der Wahrheit, daß sich die Zeit gewandelt hat. Die Reisen enden für sie daher oft in einer jähen Enttäuschung. So berichtet Erwin Berghofer: „Meine Mutter ist '93 gestorben, sie wollte nicht in die Heimat. ‚Um Gottes willen, da will ich nicht hin. Das bricht mein Herz, ich könnte es nicht aushalten.' Und da hat sie total recht gehabt, denn mir ist es ebenso ergangen, wie sie es befürchtet hatte. Deswegen ist sie nicht hingegangen und hat das alte Dorf wieder besucht, nicht? Fünf Bauernhöfe waren wir, hundert Leute lebten dort, hundert Seelen, drei Bauernhöfe sind Ruinen, die Gebäude und die Stallungen sind verfallen, Ruinen, Mauern."

Mia Nachtweih, Jahrgang 1924, erzählt: „Ich war nochmal '79 in Ostpreußen. Nach Insterburg kamen wir damals noch nicht, weil das ja russisch besetzt war, sondern nur nach Masuren. Und Masuren kannte ich von einer Radtour, die ich 1940 mit meinem Vater unternommen habe. Und daher war ich sehr entsetzt, als ich in Lötzen war, was aus diesem Örtchen geworden ist. Die Bevölkerung hatte sich nicht verdoppelt, sondern mindestens verdreifacht, natürlich nur Polen, von deutscher Spur war überhaupt nichts mehr zu sehen. Es war alles verwahrlost, schmutzig, die Gärten völlig ungepflegt, und keinen einzigen Deutschen habe ich da gesprochen. Und da habe ich gesagt, nein, ich möchte da nicht mehr hin. Jetzt nach der Wende könnte man ja wieder nach Insterburg. Viele haben es ja auch gemacht, aber ich will nicht mehr. Ich finde, das sind verlorene Gebiete, und das kann ich nicht ertragen."

Andere Flüchtlinge „fahren jedes Jahr nach Ostpreußen. Und die sehen das unbedingt als Heimaterde. Obwohl sie ja nichts mehr finden," wie Frau Tetzlaf treffend formuliert. Es handelt sich bei ihnen überwiegend um die landsmannschaftlich Organisierten.

Herbert Blättler, der seit Jahrzehnten in der Landsmannschaft Ostpreußen aktiv ist, erzählt: „Ich selbst bin auf 'm großen Gut geboren, das hatte ich ja schon gesagt, in Großlenkrug. Da steht heute natürlich nix mehr. Ich bin schon elf Mal nach dem Krieg da gewesen. Das erste Mal war ich 1974 dort, bin auch ein bißchen ängstlich hingefahren. Da habe ich gedacht, daß der jetzige polnische Besitzer vielleicht sagt: ‚Du hast hier gar nichts mehr zu suchen.' Aber ich habe es verstanden, mit denen umzugehen. Wir haben ja auch genug hingeschleppt, als wir dann immer hinfuhren. Das Verhältnis zum jetzigen Besitzer ist gut, jetzt zu Weihnachten habe ich wieder Post von ihm gekriegt, und er hat gefragt, wann ich denn wiederkomme. Letzte Mal war ich 1995 da."

Für manche von ihnen war der Umbruch in Osteuropa Anlaß, wieder in die alte Heimat zu reisen und in die Landsmannschaft einzutreten, so bei Frau Dammert: „Und jetzt bin ich wieder eingetreten, bevor ich das erste Mal nach Breslau fuhr. Das war '89, und ich glaube '87 oder '86 bin ich wieder da eingetreten. Um mich mal zu informieren, was sie so sagen, weil ich ja wußte, daß schon viele von denen in Schlesien waren."

Während Ulla Dammert nach der ersten Reise enttäuscht nach Hamburg zurückkehrte, packte sie auf der zweiten Reise das Heimweh nach Breslau: „Tja, und dann muß ich Ihnen ganz ehrlich sagen, mein Heimweh ist leider wiedergekommen, ich bin es nicht mehr losgeworden. Ich hätte das zweite Mal nicht mehr hinfahren dürfen. Das erste Mal ging's, da war ich so erschüttert, da hatte ich das abgeschrieben."

Dirk Gehler ist so sehr mit seiner alten Heimat verbunden, daß er bereits 25 Mal dorthin gefahren ist. Er meint: „Also –, ich würde gerne auf dem Friedhof meiner Ahnen beerdigt werden. Das wär mein Abschluß. Obwohl ich hier nichts auszustehen hab."

Ursachen von Krieg, Flucht und Vertreibung aus der Sicht der Flüchtlinge

Mit dem erzwungenen Ortswechsel geht einher, daß sich die meisten Flüchtlinge als Opfer des Krieges empfinden. In jedem der Gespräche gibt es Versuche, diese Erpfindung zu reflektieren. Die Vertreibung wird durchaus als Kriegsfolge gesehen, doch nur selten mit der eigenen Verstrickung in die Gewaltzusammenhänge des Dritten Reiches, bzw. dem Verhalten der eigenen Eltern in Verbindung gebracht. Mit wenigen Ausnahmen formulieren die Interviewten eine für die Annäherung an das eigene Leben in diesen Generationen verbreitete Haltung: Erinnert werden die positiven und negativen individuellen Erlebnisse.

Die Verbrechen im Dritten Reich werden nicht in Frage gestellt; nur haben sie mit dem eigenen Schicksal nichts zu tun.

Herbert Blättler: „Und von dem ganzen Tingeltangel, was da ist mit KZ und so, also das muß ich Ihnen ganz ehrlich sagen, ich habe da nichts von gewußt, und meine Kumpels, meine Soldaten, wo wir hier zusammen waren, auch nicht. Da haben wir nichts von gewußt. Kam erst nach dem Krieg, wo sie uns das erzählt haben. Daß Hitler das gemacht hat, der ist ja auch nicht ganz dicht gewesen, daß er die, die Juden da ver –, das ist ja unser Untergang. (...). Dies Flüchtlingsdrama, das war ja auch nicht grade angenehm, was die Leute da so mitgemacht haben, aus Ostpreußen und Schlesien und wo die alle hergekommen sind. Aber wem soll man da die Schuld geben? Enderfolg ist immer, daß du zu hören kriegst, ja ihr habt den Krieg angefangen. Obwohl wir das ja gar nicht wollten."

Ulla Dammert: „Ach wissen Sie, es ist soviel zerschlagen worden. Man ist mit Stumpf und Stiel in jungen Jahren rausgerissen worden. Die Welt war offen, es war alles so schön, man hatte keine Angst, das war alles so –, und dann ist das alles in so einer Miserabeligkeit untergegangen. Wir waren ja der letzte Dreck nach dem Krieg. Wir waren ja überhaupt nichts mehr, Lumpen und Schrott. Jeder hätte uns anspucken können auf gut Deutsch gesagt. Wir waren so ein tolles Volk, Kulturvolk. Also der Hitler hat uns in so eine Schlampampe reingerissen, das war überhaupt nicht zu verantworten. Das war auch nicht zu übersehen. (...). Als ich 1989 Breslau gesehen habe, da hab' ich gedacht, das darf doch nicht wahr sein! Was hat ein wahnsinniger Mensch aus dieser schönen Stadt gemacht! Dieser wahnsinnige Hitler, der ist ja wohl verrückt geworden. Er hat ja weltweit Brände gelegt, er hat ja alles an sich gerissen. Die Länder haben ihm ja gar nichts getan. Was wollte er denn überall? Er wollte die ganze Welt beherrschen. Auf Kosten dieser schweren Bomben hier und auf Kosten unserer Heimat. Es ist ja nicht nur Schlesien, es ist ja auch Pommern und Ostpreußen verlorengegangen. Und da hab' ich am Rathaus gestanden in Breslau, und die Polen waren alle gut angezogen, man hat nur junge Leute gesehen, die Kinder in modernen Kinderwagen und fein angezogen die Babys, und ich stand dort, ich konnte nicht mal weinen. Ich hab' nur gedacht, ihr könnt ja nichts dafür, aber das ist doch unser Land. Ich hab gedacht, wenn man das doch bloß wieder rückgängig machen könnte! Aber das geht ja nicht mehr."

Eine zweite Weise der Annäherung, die allerdings sich selbst stärker in den historischen Ereignissen verortet, findet sich bei der 1924 geborenen Frau Kroepelin. Sie sieht sich selbst als begeisterte Anhängerin des Dritten Reiches, die wie andere auch, verführt worden ist. Doch kann sie sich die Mechanismen dieser Verführung nicht erklären: „Mit 10 Jahren kamen sie zu den Jungmädchen. Es dauerte gar nicht lange, dann wurde ich Jungmädchenführerin, da kriegte ich eine Schnur, eine rotweiße, was glauben Sie, Gott, was war ich stolz. Das hatte auch mit Hitler gar nichts zu tun. Und plötzlich wurden sie Gruppenführerin, dann kriegten sie eine grüne Schnur. In einer Gruppe waren vielleicht hundert. Es wurde viel Sport getrieben, im Winter wurde gebastelt fürs Winterhilfswerk. Es wurde viel gesungen und – ich bin nie auf die Idee gekommen, mich da vielleicht irgendwie drücken zu wollen. Und die paar Heimabende, die wir halten mußten, wo wir über die politischen Verhältnisse gesprochen haben. Übrigens, jedes Jahr, wenn ich merke, heute ist der 20. April, jedes Mal denke ich, aha, Führers Geburtstag, so ist das einem doch in den Knochen drin. Also ich denke, wenn ich ihm heute begegnen würde, ich würde ihn scheibchenweise durch die Brotmaschine jagen. Und wenn ich im Fernsehen, wenn ich mir diese Filme ansehe und alle sehe, Goebbels und Göring und den Hitler und diese Masse von Mensch, die da stehen und Heil ruft, das waren doch alles Erwachsene und wenn ich mir die da oben ansehe, wissen Sie, ich fasse mir immer an den Kopf und denke immer: wie war das nur möglich!"

Anders urteilt die 1924 geborene Henriette Struth, Tochter eines „Alten Kämpfers" der NSDAP, die sich jahrelang mit der NS-Zeit beschäftigt hat. Sie greift die Heimatbezogenheit vieler Flüchtlinge stark an, betont, daß der NS-Krieg die Ursache der Vertreibung war und lehnt daher eine Eigensicht als Opfer strikt ab. Allerdings setzt sie ihr persönliches Handeln im Dritten Reich nicht in Bezug zu den historischen Ereignissen.

Bei Frau Loose ist die Annäherung an die Kriegszeit verbunden mit der Frage nach dem eigenen Handeln. Die Distanz zur Heimatverbundenheit ist bei ihr an die Beschäftigung mit den NS-Verbrechen gekoppelt, aber auch den schlechten Erinnerungen an die Kindheit geschuldet. Sie findet es den historischen Ereignissen angemessen, daß Deutschland die Ostgebiete verloren hat. L: „Mich erschreckt, wie verführbar der Mensch ist, ich selbst gewesen bin, und wirklich eine strafbare Naivität hatte, die nichts an sich rankommen ließ. Ich bin einmal mitten in der Nacht zur Bahn gegangen, die Lager lagen ja weit draußen und dann mußte man ja, um an den Bahnhof zu kommen, immer sehr weit laufen, und da bin ich ganz allein gegangen, so früh um 4 oder 5 und noch dunkel, und da habe ich, aber in ziemlicher Entfernung, so 'ne Kolonne gesehen, von der ich natürlich erst ganz viel später wußte, daß das irgendwelche Zwangsarbeiter waren. Entweder Juden oder Kriegsgefangene. Und ich weiß noch, daß ich mich gewundert hab', aber ich hab' keinen Menschen gefragt, was da los ist. Und solche Gedanken, die kommen doch ab und zu hoch, wo ich genau weiß, ich hätte mich klüger machen können, ich hätte mich informieren können, aber ich kann es mir nur so denken, daß ich also mir einfach dieses schöne Bild nicht verderben lassen wollte, und deshalb mir was aufgebaut hab, was überhaupt nicht den Tatsachen entsprach."

I: „Und wie empfinden Sie den Verlust von Schlesien und Sudetendeutschland?"

L: „Ja, mit meinen wenig schönen Erinnerungen daran hab ich mich leicht lösen können. Unsere Schuld war, Deutschland hat ja den Krieg angefangen, ohne diesen Krieg hätten wir die Gebiete ja nicht verloren, also da hab ich ganz schnell kapiert, daß das in der Ordnung ist, daß man daran nichts mehr ändern kann und gewaltsam schon gar nicht sollte. Denn, ich hab das ja oft genug erlebt, daß es Menschen gibt, die das nicht einsehen wollen, daß wir selber Schuld dran haben, die sich auch noch einbilden, das war gar nicht Hitler, der den Krieg angefangen hat und weiß der Kuckuck was alles. Aber da konnte ich ziemlich klar sehen, nicht von Anfang an, aber als ich anfing, drüber nachzudenken und klarer zu sehen."

Ähnlich urteilt die 1937 geborene Bente Hagen. Interessanter Weise gehört auch sie zu denen, die einen geringen Bezug zur alten Heimat haben. Bei Bente Hagen hat sicherlich die Distanz zu den historischen Ereignissen mit ihrer damaligen Jugend zu tun, doch auch die Auseinandersetzung mit den NS-Verbrechenführte zu dieser distanzierten haltung zur alten Heimat. Sie lehnt die Tendenz von manchen älteren Flüchtlingen ab, NS-Verbrechen und Vertreibung gegeneinander aufzurechnen.

„H: Es war gut, daß es so gekommen ist, daß der Krieg so ausgegangen ist, sonst wäre viel schlimmeres passiert. Wenn jetzt in den letzten Jahren so viel über das Unrecht gesprochen worden ist, das während der Vertreibung passiert ist. Also ich finde, daß kann man überhaupt nicht gegeneinander aufrechnen. Man kann es geschichtlich zur Kenntnis nehmen, das ist keine Rechtfertigung für das, was vom Dritten Reich aus an Unrecht begangen worden ist (...)."

I: „Glauben Sie, daß Sie die Vertreibung deshalb nicht so sehr als Unrecht empfinden, weil Sie das als Kind nicht bewußt miterlebt haben, oder ist das eine politische Haltung?"

H: „Das ist 'ne politische, also emotionsfreie Haltung im Grunde. (...) Also, die Vertreibung hat für mich schon einen Verlust an Vertrautheit gebracht, aber ich betrachte das eher unter politischen Aspekten. (...). Ich glaube, daß die Vertreibung für die jüngere Generation gar kein Thema mehr ist. Und wenn dann nur über'n Kopf. Durch den Wegfall der Grenzen nach Osten hin ist das Thema noch mal auf den Tisch gekommen, um sich gegen Forderungen von östlichen Nachbarn zur Wehr zu setzen und da ein Argument zu haben."

Im Zeichen der Ambivalenz: Die Integration in der Erinnerung der Flüchtlinge

Für die Gruppe der Flüchtlinge aus den Ostgebieten ist stärker als für die deutsche Gesellschaft insgesamt zu beobachten, daß in ihrer lebensgeschichtlichen Erinnerung das Dritte Reich und der ihm folgende Zusammenbruch, die Kriegsgefangenschaft und Nachkriegs-Hungerjahre sich tiefer ins Gedächtnis eingegraben haben als die nachfolgenden Jahre. In einer Vielzahl der Fälle sprachen die Personen ausführlich über die Flucht und mußten auf die Zeit in Hamburg nachdrücklich gestoßen werden, obschon sie im Vorfeld darüber informiert worden waren, daß es um ihre Integrationserfahrungen gehen sollte.

Für die 1945 bis 1948 nach Hamburg gekommenen Flüchtlinge war es sichtlich problematisch, sich zurechtzufinden. In der Erinnerung der Flüchtlinge vollzog sich der Prozeß der Eingewöhnung langsam, ebenso langsam wuchs die Bereitschaft der Eingesessenen, die Flüchtlinge zu akzeptieren und in ihre sozialen Strukturen zu integrieren. Gerade neu entstehende und bereits existierende Verwandtschaftsverhältnisse zu Einheimischen, von Evelyn Glensk und von Albrecht Lehmann als Zeichen der Integration angeführt, waren konfliktträchtig. Auch ökonomische Schlechterstellung förderte Fremdheitsgefühle. Die soziale Integration konnte ebenfalls gefährdet sein, wenn die Flüchtlinge in ländlichen Milieus verwurzelt waren und nun in die Großstadt kamen oder wenn sie nicht in der Lage waren, die Folgen der Flucht zu überwinden.

Zentraler als der Zeitpunkt der Ankunft ist aber das Alter. Die nach 1927 Geborenen hatten es augenscheinlich besonders schwer, weil sie als Heranwachsende neben dem Ortswechsel auch die extreme psychische Niedergeschlagenheit der Eltern und den Verlust von nahen Verwandten zu ertragen hatten – ganz abgesehen von eigenen traumatischen Erfahrungen unter der sowjetischen Besatzung. Der Prozeß der Neuorientierung währte bei ihnen bis weit in die 50er Jahre hinein. Endpunkt dieser Neuorientierung ist für sie der Weg in das eigene Leben durch Beruf und Familiengründung, letztere meist spät, oft erst in den 60er Jahren. Dagegen waren es die vor 1927 Geborenen überwiegend gewohnt, flexibel und mobil zu sein, blieben meist von Gewalterfahrungen verschont und erfreuten sich oft einer relativen Unabhängigkeit von den eigenen Eltern. Für sie scheint die Neuorientierung weniger problematisch gewesen zu sein. Familiengründungen fanden auch bei ihnen spät statt.

Die soziale und geographische Herkunft erscheint für die ökonomische und soziale Integration von untergeordneter Bedeutung, wenngleich immer wieder von offenen Anfeindungen aufgrund des Status' als Flüchtling die Rede ist. Doch legten sich diese Anfeindungen infolge des wirtschaftlichen Aufschwungs. Was blieb, ist eine persönliche Gespaltenheit. Die Vergangenheit steht in der lebensgeschichtlichen Erinnerung oft unverbunden neben den über die unmittelbare Nachkriegszeit hinausgehenden Erfahrungen der Flüchtlinge. Dies hat zur Folge, daß viele Flüchtlinge von damals noch heute nicht genau wissen, wohin sie gehören – ein Problem, das schon bei den Kindern der Befragten meist zugunsten eines klaren Bezugs zum heutigen Lebensraum (Hamburg und Umgebung) aufgelöst ist. Erst die Enkelkinder zeigen wieder vermehrtes Interesse an den Erfahrungen der Großeltern.

Die ganze Bandbreite der Bedeutung von Herkunft erweist sich erst auf den zweiten Blick: Verbunden werden die „neue" und die „alte Heimat" durch den Status als ehemaliger Flüchtling. Dieser Status verbindet sich in einigen Fällen mit der – oft nur vorübergehenden – sozialen Deklassierung, vornehmlich aber mit dem erzwungenen Verlust der geographischen Heimat. Der klare Zusammenhang von Krieg und Flucht hindert sie in den meisten Fällen, die Empfindung, Opfer geworden zu sein, nach außen zu tragen und mit Forderungen zu verbinden. Die Trauer über den Heimatverlust bleibt von einer rationalisierten Schuldanerkenntnis nicht unberührt und führt zu einem gespaltenen Verhältnis zu jeglicher Form der Traditionsverbundenheit. So rechtfertigen landsmannschaftlich Organisierte in den Gesprächen ungefragt ihren noch immer bestehenden Heimatbezug. Nicht Organisierte äußern wiederholt eine Abwehr gegen die Heimatbezogenheit der Verbände. So betont Erwin Berghofer: „Die waren mir einfach zu penetrant mit ihrem Heimatgetue, das hat mich aufgeregt, das regt mich heute noch auf. Das ist für mich etwas, was ich in mir habe, damit muß ich nicht hausieren gehen, was man so sagt, ‚Flüchtling vom Dienst', und immer wieder ‚Ach, wir haben ja alles verloren, alles'. Dieses larmoyante Beklagen des Schicksals hat mich wahnsinnig aufgeregt, so was fand ich nicht gut, das hab ich also –, war ich immer weg davon. Ich weiß auch nicht, wieso. Ich weiß auch nicht, jeder reagiert anders, nicht?"

In der lebensgeschichtlichen Erinnerung waren innerhalb dieser Rahmenbedingungen die Wohnverhältnisse und die Arbeitsmöglichkeiten sehr wesentlich für die Integrationserfahrungen in der unmittelbaren Nachkriegszeit. Von Einheimischen nicht beachtete Identitätsprobleme und unverarbeitete Fluchterfahrungen bestimmen in der Erinnerung die Integrationserfahrungen bis heute, allerdings gibt es große Abweichungen innerhalb der befragten Generationen sowie zwischen Männern und Frauen. Die Frauen haben in der Regel die Flucht hautnah mitgemacht, was sie zugleich als Zeit des Leidens, aber auch als – mitunter belastenden – Zugewinn von Selbständigkeit erlebten. Nur wenige gaben diese Selbständigkeit wieder ganz auf, als die Männer aus der Kriegsgefangenschaft in die Familien zurückkehrten oder sie in Westdeutschland ihre Männer kennenlernten. Die Frauen hatten zugleich scheinbar größere Kämpfe mit Eingesessenen, besonders Verwandten und weit häufiger Konflikte auf den städtischen Ämtern und im Elternhaus auszustehen.

Arbeit stellt sich als das wesentlichste Moment bei der Integration dar, bereits in den unmittelbaren Nachkriegsjahren, aber auch langfristig. Konflikte auf diesem Gebiet waren selten, wurden aber immer als Angriff auf die Daseinsberechtigung empfunden. Den Flüchtlingen gelang es, sich schnell und erfolgreich ins Arbeitsleben zu integrieren. Das Sample bestätigt die statistische Beobachtung von Evelyn Glensk, daß die Erwerbstätigkeit der Flüchtlinge aus den Ostgebieten, besonders die der Frauen, über der Quote der einheimischen Bevölkerung lag. Die Flüchtlinge gingen häufig in Berufssparten, mit denen sie vorher nichts zu tun hatten, so in den öffentlichen Dienst (Krankenhaus, Bahn, Altenheim). Subjektiv war die wirtschaftliche Integration jedoch nicht gleichbedeutend mit einer sozialen Annäherung zwischen Flüchtlingen und Einheimischen. Die Flüchtlinge glaubten oft, besser sein zu müssen als die Einheimischen. Die Beobachtung von Glensk, daß sich in Hamburg weniger Flüchtlinge als Einheimische selbständig machten, trifft für die Befragten uneingeschränkt zu. Auf die Folgen der geringeren Bildungschancen wurde im Einzelfall hingewiesen.

Die Wohnsituation war besonders für das Selbstwertgefühl der Flüchtlinge von Bedeutung. Ob sie bald in den „Besitz" einer eigenen Wohnung kamen oder erst jahrelang in Untermiete leben mußten, entschied das Verhältnis zu ihrem Umfeld mit. Die Untermietverhältnisse müssen sehr problematisch gewesen sein, zumal, wenn man bei Verwandten wohnte. Es ist daher nicht erstaunlich, daß die unmittelbar nach Hamburg Geflüchteten von Konflikten mit Einheimischen, besonders aber mit seßhaft gewordenen Verwandten berichten. Eheliche Verbindungen zwischen Flüchtlingen und Hamburgern waren häufig von Konflikten begleitet, während dies für die Verbindungen zwischen Flüchtlingen seltener berichtet wurde. Dennoch erleichterte Verwandtschaft den Aufbau einer neuen Existenz: Zuzugsgenehmigung und Arbeit wurden oftmals von Verwandten vermittelt.

Die Interviews zeigen, daß die Flüchtlinge die Unterschiede zu Einheimischen auch in Hamburg als vielschichtig erlebten. Doch zeigen sich auch viele Kongruenzen. Die Auflösung des sozialen Netzes und die schlechte Wohnsituation waren für die Flüchtlinge problematischer, es gab sie aber auch für die Einheimischen. Die Bemühung, Arbeit zu finden, und damit verbunden der ökonomische Wiederaufstieg war für Einheimische wie

Flüchtlinge zentral, auch wenn die Flüchtlinge das Gefühl hatten, mehr leisten zu müssen. Die Familie trat dann stark in den Mittelpunkt, sowohl für die Männer als auch für die Frauen.

Wiederholt betonten die Flüchtlingen, daß sie früher oder später akzeptiert worden seien, bzw. sich arrangiert hätten. Dies wurde auf den Umstand zurückgeführt, daß Flüchtlinge und Einheimische eine gemeinsame Sprache und Geschichte teilten. Neben den vielen ähnlichen Wertorientierungen war dies mit Sicherheit ein wesentlicher Aspekt.

Betrachtet man die Interviewergebnisse vor dem Hintergrund der eingangs gestellten Frage, ob sich mit der Öffnung der Grenzen und den politischen Umbrüchen in den östlichen Nachbarländern der Bundesrepublik das Selbstverständnis der ehemaligen Flüchtlinge verändert hat, bleibt festzustellen, daß die Vergangenheit für viele wieder nähergerückt ist. Damit ist den Flüchtlingen zugleich bewußt geworden, daß sie mit ihren Familien in der „neuen Heimat" zumindest sozial und ökonomisch integriert sind. Dafür spricht, daß die Interviewten fast einhellig betont haben, sich eine Rückkehr nicht vorstellen zu können – auch die landsmannschaftlich organisierten. Wenn von den eigenen Kindern die Rede ist, zeigt sich, daß ihnen die Flucht- und Vertreibungserfahrungen der Eltern vermittelt wurden und sich diese vermutlich auch eingewurzelt haben, nicht jedoch ein Gefühl der Heimatverbundenheit. Alle Interviewten glauben, daß sich die Kinder in Hamburg heimisch fühlen. Die zahlreichen Reisen in die Herkunftsgebiete, die vermehrten Treffen mit ehemaligen Freunden und Nachbarn, seit neuerer Zeit auch mit und von denen, die als „Umsiedler" in der DDR lebten: Es sind Versuche der Betroffenen, sich ihre Geschichte noch einmal in Erinnerung zu rufen, um endgültig davon Abschied nehmen zu können und die noch spürbare innere Gespaltenheit zu überwinden. Das Näherrücken der Herkunftsgebiete ermöglicht, sich mehr und mehr von den jahrelang konservierten und aufgeladenen Erinnerungen an die „Heimat" zu lösen. Die Öffnung der Grenzen hat vielen Betroffenen wie der Gesellschaft insgesamt ins Bewußtsein gerufen, daß es kein Zurück mehr gibt.

ANHANG

Personenindex

HEINRICH ALBERTZ
(geb. 1915 Breslau, gest. 1993). Pfarrer, Sozialdemokrat.
1946-1948 Leiter des Flüchtlingsamtes für den Regierungsbezirk Lüneburg.
1948-1955 Minister für Flüchtlingsangelegenheiten bzw. Soziales in Niedersachen.
1961-1966 Senator für Inneres in Berlin.
1966-1967 Regierender Bürgermeister von Berlin.

COLONEL ARMYTAGE
3. Mai 1945-19. August 1946 Militärgouverneur (Military Governor) von Hamburg.
Oberst, später Brigadegeneral. Als Berufssoldat gehörte er nicht der kämpfenden Truppe an, sondern war speziell für die Übernahme ziviler Verwaltungsaufgaben vorbereitet.

GERHARD BRANDES
(geb. 14.9.1902 Leipzig).
16.6.1965-22.4.1970 Senator (SPD) der Finanzbehörde.
1946-1974 Bürgerschaftsabgeordneter.
1921 Sekretär der Sozialistischen Arbeiterjugend in Leipzig.
1923 Sekretär des Ortsausschusses des Allgemeinen Deutschen Gewerkschaftsbundes in Greiz/Thüringen und dessen Rechtsauskunftsstelle.
1931-1933 gleiche Tätigkeit in Königsberg.
1933, 1936 und 1944 inhaftiert, 1935 in Königsberg
1945-1958 in Hamburg als Steuerberater tätig.
1958-1965 kaufmännischer Geschäftsführer der Hamburger Wasserwerke.
1957-1965 und 1970-1974 Vorsitzender der SPD- Bürgerschfatsfraktion.

MAX BRAUER
(geb. 3.9.1887 Altona, gest. 2.2.1973 Hamburg).
15.11.1946-19.11.1946 Senator (SPD).
19.11.1946-2.2.1953 und 4.12.1957-31.12.1960 Erster Bürgermeister.

FRIEDRICH BRUNNENBERG

(geb. 1904, gest. 1962 Hamburg). Ltd. Mitarbeiter der Sozialbehörde, u.a. Leitung der Flüchtlingsfürsorge.

HEINRICH EISENBARTH

(geb. 7.7.1884 Koblenz, gest. 1.8.1950 Hamburg).
4.7.1945-9.11.1945 Senator (SPD) der Gesundheitsverwaltung.
4.7.1945- 15.11.1946 Senator des Landesjugendamtes.
26.11.1946-1.8.1950 Präses der Sozialverwaltung.
21.2.1947-28.2.1950 Senator der Arbeitsbehörde.
1919-1933, 1946-1950 Mitglied der Bürgerschaft.
Tischler, Gewerkschafter.
1925-1933 Zweiter Vorsitzender der Hamburger SPD.
1933 mit anderen Vorstandsmitgliedern der SPD kurzfristig in Haft.
1944 erneut verhaftet und bis Kriegsende Insasse im KZ-Fuhlsbüttel.

WILLI ELSNER

(geb. 1895, gest. 1967).
Schriftsetzer:
1929 Fürsorger in der Landesjustizverwaltung, Gerichtshilfe für Erwachsene.
1933-1945 vom Dienst suspendiert.
1936-1944 kaufmännischer Angestellter in einer Blechdosen- und Plakatfabrik.
Wiedergründungssmitglied der Hamburger SPD.
1946 Referent für die Gefangenenfürsorge, stellvertr. Leiter des Amtes für Wohlfahrtsangelegenheiten.
ab 1951 Leiter des Amtes für Wohlfahrtsanstalten.

FRANZ HEITGRES

(geb. 23.10. 1906 Hamburg, gest. 12.11.1961 Hamburg).
13.11.1945- 15.11.1946 Senator (KPD) des Amtes für Wiedergutmachung und Flüchtlingshilfe.
Februar 1946 (ernannte Bürgerschaft) bis Oktober 1946 (erste gewählte Bürgerschaft) Mitglied der Bürgerschaft.
Redakteur, Angestellter; Verlagsleiter des „Roten Nord-Sport".
1933 Sammlung der antifaschistischen Kräfte der Hamburger Sportbewegung, Verhaftung und Verurteilung, ein Jahr Einzelhaft in Fuhlsbüttel, anschließend Überführung ins KZ-Neuengamme;
1945-1949 Leiter der Vereinigung der Verfolgten des Naziregimes (VVN) im britischen Besatzungsgebiet.
1954 Ausschluß aus der KPD.
Bis 1961 als Angestellter: Mitglied des Aufsichtsrates der Howaldtswerke.

PAULA KARPINSKI
(geb. 1897 Hamburg).
1946 als erste Frau in Hamburgs Geschichte in den Senat gewählt.
1946-1953 und 1957-1961 Senatorin (SPD)der Jugendbehörde.
1951-1953 Senatorin des Sportamtes.
1931-1933Mitglied der Bürgerschaft.
1961-1968 wieder Bürgerschaftsmitglied.
ab 1928 Mitglied des Frauenaktionsausschusses, des SPD-Parteivorstandes und nach dem 2. Weltkrieg des SPD-Parteivorstandes der Westzonen.
Im Juni 1933 Verhaftung, nach wenigen Tagen wieder freigelassen.
1944 für sieben Wochen im KZ-Fuhlsbüttel.
1946-1949 Vorsitzende der Arbeitsgemeinschaft sozialdemokratischer Frauen (AsF).
Kontoristin, Stenotypistin, Buchhalterin, staatlich geprüfte Wohlfahrtspflegerin.

LINUS KATHER
(geb. 1893 Ostpreußen, gest. 1983).
1920-1945 Rechtsanwalt und Notar in Königsberg.
1945 als ehemaliger Zentrumspolitiker Mitbegründer der CDU in Hamburg.
Seit 1945 führend in Vertriebenenorganisationen tätig.
1946-1949 Mitglied der Bürgerschaft.
1949-57 Mitglied des Bundestages.
1949 Vorsitzender des Zentralverbandes der vertriebenen Deutschen. Nach dessen Zusammenschluß mit dem Verband der Landsmannschaften zum Bund der vertriebenen Deutschen arbeitete er aufgrund vorausgegangener verbandspolitischer Auseinandersetzungen in der neuen Organisation nicht mehr mit. Stellvertretender Bundesvorsitzender des Gesamtdeutschen Blocks, Bund der Heimatvertriebenen und Entrechteten (GB/BHE).
1969 Mitglied NPD.

MAGDA LANGHANS
(geb. 16.7.1903 in Hamburg, gest. 17.1.1987).
1931-1933 Mitglied (KPD) der Hamburgischen Bürgerschaft.
1946-1953 wieder Mitglied der Bürgerschaft. Als erste Frau gehörte sie in dieser Zeit in ihrer Funktion als Zweite Vizepräsidentin dem Präsidium der Hamburgischen Bürgerschaft an. Hausangestellte, Anlegerin im Druckereigewerbe.
1931 Mitglied der Bezirksleitung der KPD „Wasserkante".
1934 verhaftet zu sechs Jahren Zuchthaus verurteilt.
1946-1952 erste Vorsitzende des „Frauen-Ausschusses Hamburg e.V.".
1948 wurde sie als Beisitzerin in den Vorstand des „Hamburger Frauenringes" gewählt.
1946 bis zum Verbot der KPD 1956 Frauensekretärin der KPD.

VIKTOR LANZ
    Oberpräsident der Provinz Hannover.

OSKAR MARTINI
    (geb. 4.2.1884 Schwerin, gest. 27.3.1980 Hamburg).
    16.3.1938-1.10.1945 Senator (parteilos) der Sozialverwaltung. Er wurde zum hauptamtlichen Beigeordneten durch den Reichsstatthalter in Hamburg ernannt und von Bürgermeister Petersen im Amt belassen bis zum 31.10.1945.
    Jurist, Verwaltungsbeamter.
    1913 Regierungsrat in der Finanzdeputaion.
    1919 Hilfsarbeiter im Senat.
    1920 Präsident des Wohlfahrtsamtes.
    1933 Vizepräsident der Gesundheits- und Fürsorgebehörde.
    1936 Präsident der der Fürsorgebehörde.
    1938 Leiter der Sozialverwaltung.

GERHARD NEUENKIRCH
    (geb. 9.7.1906 Berlin-Neukölln, gest. 24.5.1990).
    28.2.1950-31.12.1950 Senator (SPD) der Finanzbehörde.
    28.2.1950-2.12.1953 Senator der Arbeitsbehörde.
    1.1.1951-2.12.1953 Senator der Sozialbehörde.
    23.12.1952-2.12.1953 Vorsitzender der Senatskommission für die Justizverwaltung.
    1946-1955 Mitglied der Bürgerschaft.
    Bankkaufmann.
    1932 Verwaltungsbeamter in Berlin. 1933 entlassen.
    1934 Eintritt in die Deutsche Shell AG, Berlin.
    1936 Versetzung nach Hamburg als Leiter der Personalabteilung.
    1949-1950 Vorsitzender der SPD-Bürgerschaftsfraktion.

PAUL NEVERMANN
    geb. 5.2.1902 Klein Flottbek, gest. 22.3.1979 Teneriffa).
    Senator (SPD): 6.11.1945-15.11.1946; 15.11.1946-24.2.1950; 4.12.1957-31.12.1960.
    24.2.1950-2.12.1953 Zweiter Bürgermeister.
    1.1.1961-9.6.1965 Erster Bürgermeister.
    Maschinenschlosser, Jurist, Rechtsanwalt.
    1932 Assessor beim Arbeitsamt.
    1933 entlassen, dann Rechtsanwalt.
    1967-1979 Präsident des Deutschen Mieterbundes.
    1953-1957 Vorsitzender SPD-Bürgerschaftsfraktion.
    1966-1970 Hamburger Landesvorsitzender der SPD.

DR. KÄTHE PETERSEN
(geb. 1903, gest. 1981).
Während der NS-Zeit Senatsrätin.
1937 Eintritt in die NSDAP. Mitglied der NS-Volkswohlfahrt, der NS-Frauenschaft, des NS-Rechtswahrerbundes.
Leiterin der Gesundheits- und Gefährdetenfürsorge der Hamburger Sozialverwaltung. Wesentlich beteiligt an der Verfolgung Prostituierter, „Asozialer" und Behinderter.
1934 wurde K. Petersen „Sterilisationspflegerin" der Wohlfahrtsbehörde. Durchführung von Zwangssterilisationen an Frauen. Entmündigungen.
1936 Leiterin des Pflegeamtes für gefährdete Mädchen und Frauen.
1942 wurden sterilisierte Frauen in KZ-Lagerbordelle gezwungen.
Nach 1945 Regierungsdirektorin, Leiterin des Landesfürsorgeamtes als leitende Regierungsdirektorin bis 1965.
Bis 1975 Vorstandsvorsitzende des Deutschen Vereins für öffentliche und private Fürsorge.
Mitautorin des Bundessozialhilfegesetzes. Bundesverdienstkreuz der Bundesrepublik Deutschland.
Das damalige Käthe-Petersen-Heim in Hamburg Hummelsbüttel für seelisch behinderte Frauen und Männer wurde aufgrund des Protestes von Mitarbeiterinnen und Mitarbeitern 1989 umbenannt.

RUDOLF PETERSEN
(geb. 30.12.1878 Hamburg, gest. 10.9.1962 Wentorf).
ab 26.6.1946 Mitglied der CDU, Vater parteilos.
Als politisch unbelastet angesehen.
15.5.1945 eingesetzt von der britischen Militärregierung am als Bürgermeister von Hamburg. Seine Verfügungsgewalt war beschränkt, da er über jeden Akt vor der Militärregierung Rechenschaft abzulegen hatte.
21.11.1946 offizielle Niederlegung seines Amtes.
Kaufmann. 1911 Gründung der eigenen Firma Rudolf Petersen & Co.
Vorsitzender des Hamburger Exporteurvereins und des Verbandes für Groß- und Überseehandel.
Mitglied des Zonenbeirates. Stellvertr. Vorsitzender der Handelskammer Hamburg und Vorsitzender des Außenhandelsbeirates des Bundeswirtschaftsministerium.
Präsident des Hamburger Überseeclubs.

GEORG STEIGERTAHL
(geb. 1885 Seesen/Harz, gest. 1975).
1907-1909 landwirtschaftliche Ausbildung.
1919-1926 Direktor des Arbeitshauses und der Armenanstalt Groß Salza bei Merseburg.
1926-1950 Leiter des Amtes für Wohlfahrtsanstalten.
1926-1931/32 Ggeprägt durch die Reduzierung der Sozialausgaben in der Weltwirtschaftskrise setzte er sich für eine bauliche und fürsorgerische „Modernisierung" der Wohlfahrtsanstalten ein. Steigertahls Ziel war stets die Kosten der Anstalten durch möglichst billige Unterbringung der Bewohner und Bewohnerinnen und durch die Ausnutzung ihrer Arbeitskraft zu minimieren.
1941 zeichnete er sich mitverantwortlich für die Deportation von Arbeitsunfähigen in die Tötungsanstalten.

Auswahlbibliographie

WOLFGANG BENZ: Der Strom schien nicht zu versiegen. Flucht und Vertreibung waren das Schicksal von mehr als 16 Millionen Deutschen. In: Frankfurter Allgemeine Zeitung. 6.4.1996. S. 10.

JÖRG BERNHARD BILKE: Flucht und Vertreibung in der deutschen Belletristik. In: deutsche studien: Flucht und Vertreibung der Ostdeutschen und ihre Integration. 126/127. Jg. XXXII. Juni/September 1995. S. 177-188.

MARION GRÄFIN DÖNHOFF: Namen die keiner mehr nennt. Ostpreußen – Menschen und Geschichte. Frankfurt a. M. 1979.

DIETER FRANCK: Jahre unseres Lebens 1945-1949. Hamburg 1980.

MARION FRANTZIOCH-IMMENKEPPEL: Die Vertriebenen in der Bundesrepublik Deutschland. In: Aus Politik und Zeitgeschichte. Beilage zur Wochenzeitung „Das Parlament". B 28/96. 5.7.1996. S. 3-13.

EVENLYN GLENSK: Die Aufnahme und Eingliederung der Vertriebenen und Flüchtlinge in Hamburg 1945-53. Hamburg 1994.

CHRISTIANE HARZIG: Der Blick auf die Fremden im veröffentlichten Diskurs: Flüchtlinge in Bremen in der Nachkriegszeit. In: „1999" Zeitschrift für Sozialgeschichte des 20. und 21. Jahrhunderts. 2/97. S. 30-49.

ALBRECHT LEHMANN: Im Fremden ungewollt zuhaus. München 1991.

SIEGFRIED LENZ: Heimatmuseum. Hamburg 1978.

JOSEF MÜLLER-MAREIN: Deutschland im Jahre 1. Hamburg 1984.

REINHARD MÜLLER: Die zweite Vertreibung. Eine Auseinandersetzung mit dem Verbrechen an Millionen von Deutschen findet nicht statt. In: Frankfurter Allgemeine Zeitung. 20.4.1998. S. 14.

HANS-WERNER RAUTENBERG: Die Wahrnehmung von Flucht und Vertreibung in der deutschen Nachkriegsgeschichte bis heute. In: Aus Politik und Zeitgeschichte. Beilage zur Wochenzeitung „Das Parlament". B 53/97. 26.12.1997. S.34-46.

KERSTIN SIEBENBORN-RAMM: Die „Butenhamborger". Kriegsbedingte Migration und ihre Folgen im und nach dem Zweiten Weltkrieg. Hamburg 1996.

ALFRED THEISEN: Die Vertreibung der Deutschen – Ein unbewältigtes Kapitel europäischer Zeitgeschichte. In: Aus Politik und Zeitgeschichte. Beilage zur Wochenzeitung „Das Parlament". B 7-8/95. 10.2.1995. S. 20-39.

Die dem Aufsatz „Im Zwiespalt der Bindungen – Erfahrungsebenen der Integration" zugrunde liegenden Interviews sind in der „Forschungsstelle für Zeitgeschichte/Werkstatt der Erinnerung" archiviert: Bestand Vertriebene und Flüchtlinge. Fst/WdE 509-524; 526-528; 531-532.
Herr von Wrochem bedankt sich bei Herrn Dr. Uwe Kaminski für die aufmerksame Betreuung seines Projektes.
Für die Bereitstellung der Fotos bedanken sich der Autor und die Autorinnen bei Herrn Reißmann (Staatsarchiv) und Frau Christians (Landesmedienzentrum).

An diesem Buch wirkten mit:

RITA BAKE

Dipl.-Bibliothekarin, Dr. phil., geb. 1952 in Bremerhaven. Studium an der Fachhochschule Hamburg FB Bibliothekswesen. Studium der Sozial- und Wirtschaftsgeschichte, der deutschen Altertums- und Volkskunde, der Vor- und Frühgeschichte. Mitarbeit an Ausstellungen, Vorträge und Veröffentlichungen zu Themen von „Gala" bis „Kapital". Lehrende des Studienganges „Frauengeschichte" der „Koordinationstelle Frauenstudien/Frauenforschung" der Uni Hamburg. Wissenschaftliche Referentin der Landeszentrale für politische Bildung Hamburg.

EVELYN GLENSK

Dr. phil., geb. 1957. Studium der Mittleren und Neueren Geschichte in Hamburg. Seit 1993 Mitarbeiterin der Behörde für Arbeit, Gesundheit und Soziales Hamburg.
Veröffentlichungen u.a.: Die Aufnahme und Eingliederung der Vertriebenen und Flüchtlinge in Hamburg 1945-53 (1994, Promotion) sowie „Kehrseiten der Wohlfahrt. Die Hamburger Fürsorge auf ihrem Weg von der Weimarer Republik in den Nationalsozialismus 1992 (Hrsg. mit Christiane Rothmaler).

OLIVER VON WROCHEM

geb. 1968, Studium der Geschichte und Germanistik in Köln und Hamburg; Magister 1996; Lehrtätigkeit in der Erwachsenenbildung an der Volkshochschule Hamburg und wissenschaftliche Mitarbeit an der Forschungsstelle für Zeitgeschichte Hamburg. Zur Zeit Aufbau eines Museums an der ehemaligen innerdeutschen Grenze im Auftrag der Gemeinde Amt Neuhaus mit anschließender Promotion zur deutschen Nachkriegsgeschichte. Veröffentlichungen: Aufsätze über die Auseinandersetzung mit Wehrmachtsverbrechen in der Bundesrepublik und den Wehrmachtsgeneral Erich von Manstein.